江苏省社会科学院智库文集

江苏的现代化：如何走在前列

夏锦文 吴先满 主编

南京大学出版社

图书在版编目(CIP)数据

江苏的现代化：如何走在前列 / 夏锦文，吴先满主编. — 南京：南京大学出版社，2025.7. —（江苏省社会科学院智库文集）. — ISBN 978-7-305-29048-0

Ⅰ. D675.3

中国国家版本馆 CIP 数据核字第 2025QK1816 号

出版发行	南京大学出版社
社　　址	南京市汉口路 22 号　　邮　编　210093
丛 书 名	江苏省社会科学院智库文集
书　　名	**江苏的现代化：如何走在前列**
	JIANGSU DE XIANDAIHUA：RUHE ZOUZAI QIANLIE
主　　编	夏锦文　吴先满
责任编辑	薛莲花　　　　编辑热线　(025)83593947
照　　排	南京南琳图文制作有限公司
印　　刷	苏州市古得堡数码印刷有限公司
开　　本	635 mm×965 mm　1/16　印张 19.5　字数 285 千
版　　次	2025 年 7 月第 1 版　2025 年 7 月第 1 次印刷
ISBN	978-7-305-29048-0
定　　价	79.00 元

网址：http://www.njupco.com
官方微博：http://weibo.com/njupco
官方微信号：njupress
销售咨询热线：(025) 83594756

* 版权所有，侵权必究

* 凡购买南大版图书，如有印装质量问题，请与所购图书销售部门联系调换

江苏省社会科学院
《社科文库》编委会

主　任：尚庆飞

副主任：陈爱蓓　李　扬　王月清

委　员：(以姓氏笔画为序)

　　　　叶扬兵　毕素华　陈　朋

　　　　陈清华　张立冬　张春龙

　　　　赵　涛　徐永斌　钱宁峰

总　序

习近平总书记多次强调,坚持和发展中国特色社会主义必须高度重视哲学社会科学,要加快构建具有继承性、民族性、原创性、时代性、系统性、专业性的中国特色哲学社会科学,加强中国特色新型智库建设。社会科学院作为哲学社会科学研究五路大军之一,肩负着重要的历史使命。地方社会科学院在构建中国特色哲学社会科学的过程中必须找准定位,才能发挥作用。

江苏省社会科学院作为地方社科院,成立于1980年,是江苏省人民政府直属事业单位,专门从事哲学社会科学研究和经济社会发展决策咨询服务,是江苏省委、省政府的思想库和智囊团。截至2023年8月底,有在职人员226人,科研系列高级职称101人,包括国家"万人计划"首批哲学社会科学领军人才、国家级教学名师、中宣部"四个一批"人才、新世纪"百千万"国家级人才等各类人才。内设11个研究所,6个职能处室,6个分院,2个科辅机构,2家省重点高端智库。院办学术期刊有《江海学刊》《学海》《现代经济探讨》《世界经济与政治论坛》《明清小说研究》《世界华文文学论坛》,其中5种为CSSCI来源期刊,4种为中国人文社会科学核心期刊,6种为全国中文核心期刊。

自建院以来,江苏省社会科学院名家辈出,学术成果丰硕,科研事业取得了长足进步,在理论研究、学科发展、人才建设等方面取得了一系列成绩,产生了一大批具有较高学术水平和应用价值的研究成果,为推进江苏省经济社会高质量发展做出了应有的贡献。近几年，全院在学术研究、理论阐释、决策咨询"三支笔"方面成果丰硕，发表核心期刊论文565篇，出版学术著作约200部。省哲学社会科学优秀成果奖26项。2021年、2022年国家社科基金重大项目立项连续获得突破，目前在研的国家社科基金、省社科基金项目超过60项。编发上报《决策咨询专报》《江苏发展研究报告》《大运河智库》《金融研究专报》《成果专报》，近400项研究报告获得省部级以上领导肯定批示。全院先后在《人民日报》《求是》《红旗文稿》《光明日报》《新华日报》《群众》等主流报刊发表理论宣传文章690篇。组织研究编写《中国改革开放全景录·江苏卷》《制度自信》《共富：江苏的探索与经验》等一批理论著作，《中国改革开放全景录·江苏卷》被评为"2018年十大好书"。

在崭新的起点上，我院将以习近平新时代中国特色社会主义思想为指导，不断学习贯彻落实党的二十大精神，深入研究全国及江苏改革发展稳定重大理论和实践问题，全面提升学术研究、理论阐释和决策咨询"三支笔"的水平，聚焦推进"两聚一高"新实践、建设"强富美高"新江苏，努力建设中国特色新型智库。为充分展现江苏省社会科学院的哲学社会科学研究成果，更好地推动江苏省经济社会文化发展，江苏省社会科学院分别与商务印书馆、南京大学出版社等出版社合作推出了江苏省社会科学院《社科文库》系列丛书。文库分六大版块，分别为：

名家文存：拟整理本院知名学者专家学术成果，突出权威性、经典性、文献性。主要是通过梳理名家学术研究脉络，展现名家学术精神、学术理念和学人风采，为本院未来发展奠定基础。

青年文论：拟鼓励本院青年学者推出个人专著，其优秀博士论文亦可入选。以激发青年科研人员潜力，承前启后，不断打造精品学术成果，助力青年人才成长发展。

智库文集：以遴选汇编本院各智库研究精品成果、每年召开的智库论坛论文以及本院专家学者参加国内外其他智库会议论文为主，进一步扩大社会影响力，彰显本院对社会发展的责任担当。

学术文萃：以本院各研究所、各学科优秀学术性基础研究成果为主，主要通过遴选汇编本院专家学者历年来发表在国内外顶级学术期刊的学术文章，提升本院学术形象，扩大学术影响。

理论文丛：以阐释和解读马列经典文献及中央路线、政策、方针的理论性和创新性论文成果为主，主要遴选汇编本院专家学者发表在中央三报一刊（《人民日报》《光明日报》《经济日报》及《求是》杂志）等党报党刊上的优秀论文，提升理论宣传水平与效果。

资政文汇：以密切关注我省经济社会发展的研究报告成果为主，主要遴选汇编发表在本院江苏发展报告、决策咨询报告、大运河智库以及其他单位重要决策报告载体上的成果，特别是得到省委、省政府领导关注和批示的成果，以体现本院对江苏经济社会发展的贡献。

学术精神和价值理念是科研机构的灵魂。通过江苏省社会科学院文库工程，我们推出本院具有文献价值和学术价值的精品学术成果，既可以充分展现本院学术精神、学术理念和学人风采，进一步提升我院在学术界、理论界、智库界的影响力；又可以深度梳理我院学术研究脉络，有效盘活本院学术资源，承前启后，为将来的发展打下基础。社会科学研究归根到底是为了人的发展和社会的进步，希望本文库的出版能够为江苏经济社会文化发展做出应有贡献。

江苏省社会科学院《社科文库》编委会
二〇二三年八月

前　言

全面建成小康社会以后，我国进入全面建设社会主义现代化国家的新征程。关于中国现代化，我们党的主要领导人从毛泽东到邓小平、江泽民、胡锦涛、习近平均有论述。改革开放初期，邓小平首次提出中国式现代化。习近平总书记多次论述，我们所要建设的现代化是中国式的现代化，具有五大基本特征，中国式现代化是中国共产党领导的社会主义现代化等。特别是党的二十大报告，全面、系统、深刻阐述了中国式现代化思想理论，构成习近平新时代中国特色社会主义思想的重要组成部分。全党全军全国各族人民正在认真深入学习习近平新时代中国特色社会主义思想，学习中国式现代化思想理论，深入贯彻党的二十大精神，以中国式现代化全面推进中华民族伟大复兴。

江苏经济社会发展一直处于全国重要的战略地位，改革开放四十多年来，江苏经济社会加快发展，为国家作出重要贡献。伴随着高水平全面建成小康社会，江苏经济社会发展业已进入全面建设社会主义现代化新征程。习近平总书记、党中央给予江苏亲切关怀，寄予厚望，希望江苏勇挑重担，在新征程上继续为国家作出新的重大贡献。习近平总书记视察江苏时发表重要讲话，要求江苏在改革创新、推动高质量发展上争当表率，在服务全国构建新发展格局上争做示范，在率先实现社会主义现代化上走在前列。中共江苏省委认真深入学习贯彻习近平总书记的重要讲话精神、党的二十大精神、中央的要求,把努力在改革创新、推动高质量发展上争当表率,在服务全国构建新发展格局上争做示范,在率先实现社会主义现代化上走在前列,作为新征程上江苏的三大光荣使命进行规划、实施。

作为中共江苏省委、江苏省政府决策的智囊团、思想库,江苏省社会科学院认真深入学习贯彻习近平新时代中国特色社会主义思想、中国式现代化思想理论、习近平总书记的重要讲话精神、中央的要求和江苏省委省政府的战略部署,于2022年年初工作计划中把"江苏在率先实现社会主义现代化上走在前列研究"作为重大工程项目,予以立项,由江苏省社会科学院党委书记、院长夏锦文教授担任课题负责人,由江苏省社会科学院原党委委员、副院长吴先满研究员担任课题执行负责人,组织本院经济学科片、法政学科片、人文学科片多位专家学者参与协作攻关。

本课题研究大体分两个阶段进行:第一阶段是调查研究,撰写系列决策咨询研究报告;第二阶段是深化研究,写作出版著作。经过课题组同志们一段时间的深入实际的调查研究和反复研商,课题组于2022年秋季形成系列研究报告8篇,包括1篇总报告《江苏在率先实现社会主义现代化国家上走在前列面临的问题及对策研究》和7篇专题研究报告。这7篇专题研究报告分别是《江苏加快实现科技自立自强、提升创新驱动发展效果的问题及对策》《江苏在建设自主可控现代产业体系上走在前列的难题与对策》《江苏新时代人才强省建设走在前列的难题及对策研究》《江苏推动全体人民共同富裕取得更为明显的实质性进展的难题及对策》《江苏物质文明和精神文明协调发展走在前列的对策建议》《江苏提高生态文明建设水平、建设人与自然和谐共生现代化的问题及对策》《以"一带一路"交汇点建设践行和平发展的现代化》。8篇系列报告刊载于江苏省社会科学院《江苏发展研究报告》2022年第88~95期,上报江苏省委、省人大、省政府、省政协等,受到省领导的重视、好评,江苏省委常委、省委宣传部部长张爱军对总报告和科技自立自强、共同富裕这两篇专题报告予以批示、肯定。随后,这批成果又被收录进主题为"以中国式现代化全面推进中华民族伟大复兴"的《第二十五届全国社会科学院院长论坛论文集（上中下册）》，产生了良好的社会反响。以此为基础，自 2022 年秋季起，课题研究进入深化研究、撰写书稿的阶段。课题负责人和课题执行负责人提出著作撰写的总体思路和提纲，经课题组讨论而具体化。经过课题组成员一段时间的辛勤工作，本书初稿于 2023 年 2 月完成。参加本书初稿写作的同志们分工如下：第一章，夏锦文、吴先满、程俊杰、关枢；第二章，方维慰；第三章，杜宇玮；第四章，战炤磊；第五章，张立冬、范玮、焦文婷、眭强、巩保成；第六章，李昕；第七章，陈涵；第八章，黎峰。本书最终由主编夏锦文和吴先满进行总纂、修改、定稿。

本课题研究、书稿撰写得到了江苏省有关党政部门和一些县（市、区）党委政府及企业单位的大力支持，南京大学出版社领导和本书责任编辑对本书出版提出了宝贵意见，并付出了辛勤劳动与智慧，在此我们一并表示衷心感谢！

江苏现代化研究是一项艰巨复杂的大课题，本书是对此所作的一方面研究。限于时间和水平，本书有不足之处在所难免，欢迎广大读者批评指正！

本课题组

2023 年 4 月 18 日

目 录

第一章 江苏在率先实现社会主义现代化上走在前列面临的问题及对策研究 …… 1
 一、现代化的世界规律与中国特色:理论拓展 …… 2
 二、以中国式现代化全面推进中华民族伟大复兴:理论逻辑、历史逻辑及实践逻辑 …… 7
 三、准确理解江苏在全面建设现代化上走在前列的重大历史使命 …… 17
 四、江苏在全面建设现代化上走在前列的现实基础 …… 20
 五、江苏在全面建设现代化上走在前列面临的主要难题 …… 27
 六、江苏破解全面建设现代化主要难题的总体思路与政策取向 …… 32

第二章 提高创新驱动发展绩效 加快实现科技自立自强 …… 39
 一、江苏实施创新驱动发展的历史进程 …… 40
 二、江苏推进创新驱动发展的经验启示 …… 42
 三、江苏创新驱动发展水平的综合评价 …… 47

四、江苏推进科技自立自强的现实意义 …………………… 51
　　五、江苏提高创新驱动效果的瓶颈、难点 ………………… 54
　　六、江苏实现科技自立自强的基本路径 …………………… 58
　　七、江苏实现科技自立自强的政策措施 …………………… 68

第三章　在建设自主可控的现代化产业体系上走在前列 ………… 79
　　一、建设现代化产业体系的动力逻辑 ……………………… 80
　　二、江苏建设自主可控现代化产业体系的现状及制约因素 … 94
　　三、江苏建设自主可控现代化产业体系的战略重点 ……… 100
　　四、江苏建设自主可控现代化产业体系的思路及对策 …… 107

第四章　全面推进中国式现代化江苏新实践的人才战略路径研究
　　　　　………………………………………………………… 116
　　一、人才支撑中国式现代化的理论机理 …………………… 117
　　二、江苏人才强省建设的探索成就与制约因素：中国式现代化的视角
　　　　………………………………………………………… 125
　　三、中国式现代化江苏新实践的人才需求与形势分析 …… 134
　　四、强化中国式现代化江苏新实践人才支撑的战略路径与推进机制
　　　　………………………………………………………… 140

第五章　江苏推动全体人民共同富裕取得更为明显的实质性进展的难题及对策 ……………………………………………… 157
　　一、推动全体人民共同富裕取得更为明显的实质性进展的背景及重要意义 …………………………………………… 158

二、江苏推动全体人民共同富裕取得更为明显的实质性进展的现实
基础与关键难题 ………………………………………… 163
三、共同富裕的国内外经验与启示 …………………………… 172
四、江苏推动全体人民共同富裕取得更为明显的实质性进展的总体
思路与破题重点 ………………………………………… 181
五、江苏推动全体人民共同富裕取得更为明显的实质性进展的对策
建议 ……………………………………………………… 185

第六章 深入推进江苏物质文明和精神文明协调走在前列 ………… 194
一、物质文明与精神文明协调发展的内涵 …………………… 195
二、江苏物质文明与精神文明协调发展的SWOT分析 ……… 207
三、深入推进物质文明和精神文明协调发展走在前列的江苏路径
……………………………………………………………… 216

**第七章 江苏提高生态文明建设水平、建设人与自然和谐共生的现代化
的难题及对策** ……………………………………………… 231
一、人与自然和谐共生的现代化是中国式现代化建设的重要内容
……………………………………………………………… 231
二、"十四五"期间我国提高生态文明建设水平的主要方向、内容
……………………………………………………………… 238
三、国际国内加强环境保护、加快生态文明建设的主要举措及借鉴
……………………………………………………………… 239
四、江苏提高生态文明建设水平、建设人与自然和谐共生的现代化的
做法及成效 ……………………………………………… 247

五、江苏提高生态文明建设水平、建设人与自然和谐共生的现代化面临的主要问题 ………………………………………… 262

六、江苏提高生态文明建设水平、建设人与自然和谐共生的现代化的思路、对策 ………………………………………… 265

第八章 江苏以高质量"一带一路"交汇点建设践行和平发展道路的现代化 ………………………………………………… 272

一、践行和平发展道路的现代化的科学内涵 ………………… 273

二、江苏以"一带一路"交汇点建设践行和平发展道路的现代化的成就 ………………………………………………… 277

三、江苏以"一带一路"交汇点建设践行和平发展道路的现代化的保障机制 ………………………………………… 284

四、江苏以"一带一路"交汇点建设践行和平发展道路的现代化的问题与不足 ………………………………………… 287

五、以高质量"一带一路"交汇点建设践行和平发展道路的现代化的思路及建议 …………………………………… 289

第一章 江苏在率先实现社会主义现代化上走在前列面临的问题及对策研究

中国特色社会主义建设进入新时代新征程,习近平总书记视察江苏指导工作发表重要讲话,要求江苏在率先实现社会主义现代化上走在前列。中共江苏省委认真学习贯彻落实,将此作为一项光荣使命和任务,按照习近平总书记重要讲话精神和中央的要求,作出系统谋划、部署。

党的二十大擘画了中国式现代化的宏伟蓝图。习近平总书记在学习贯彻党的二十大精神研讨班开班式上发表重要讲话,强调要正确理解和大力推进中国式现代化。推进中国式现代化是一项系统工程,必须加强顶层设计和系统谋划。为全面深入贯彻落实党的二十大精神,中共江苏省委十四届三次全会提出,在新征程上全面推进中国式现代化江苏新实践,更好地"扛起新使命、谱写新篇章"。

《2023年江苏省政府工作报告》围绕"着力推动高质量发展,更高水平服务全国构建新发展格局;着力强化现代化建设人才支撑,更大力度推进科技自立自强;着力推进共同富裕,更富成效打造高品质生活;着力促进绿色低碳发展,更高标准改善生态环境质量;着力推进文化强省建设,更好满足人民群众精神文化需求;着力促进安全发展,更加有力维护社会和谐稳定"六大主要目标和重点领域作出了具体部署。

总的来讲,江苏在率先实现社会主义现代化上走在前列,必须立足自身的发展阶段和资源禀赋,准确把握社会主义现代化的深刻内涵,更高水平地展现中国式现代化的现实模样。党的十八大以来,江苏围绕"高水平""全面性"建设"强富美高"的新江苏,推动高水平全面建成小康社会取得决定性成就,为高起点开启社会主义现代化建设奠定了坚实基础。习近平总书记多次强调,推进中国式现代化,是一项前无古人的开创性事业,必然会遇到各种可以预料和难以预料的风险挑战、艰难险阻甚至惊涛骇浪。江苏在开启现代化新征程中必将面临机遇和挑战并存,特别是,国际国内形势复杂、严峻,需要以现代化理念、标准、思路系统谋划推进。这就需要密切跟踪研究江苏在全面建设现代化进程中面临的若干重要问题,并提出相应的对策建议。

一、现代化的世界规律与中国特色:理论拓展

习近平强调,一个国家走向现代化,既要遵循现代化一般规律,更要符合本国实际,具有本国特色。实现现代化的过程是包含经济、社会、政治、文化、生态等在内的诸多方面从不发达、不现代走向发达、现代的过程,所以现代化理论的构成是全面的、复杂的,涉及社会科学与自然科学的诸多领域。回顾世界现代化进程,各国现代化道路千差万别,西方现代化先行国家率先通过工业革命引领了世界现代化道路的探索,形成了西方资本主义现代化。中国共产党领导中国人民从站起来、富起来到强起来的光辉历程证明了我们在实践中探索出了一条具有中国特色的成功道路。中国的现代化建设与西方国家的现代化模式不同,中国的现代化建设与西方发达国家的现代化建设所处的历史条件不同,这就决定了中国特色社会主义现代化理论与西方发达国家的现代化理论存在差异。

(一)西方现代化理论

西方现代化理论研究的对象主要是欧美国家的现代化,重点分析世界现代化历史以及国家现代化模式,其理论框架大体上围绕"传统与现代""西方与非西方"的分析范式形成了现代化的概念、理论、评价方法等一系列研究成果。目前,主要有四大现代化理论:一是经典现代化理论,

以德国的韦伯和美国的帕森斯、穆尔、列维、斯梅尔塞、布赖克、英格尔斯、罗斯托等人为代表;二是后现代化理论,代表人物是美国学者贝尔;三是再现代化理论,以德国学者贝克为代表;四是多元现代性理论,代表人物是以色列学者艾森斯塔特。此外,还有六大主要学说流派,分别为结构功能学派、行为学派、实证学派、过程学派、综合历史学派和未来学派。

经济现代化发展的过程、途径是实现现代化的重要组成部分,发展经济学对现代化进程有着深刻的认知与理论总结。1954年,美国经济学家威廉·阿瑟·刘易斯在《劳动无限供给下的经济发展》中提出了著名的二元经济模型,将发展中国家分为传统部门与现代部门两个经济部门,在工业化进程中,现代部门不断吸收传统部门的剩余劳动力,现代部门利润不断增加,通过扩大再生产而不断发展壮大,从而导致传统部门不断缩小,揭示了经济发展的实质。1960年,罗斯托在有关经济成长的阶段的书中,将经济发展划分为五个阶段,即传统社会阶段,也是手工劳动阶段;为起飞创造前提的阶段,也是科学知识开始传播、农业生产率迅速提高的阶段;起飞阶段,也是工业化迅速发展、国际贸易迅速增加的阶段;成熟阶段,随着工业的发展、社会的进步、收入的增加,服务业和消费迎来高速发展阶段;高额的大众消费阶段,也是耐用消费品生产和销售扩大的阶段。20世纪70年代,又增加了追求生活质量阶段作为第六阶段,也是服务业和环境改造的需求越来越多的阶段。1965年,库兹涅茨在《经济增长与结构》一书中,强调了经济高增长率与生产结构变化的联系。他认为,随着人均产值的提高,居民消费结构发生变化,进而推动生产结构的变化。在现代化进程中,迅速发展的科学技术、生产率、产业结构等都与经济增长相互影响。[①]

现代化的过程是一场巨大的社会变迁。在社会学角度,1951年,美国社会学家帕·森斯在其著作《社会系统》中总结了西欧、北美的现代化阶段:以英国产业革命和法国民主革命为代表的英、法、荷等国的现代化;

[①] 杨春学:《经济学名著导读》,学习出版社,2012。

以纳粹的大动乱为代表的德国的急速工业化;第二次世界大战后美国的现代化之路。① 马克斯·韦伯是现代化研究重要的奠基人之一,他"关心的核心问题不是一般意义上的从传统向现代的转化,而是一种特有的理性主义在现代西方的发展","从经验研究的角度提出了只在西方近代文明中才出现的那种独特的理性主义所具有的普遍历史意义"。② 美国社会学家英格尔斯提出了"人的现代化",认为传统的人敌视新的思想,现代的人思想解放、讲求效率。因此,人从传统到现代的转变,经济的发展、政治的民主、艺术的繁荣都是民族素质的提高所带来的,人的现代化是现代化的关键所在。③

关于现代化的特征,1966年,列维在其著作《现代化与社会结构》中从社会结构角度分析了八点现代化的特征,涉及政治、经济、社会分工、伦理、国家权力、社会关系、市场、科层组织、家庭结构等诸多方面。美国社会学家罗伯特·华德指出现代化应具有以下特征,包括科学技术的创新和应用、非生命能源的开发与利用、生产高度专业化与市场相互依赖、人均产值与收入的持续增长、居民生活水平的提升、科学管理的精进等。关于现代化的概念,1960年"现代日本"国际研讨会为现代化确定了八项标准,包括人口、商业、社会参与、社会阶层流动、教育、传播、制度规则等方面的内容。

(二)中国式现代化理论

中国式现代化是普遍性和特殊性的有机结合,形成于中国共产党人持续探索的过程中,创造了人类文明新形态。中华人民共和国成立后,中国共产党带领中国人民持续探索中国式现代化道路,取得了举世瞩目的伟大成就,创造了经济快速发展奇迹和社会长期稳定奇迹,并拓展了发展中国家走向现代化的途径。习近平总书记指出,中国式现代化,打破了

---

① 曹志为:《国外现代化理论概述》,《社会科学家》1986年第2期。
② 应星:《社会学的历史视角与中国式现代化》,《中国社会科学》2022年第3期。
③ 英格尔斯:《人的现代化》,四川人民出版社,1986。

"现代化=西方化"的迷思,展现了现代化的另一幅图景,拓展了发展中国家走向现代化的路径选择,为人类对更好社会制度的探索提供了中国方案。

中国式现代化有着清晰的历史脉络。鲁明川总结认为"中国式现代化道路是中国共产党将马克思主义理论在中国创造性运用的重要体现……中国式现代化道路在新民主主义革命时期实现了文明的目标定向、在社会主义革命和建设时期完成了文明的制度奠基、在改革开放和社会主义现代化建设时期彰显出文明的中国特色、在中国特色社会主义新时代展现文明发展的世界意义"。[1] 彭成兰总结了改革开放后"邓小平提出的中国式现代化理论,具有鲜明的时代特征和丰富的科学内涵:社会主义现代化是中国式现代化的价值取向;富强、民主、文明的社会主义强国是中国式现代化的战略目标;经济发展'三步走'是中国式现代化的战略步骤;改革开放是中国式现代化的实现路径"。[2] 陆卫明等认为邓小平发展理论的实质就是"中国式的现代化"理论,对中国现代化事业产生了积极作用,邓小平的发展理论"开创了中国特色的现代化理论""实现了中国社会的历史性转折""创立了中国特色发展理论""开辟了马克思主义中国化的新境界"。[3]

理论界对于中国式现代化的特征总结基本趋于一致。洪银兴论述了以人民为中心的现代化,体现人民至上的理念,也是中国式现代化的本质特征。[4] 张素峰认为,中国式现代化道路包含世界性、开放性、市场性、先进性、现代性和独特性六个基本特征,中国式现代化具有党的领导、人民立场、公有制主体地位、按劳分配、共同富裕、共同奋斗目标的鲜明的政

---

[1] 鲁明川:《中国式现代化道路的逻辑生成与文明叙事》,《浙江社会科学》2022年第4期。
[2] 彭成兰:《邓小平"中国式现代化"理论的内涵》,《南都学坛(人文社会科学学报)》2006年第4期。
[3] 陆卫明、曹宏、曹芳:《邓小平发展理论的实质是中国式的现代化理论》,《红旗文稿》2014年第13期。
[4] 洪银兴:《贯彻新发展理念的中国式现代化新道路》,《经济学家》2022年第11期。

治属性。① "五位一体"文明既是马克思主义文明观在当代中国的具体表达,也是中国式现代化道路的文明表现和文明路向。

党的二十大报告全面系统深刻阐述了中国式现代化理论。"中国式现代化,是中国共产党领导的社会主义现代化,既有各国现代化的共同特征,更有基于自己国情的中国特色",中国式现代化"是人口规模巨大的现代化""是全体人民共同富裕的现代化""是物质文明和精神文明相协调的现代化""是人与自然和谐共生的现代化""是走和平发展道路的现代化"。② 中国式现代化为发展中国家现代化之路提供了中国智慧和解决方案。中国特色现代化道路的探索丰富了现代化的内涵,证明了通往现代化的道路不存在所谓"标准的"模式,证明了通往现代化的道路是多种多样的。中华人民共和国成立以来,我们国家独立自主、自力更生,解决了十几亿人民的温饱问题,继而全面建成小康社会,开启全面建设社会主义现代化国家新征程。这70多年所取得的伟大成就为发展中国家和后发国家提振了信心,提供了不同于西方国家的另一种现代化模式,并提供可借鉴的成功经验。习近平总书记指出:"我们坚持和发展中国特色社会主义,推动物质文明、政治文明、精神文明、社会文明、生态文明协调发展,创造了中国式现代化新道路,创造了人类文明新形态。"③

马重阳和成龙总结认为,"中国式现代化是中国对当今世界尤其是发展中国家走向现代化的独特创造和独特贡献,其独特性主要包括:在价值取向上表现为践行以人民为中心的发展逻辑;在经济特征上表现为实现所有制结构与市场经济的突破创新;在政治优势上表现为确保人民当家做主权利的真正实现;在文化品格上表现为博采优秀传统文化与外来文明共促发展;在发展动力上表现为以改革开放创新引领国家持续发展;在

---

① 张素峰:《中国特色社会主义政治经济学视角下的中国式现代化道路》,《中共中央党校(国家行政学院)学报》2022年第4期。
② 习近平:《高举中国特色社会主义伟大旗帜 为全面建设社会主义现代化国家而团结奋斗——在中国共产党第二十次全国代表大会上的报告》,人民出版社,2022。
③ 习近平:《在庆祝中国共产党成立100周年大会上的讲话》,《人民日报》2021年7月2日第2版。

世界构想上表现为胸怀天下构建人类命运共同体"。①

二、以中国式现代化全面推进中华民族伟大复兴：理论逻辑、历史逻辑及实践逻辑

习近平总书记指出,中国式现代化既有各国现代化的共同特征,更有基于自己国情的鲜明特色。中国式现代化蕴含的独特世界观、价值观、历史观、文明观、民主观、生态观等及其伟大实践,是对世界现代化理论和实践的重大创新。历史和实践均证明,中国式现代化走得通、行得稳,是强国建设、民族复兴的唯一正确道路。中国式现代化也为广大发展中国家独立自主迈向现代化树立了典范,为其提供了全新选择。可以说,在中国共产党领导下,中华民族伟大复兴因坚持中国式现代化而具有先进理论指引和强大制度优势,中国式现代化因承载民族复兴历史使命而具有独立自主特征和广阔发展前景,贯通其中的是深刻的理论逻辑、历史逻辑和实践逻辑。②

（一）深刻把握以中国式现代化全面推进中华民族伟大复兴的理论逻辑

后发国家现代化通常指吸收和改造世界先进技术、追赶发达国家的发展过程及社会政治文化等领域相应的变革。马克思认为,资本主义的现代化形态必然会被超越和取代,他深刻批判西方现代化的弊端,奠定了关于共同富裕、人的全面发展、人与自然和谐等理念的思想基础。中国共产党经过长期探索,形成了普遍规律与特殊规律、世情与国情辩证统一的现代化理论。一是"一化"向"四化"的演进。早期以工业化为核心的现代化设想,反映了摆脱积弱积贫状况的迫切愿望,也体现了世界现代化的一般规律。毛泽东同志总结革命和建设的经验,逐步确立工业、农业、国防、

---

① 马重阳、成龙:《论中国式现代化》,《浙江社会科学》2022年第12期。
② 该部分内容主要参见夏锦文:《以中国式现代化推进中华民族伟大复兴》,《新华日报》2022年8月9日第12版。

科技的发展重点。周恩来同志在《政府工作报告》中明确了"四个现代化"的宏伟目标。二是"中国特色"的构建和拓展。改革开放以来,邓小平同志提出了"中国式现代化"和"小康"的目标,强调中国式现代化背景下,坚持四项基本原则、改革开放与经济建设中心任务的辩证统一。党先后把精神文明、民主与法治、可持续发展战略、和谐社会等纳入现代化议程,突破了物质文明建设单一向度,逐步形成了经济、政治、文化、社会目标统一交融的框架。三是向中华民族伟大复兴维度的深化。党的十八大以来,习近平总书记提出要统筹推进"五位一体"总体布局、协调推进"四个全面"战略布局,推进国家治理体系和治理能力现代化和全面依法治国,把硬实力和软实力发展统一于中国式现代化;把握新发展阶段,贯彻新发展理念,构建新发展格局,科学谋划了新的"两步走"战略;深刻总结党的百年奋斗重大成就和历史经验,明确了中国式现代化新征程的领导核心和根本理论指引。

(二)深刻把握以中国式现代化全面推进中华民族伟大复兴的历史逻辑

中国的现代化探索历经了一百多年,具有鲜明的时代特征,整体上看,中国式现代化经历了四个发展阶段:从"被动的现代化"到"主动的现代化"的"中国的现代化"探索阶段,中华人民共和国成立后明确提出的"四个现代化"探索阶段,改革开放后正式确立的"小康社会"发展阶段和新时代"全面建设社会主义现代化国家"新发展阶段。

1. 第一阶段:从"被动的现代化"到"主动的现代化"的"中国的现代化"探索阶段

1840年,第一次鸦片战争和《南京条约》的签订正式令中国被迫打开国门,进入半殖民地半封建社会,社会结构随之产生变动,开启了被动的现代化历程。晚清政府主持了被动走向现代化的部分制度、军事、文化等方面的改革。洋务运动、戊戌变法等改革的探索和尝试困难重重,在封建体制的制约下,未能寻求到现代化之路的解决方案,证实了清政府无力领导中国的现代化改革。反观同处东亚的日本,19世纪60—90年代,日本的明治维新运动通过改革和对西方的考察学习,加速了日本的经济发展,走上了实现日本的现代化之路。20世纪初,日本成为中国留学生最大的聚集地,孙中山在日本组织成立了中国同盟会,鲜明地举起了"三民主义"的革命旗帜。1911年,孙中山领导的辛亥革命是中国近代历史上的一次反帝反封建的资产阶级民主革命,使民主共和国的观念从此深入人心。但在社会动荡、政权混乱的背景下,辛亥革命并未能够让中国走上现代化的道路。五四运动开启了中国现代化和马克思主义中国化的新叙事,是中国现代化建设进程中的一个重要转折点。五四运动高举"民主"和"科学"两面大旗,实质上以现代化为基本目标,同时也是反抗资本主义规训现代化的革命运动,反映出马克思主义与现代化相结合的历史必然性。这一阶段中国是通过走资本主义道路来探索现代化文明建设。受西方现代化刺激和影响,各种思潮活跃、频繁变换的领导阶级试图变法图强,不断尝试了民主共和制、君主立宪制、议会制和总统制,但均以失败告终。虽然很多改革措施促使中国走向现代化,但由于其在根本上缺乏坚实的社会基础,长期被党内派系斗争困扰,未能创造实际有效的政治经济制度,一次又一次的实践证明并不能带领中国人民实现现代化。

随着中国共产党的成立,众多知识分子深受马克思主义影响,科学社会主义终于开始在改造中国中发挥作用,逐渐由被动变法开始走向主动探索现代化建设的正确方向。毛泽东同志深刻洞察了中国落后的原因主要是没有新式工业,"要打倒日本帝国主义,必需有工业;要中国的民族独立有巩固的保障,就必需工业化。我们共产党是要努力于中国的工业化的"。毛泽东同志指明了近代中国两大历史任务的实现与实现工业化之间的关系,即"没有独立、自由、民主和统一,不可能建设真正大规模的工业。没有工业,便没有巩固的国防,便没有人民的福利,便没有国家的富强"。1949年3月,党的七届二中全会报告中提出,要将中国由落后的农业国发展为先进的工业国,建立独立的完整的工业体系。在中国革命胜利后,"我们还将善于建设一个新世界"。当然,这个新世界一定是工业化的新国家。①

2. 第二阶段：中华人民共和国成立后明确提出的"四个现代化"探索阶段

中华人民共和国成立以来，党和国家始终坚持以马克思主义的科学理论为指导，不断总结发展中的经验与问题，与时俱进、开拓创新，不断推进马克思主义中国化时代化。从1950年冬到1953年春，土地改革运动、国营工矿交通企业的民主改革为恢复工业生产和交通运输事业创造了必要的条件。党和政府领导开展了包括经济、政治、思想文化等多方面的新民主主义建设，胜利完成恢复国民经济的艰巨任务，为整个国家从新民主主义转向社会主义奠定了良好的基础。1952年，现代工业在我国工农业总产值中的比重只有26.6%，重工业在工业总产值中的比重只有35.5%。② 为了推动和实现社会主义工业化，从1953年起，开始执行国家建设的第一个五年计划，集中主要力量发展重工业，建立国家工业化和国防现代化的初步基础。方向是正确的，道路是曲折的，尽管在社会主义改造工作的后期存在要求过急、工作过粗、改变过快、形式也过于简单划一等缺点，但就当时的国情和国际形势来看，这些发展中的经验和问题的解决为我国现代化发展奠定了基础。1961年1月，党的八届九中全会提出了"调整发展的速度，在已有的胜利的基础上，采取巩固、充实和提高的方针"，即对国民经济实行"调整、巩固、充实、提高"的八字方针，国民经济开始转入调整的新轨道。③ 根据国家统计局数据，1967—1976年，我国工农业总产值年均增长7.6%，国民收入损失较大，但有些方面仍然取得了一些进展，比如粮食产量增长34%，工业交通、基本建设和科学技术方面取得了一些重要成就，为我国下一步的现代化之路打下了一定的基础。

---

① 熊秋良：《认识中国共产党领导中国式现代化道路的三个维度》，《求索》2022年第1期。
② 参考资料：《共和国的成立和从新民主主义到社会主义的过渡》，中国政府网，http://www.gov.cn/18da/content_2247078.htm。
③ 资料来源：《中国共产党第八届中央委员会第九次全体会议公报》，中国政府网，2008年6月5日。

"四个现代化"是我国社会主义建设的宏伟目标,它是在1949年初期我国社会主义工业化建设过程中,毛泽东、周恩来等中央领导同志总结经验、高瞻远瞩,提出的我国发展的战略目标。1954年9月,第一届全国人民代表大会第一次会议提出,要建设"现代化的工业、现代化的农业、现代化的交通运输业和现代化的国防"。1964年12月,国务院总理周恩来在三届全国人大一次会议上作政府工作报告,报告首次提出"在不太长的历史时期内,把我国建设成为一个具有现代农业、现代工业、现代国防和现代科学技术的社会主义强国,赶上和超过世界先进水平",首次完整地提出了"四个现代化"的战略构想。[1] 为了实现"四个现代化",党中央提出了发展国民经济的两步设想:"第一步在1980年以前,建成一个独立的比较完整的工业体系和国民经济体系;第二步,在本世纪内,全面实现农业、工业、国防和科学技术的现代化",使中国经济走在世界的前列。

这一阶段国民经济和社会发展处于恢复、探索、改革、调整的过程。虽然有曲折,但纵观历史,总的来说还是取得了很大的成绩。1952年至1978年间,除"三年困难时期"等几个特殊的年份外,我国经济保持了较高的增长速度,国民生产总值年平均增速为6.7%。1952年我国人均国民生产总值为119元,到1978年我国人均国民生产总值增长到379元。经济结构方面,1952年三次产业比为50.5∶20.9∶28.6;1978年,三次产业比为28.1∶48.2∶23.7。对外贸易方面,1952年我国货物进出口额为19.4亿美元,1978年为206.4亿美元。[2]

3. 第三阶段:改革开放后正式确立的"小康社会"发展阶段

改革开放是中国现代化进程中一次伟大的历史转折,开创了中国现代化进程中的历史性、创新性、探索性实践。1978年3月召开的全国科学大会让科技界备受鼓舞,让知识分子如沐春风。在开幕式上,邓小平明

---

[1] 资料来源:常明明,《中国式现代化的演进》,中南财经政法大学文澜新闻网,https://wellan.zuel.edu.cn/2022/1109/c1675a314920/page.htm,2022年11月9日。
[2] 资料来源:《中国统计年鉴2024》,国家统计局网站,https://www.stats.gov.cn/sj/ndsj/2024/indexch.htm。

确指出"知识分子是工人阶级的一部分",强调了"科学技术是生产力"这一马克思主义基本观点,做出了"现代化的关键是科学技术现代化"等重要论断。1978年5月,《光明日报》发表《实践是检验真理的唯一标准》一文,文章鲜明地提出:社会实践不仅是检验真理的标准,而且是唯一的标准。这在全党和全国范围引起了强烈反响,理论界、学术界、新闻界站在讨论前沿,踊跃参与,真理标准讨论为党重新确立实事求是的思想路线、实现历史性转折奠定了思想理论基础。

1978年12月召开的党的十一届三中全会,是中华人民共和国成立以来党的历史上具有深远意义的伟大转折,伟大的社会主义改革开放从这次全会揭开序幕,建设中国特色社会主义的新道路以这次全会为起点正式开辟。这次会议做出了在坚持马克思主义的思想路线、政治路线和组织路线的原则上,将工作重点转移到社会主义现代化建设上来、实行改革开放的战略决策。这次会议是中国特色社会主义理论体系形成的重要节点,标志着中国共产党带领中国人民开始了改革开放和为实现社会主义现代化而奋斗的新长征。[①]

1979年3月,邓小平在会见英中文化协会执行委员会代表团时说:"我们定的目标是在本世纪末实现四个现代化。我们的概念与西方不同,我姑且用个新说法,叫做中国式的四个现代化。"[②]邓小平在党的十二大开幕词中明确提出:"把马克思主义的普遍真理同我国的具体实际结合起来,走自己的道路,建设有中国特色的社会主义。"在此阶段,根据国内外形势的发展,胡耀邦提出了"团结全国各族人民,自力更生,艰苦奋斗,逐步实现工业、农业、国防和科学技术现代化,把我国建设成为高度文明、高度民主的社会主义国家"的总任务,提出了"从一九八一年到本世纪末的二十年","在不断提高经济效益的前提下,力争使全国工农业的年总产值

---

① 资料来源:《十一届三中全会开辟社会主义事业发展新时期》,中国政府网,http://www.gov.cn/18da/content_2247075.htm。
② 资料来源:《全面建成小康社会大事记》,中国政府网,http://www.gov.cn/xinwen/2021-07/27/content_5627807.htm,2021年7月27日。

翻两番"的经济建设总的奋斗目标。随后,经济体制改革在我国全面展开。这一时期,农村探索出了家庭联产承包责任制,农产品产量迅速增加,农民收入大幅提高,农村的经济逐步向专业化、商品化、社会化方向发展。农业劳动生产效率的提升解放了大批的农村剩余劳动力,乡镇企业、农业农村的大胆改革为农村发展和农民致富带来了巨大效应,也为我国实现现代化理论实践出了一条成功的新路径,为现代化进程打下了重要的物质基础。

农村改革的巨大成功为全党和全国人民增强了中国特色社会主义建设的信心,实现现代化的目标振奋着全体人民,城市改革也不能落后,要求全面改革的呼声日益强烈,城市的经济体制改革试点逐步扩大。1984年10月,党的十二届三中全会讨论并通过了《中共中央关于经济体制改革的决定》,明确我国社会主义计划经济是公有制基础上的有计划的商品经济;充分发展商品经济,是社会经济发展不可逾越的阶段,是实现我国经济现代化的必要条件。商品经济、所有制结构的逐步改革为经济发展注入强大动力,市民就业和生活水平得到了显著提升。与此同时,农村的改革持续深化,传统农业进一步向专业化、商品化、现代化方向发展。1984年,全国粮食产量突破8 000亿斤,人均粮食拥有量达800斤[1],达到世界平均水平。在这一年的联合国粮农组织大会上,中国政府向世界宣布:中国基本解决了温饱问题![2] 全面改革有效推动了经济建设,1985年年底,"六五"计划全面和超额完成。虽然国民经济计划发展良好,但是国民经济中也出现了如财政赤字、贸易逆差等发展中的阶段性问题。

对外开放是促进中国经济发展的又一重要推动力。1979年4月邓小平首次提出要开办"出口特区",1979年7月,中共中央、国务院同意在深圳市、珠海市、汕头市和厦门市试办出口特区,后改名为"经济特区"。

---

[1] 8 000亿斤即4亿吨,800斤即400公斤。
[2] 资料来源:纪录片《中国粮的奇迹》,中央电视台网站,http://tv.cctv.com/2019/11/15/VIDA2oqmXpixRNVv9hNDjtM8191115.shtml。

1988年海南被开放为最大的经济特区。截至1989年年底,五个经济特区实际利用外资41亿美元,占全国1/4以上;外贸出口达38.5亿美元,占全国出口总额的近1/10;工业总产值接近300亿元,是中国经济实力增长最快的地区。① 1990年,上海浦东开始实行经济技术开发区和某些经济特区的政策,浦东的开发开放工作迅速启动,上海的国内生产总值在五年内翻了一番,等于再造了一个上海,是20世纪90年代我国改革开放进一步深化和取得显著成就的重要标志。2001年加入世界贸易组织后,中国加快融入全球经济体系。

党的十三大确定了经济发展三步走的战略部署:"第一步,实现国民生产总值比1980年翻一番,解决人民的温饱问题;第二步,到二十世纪末,使国民生产总值再增长一倍,人民生活达到小康水平;第三步,到二十一世纪中叶,人均国民生产总值达到中等发达国家水平,人民生活比较富裕,基本实现现代化。"② 1992年邓小平南方谈话时提出要建立社会主义市场经济体制,这对整个社会主义现代化建设事业具有重大而深远的意义。党的十四大正式提出,我国经济体制改革的目标,是在坚持公有制和按劳分配为主体、其他经济成分和分配方式为补充的基础上,建立和完善社会主义市场经济体制。以邓小平南方谈话和党的十四大为标志,中国社会主义改革开放和现代化建设事业进入新的发展阶段。坚持公有制为主体,多种经济成分共同发展,国企改革进入转换机制、制度创新阶段,财政、税收、金融、外贸、外汇、住房和社会保障等方面的体制改革继续深入推进。先后实施科教兴国战略和可持续发展战略,推动社会全面进步,努力实现社会、经济、人口及环境与生态的协调发展。到1995年,我国经济提前实现原定2000年比1980年翻两番的目标。党的十五大明确回答了中国的改革开放和现代化建设继续向前发展的一系列重大理论问题和政

---

① 资料来源:《中国共产党简史》,中国政府网,http://www.gov.cn/test/2009-09/25/content_1426162_2.htm。
② 参考资料:《走自己的路,建设有中国特色的社会主义》,中国政府网,http://www.gov.cn/18da/content_2247073.htm。

策问题,从思想上、政治上、组织上为我国的跨世纪发展提供了根本保证,提出我国要在优化经济结构、发展科学技术和提高对外开放水平等方面取得新的突破。

进入 21 世纪,我国迎来全面建设小康社会并加快推进现代化的新的发展阶段。2010 年中国国内生产总值达到了 40 万亿人民币,成为世界第二大经济体,人均 GDP 从 8 592 元增加到 29 670 元,外汇储备从 2 122 亿美元增加到今年(2011 年)的 2.85 万亿美元,增长了接近 13 倍。[①]

4. 第四阶段:新时代"全面建设社会主义现代化国家"新发展阶段

党的十八大以来,以习近平同志为核心的党中央围绕全面小康和社会主义现代化建设等关系党和国家发展的重大问题深入调研、科学研讨,提出了一系列新思想、新观点、新要求,统筹推进"五位一体"总体布局、协调推进"四个全面"战略布局,丰富了中国特色社会主义现代化理论体系。

党的十九大报告提出"在全面建成小康社会的基础上,分两步走在本世纪中叶建成富强民主文明和谐美丽的社会主义现代化强国"。到二〇三五年基本实现社会主义现代化,是实现第二个百年奋斗目标战略安排的第一阶段,是我国建设社会主义现代化强国的关键步骤。2021年,在庆祝中国共产党成立一百周年大会上,习近平总书记庄严宣告我国"全面建成了小康社会"。中国共产党领导伟大的中国人民实现了第一个百年奋斗目标,这是中国式现代化理论指导的伟大成就,是中国式现代化在现实发展中的生动实践。"第二个百年奋斗目标"是关于建设社会主义现代化强国的目标。这一战略安排体现了党对社会发展规律和社会主义现代化建设规律的新认识,说明了我国发展的成就超出预期,有更大的发展潜力。

理论的精炼总结与生动的具体实践为中国现代化建设提供了强大的信心与精神动力。党的二十大报告深刻阐述了中国式现代化的科学内

[①] 资料来源:《数据显示中国已成为全球第二大经济体和第一大贡献国》,中国政府网,http://www.gov.cn/wszb/zhibo491/content_2013602.htm,2011 年 12 月 7 日。

涵、中国特色和本质要求，强调坚持以中国式现代化全面推进中华民族伟大复兴。党的二十大报告指出，"高质量发展是全面建设社会主义现代化国家的首要任务""中国式现代化，是中国共产党领导的社会主义现代化，既有各国现代化的共同特征，更有基于自己国情的中国特色"，中国式现代化"是人口规模巨大的现代化""是全体人民共同富裕的现代化""是物质文明和精神文明相协调的现代化""是人与自然和谐共生的现代化""是走和平发展道路的现代化"。① 这说明了中国式现代化进程中，"五位一体"全面推进经济、政治、文化、社会和生态文明建设，体现了中国式现代化的全面性，体现了依靠人民力量建设、人民共享现代化成果的以人民为中心的现代化，体现了积极践行"人类命运共同体"理念，坚持合作共赢、走和平发展道路的现代化。

（三）深刻把握以中国式现代化全面推进中华民族伟大复兴的实践逻辑

习近平总书记指出中国式现代化具有人口规模巨大、全体人民共同富裕、物质文明和精神文明相协调、人与自然和谐共生、走和平发展道路五个方面的特征。新时代10年，党带领人民克服严峻复杂的风险挑战，成功推进了中国式现代化新的伟大实践。大规模人口迈向现代化取得里程碑意义的成果。同步发展新型工业化、信息化、城镇化和农业现代化，农村贫困人口全部脱贫，占世界近五分之一的人口全面小康，中国国家实力和人民生活水平达到了前所未有的高度。扎实推动全体人民的共同富裕。坚持以人民为中心，发挥初次分配、再分配调节、第三次分配的联动作用。统筹推进物质文明和精神文明建设。牢牢掌握意识形态工作领导权，推动中华优秀传统文化创造性转化、创新性发展，巩固了团结奋斗的共同思想基础。坚持走生态优先、绿色发展的道路。践行绿水青山就是金山银山的理念，加强山水林田湖草沙一体化保护和系统治理。向世界

---

① 习近平：《高举中国特色社会主义伟大旗帜 为全面建设社会主义现代化国家而团结奋斗》，《人民日报》2022年10月17日第1版。

作出碳达峰、碳中和承诺,生态环境保护发生历史性、转折性、全局性变化。中国走向世界的脚步更加坚实有力。"一带一路"、自贸区等建设走深走实,构建陆海内外联动、东西双向互济的开放格局。坚定不移维护国家主权、安全和发展利益,推动共建共享人类命运共同体。中国更加自信而坚定地走向世界舞台中央,在世界百年变局中牢牢把握住了发展主动,中国式现代化必将推进中华民族以更加昂扬的姿态屹立于世界民族之林。

三、准确理解江苏在全面建设现代化上走在前列的重大历史使命

在率先实现社会主义现代化上走在前列,是习近平总书记赋予江苏在新时代、新征程的新使命。

(一)紧扣"率先"和"走在前列"两个关键词

开启全面建设社会主义现代化,江苏应牢牢把握历史方位,至少从两个维度来准确理解新时代"争当表率、争做示范、走在前列"光荣使命的深刻内涵。

横向维度上,江苏承担的时代重任尤为突出。为加快推动社会主义现代化国家建设,中央对于全国很多地方特别是发达省市都提出了新定位、新要求。例如,广东要努力"在全面建设社会主义现代化国家新征程中走在全国前列、创造新的辉煌",上海浦东要"努力成为更高水平改革开放的开路先锋、全面建设社会主义现代化国家的排头兵、彰显'四个自信'的实践范例",浙江要"努力成为新时代全面展示中国特色社会主义制度优越性的重要窗口"。与这些兄弟省市相比,江苏的要求更高。一方面,任务内容更加综合。广东偏向推动形成现代化经济体系、上海浦东侧重改革开放、浙江聚焦社会建设共建共享,而江苏强调推动高质量发展、服务构建新发展格局。另一方面,速度、质量同时兼顾。江苏不仅要率先实现社会主义现代化,而且还要走在全国前列。

纵向维度上,江苏肩负的历史使命更加艰巨。为全国探路一直是中

央对江苏的要求,习近平总书记分别于2009年、2013年、2014年提出"像昆山这样的地方,包括苏州,现代化应该是一个可以去勾画的目标""按照率先全面建成小康社会、率先基本实现现代化的要求,不断开创各项工作新局面"以及"强富美高"新江苏的要求。开启社会主义现代化建设,江苏不仅要"去探路",而且还要"快探路""探成路",即做到"率先实现"与"走在前列",比过去的要求更高、任务更重。

(二)中国式现代化在江苏的现实要求

全面建设现代化,首要前提是立足江苏的发展阶段和资源禀赋,准确把握社会主义现代化的深刻内涵。中国式现代化既具有各国现代化的共同特征,本质上是多领域的结构性变迁过程,又具有基于国情的中国特色,是人口规模巨大、和平发展的现代化,体现了普遍性与特殊性的统一,习近平总书记对此有过很多重要论述。

对于江苏来说,展现中国式现代化的现实模样,就是要超越发展主义,走向均衡社会,具体主要表现为推动实现四大均衡。一是目标均衡。过去更多地强调发展,以发展促改革,以发展调结构,以发展解决内部和外部矛盾。随着世界百年未有之大变局深度演进,全面建设社会主义现代化需要更好地统筹发展和安全,在坚持把发展作为第一要务的同时,确保总体安全。二是领域均衡。中国式现代化包括经济、政治、文化、社会、生态文明等各方面内容,"五位一体"总体布局、五大文明协调发展的最终目的是要实现人的现代化。三是主体均衡。主体的内涵有多个层次的理解,主体的均衡至少包括人与自然的主体之间的均衡,表现为人与自然和谐共生;城乡主体之间的均衡,表现为城乡区域协调发展;人的主体之间的均衡,表现为全体人民共同富裕;物质主体与精神主体之间的均衡,表现为物质文明和精神文明相协调;等等。四是路径均衡。过去由于资源有限、基础薄弱,我们的发展路径主要是基于迅速赶超目标的集中有限资源对重点领域进行关键突破,以解决"有没有"的问题,开启全面社会主义现代化建设需要更多地解决"好不好"的问题,发展路径必须及时转向"扬长补短"、均衡发展。

因此,江苏省第十四次党代会、江苏省委第十四届三次全会、《2023年江苏省政府工作报告》不断系统提出了江苏在率先实现社会主义现代化上走在前列的总体目标与思路,就是要坚持物质文明和精神文明相协调,坚持人与自然和谐共生,支持苏南引领、苏中崛起、苏北赶超,促进城乡区域协调发展,推动全体人民共同富裕,让全体人民在现代化建设中更好地享受高品质生活,更好地展现中国式现代化的现实模样。

(三) 江苏全面建设现代化走在前列必须牢牢把握的重点

均衡发展不代表忽略重点,搞所谓的"雨露均沾""撒胡椒面",均衡更多强调的是目的、导向与思路,受特殊环境、特定区域、发展阶段等因素的影响,在方法论上必须坚持基于"纲举目张"的内在逻辑把握重点领域与关键问题。无论是从理论还是实践来讲,区域协调发展都是江苏在全面建设社会主义现代化上走在前列必须牢牢把握的"纲"。

一是应避免片面、狭隘地理解区域协调发展。区域是空间概念,协调是内生特点。我国提出的区域协调发展是为了解决区域发展的不平衡不充分问题,应从多个层次的全面协调发展的角度来理解这一范畴和战略。因此,区域协调发展不仅是区域经济的协调发展,而且还强调社会、文化、生态文明等的区域协调发展,从而实现区域发展的平衡性、系统性和可持续性。近年来引起广泛关注的社会公共服务均等化、长江流域生态环境协同治理、区域文化要素整合等本质上都属于区域协调发展的内容。

二是区域协调发展是"强富美高"新江苏建设的载体、内涵与基础。对江苏而言,发展中国式现代化就是要进一步推进"强富美高"新江苏建设。首先,"强富美高"的空间载体是区域。改革开放以来,区域成为重要的发展主体,高水平全面小康的成就归根结底是区域竞争、合作、开放、创新的结果。江苏的县域经济、开发区发展一直走在全国前列并持续输出经验。全面建设现代化依然需要进一步激发区域主体的内在动力和创造性。其次,区域协调是"强富美高"的题中之义。虽然区域经济的协调发展更多体现在"经济强"这一领域,但是区域协调应该是贯穿"强富美高"建设始终的一条主线。最后,区域协调是谱写"强富美高"新江苏现代化建设新篇章的重要基础。习近平总书记指出,协调既是发展手段又是发展目标,同时还是评价发展的标准和尺度。没有区域协调,"强富美高"终将成为"水中月""镜中花"。

三是江苏有条件为率先实现区域协调发展提供省域经验。近年来,以省内全域一体化促进新时期国家区域协调发展战略在江苏落地生根。加快"轨道上的江苏"建设,不断完善现代综合交通运输体系,促进南京、苏锡常、徐州等现代化都市圈联动发展,推进国家城乡融合发展试验区宁锡常接合片区、宁镇扬一体化发展,调整"南北挂钩"城市,推动省内区域互补、跨江融合、南北联动。2021年,江苏城乡居民人均可支配收入比为2.16∶1,连续五年下降,是全国城乡居民收入差距较小的地区之一。基本民生保障持续改善,全省基本公共服务标准化实现度超过90%。从2010年开始,苏北、苏中经济增速超过苏南,区域差距逐渐缩小。此外,江苏充分把握"一带一路"、长江经济带、长三角一体化、江苏沿海开发等多重国家战略叠加机遇,主动融入、积极推动,如长三角"一网通办"正式开通,实现104个政务服务事项在41个城市跨省市通办;以长三角区域预测预报平台建设促进生态环境共保联治等。

四、江苏在全面建设现代化上走在前列的现实基础

(一) 经济强

经济实力是实现现代化的基础条件,也是衡量现代化水平的重要指标。江苏的综合经济实力一直处于全国前列,多年来江苏对全国经济增长贡献超过10%,经济大省加快向经济强省跨越。从地区生产总值来看,其反映了经济发展规模,能够大致判断经济总体实力和发展速度。2021年,江苏全省地区生产总值达到11.64万亿元,是2012年5.37万亿元的2.17倍,位居全国第二。全省人均地区生产总值达到13.7万元,居各省(自治区)之首。

实体经济是经济发展的根基,是财富的创造源泉,江苏坚持把发展着

力点放在实体经济上。2021年,实体经济占全省经济总量的80%以上,制造业增加值为4.2万亿元,是2012年的1.83倍。科技自立自强、产业自主可控水平大幅提高,拥有全国最大制造业集群,在工业和信息化部2024年11月公布的35个国家先进制造业集群名单中,江苏累计达14个,总数位居全国第一①。2021年,江苏特高压设备、晶硅光伏、特钢材料、品牌服饰等7条产业链迈入国际中高端水平,为实体经济发展培育了新动能。②

近年来,数字经济在经济高质量发展中的作用凸显,是构建现代化经济体系建设的新引擎。截至2021年年底,江苏省数字经济规模超5.1万亿元,占全国的11.8%,数字经济核心产业增加值占GDP比重达10.6%,③产业数字化和数字产业化融合发展水平连续7年保持全国第一。

创新是引领高质量发展的第一动力。江苏作为我国首个创新型省份建设试点省,创新能力在全国处于领先地位,截至2021年10月,全省建有国家重点实验室42家,数量位居全国省份前列。全省全社会研发投入占比达到2.95%,万人发明专利拥有量提高到41.2件,居全国各省(自治区)首位,科技进步贡献率提升到66.1%。④

江苏是全国发展水平较高且较为均衡的省份,城乡区域发展差距和居民生活水平差距显著缩小。13个设区市的地区生产总值在全国排名中全部位于前80名,苏中苏北经济总量占全省比例持续提升,2021年达到47.3%。"1+3"重点功能区建设迈出新步伐,省内全域一体化发展水

---

① 资料来源:《我省再添4个国家先进制造业集群》,江苏省人民政府,https://www.jiangsu.gov.cn/art/2024/11/25/art_60095_11427411.html。
② 资料来源:《"十年画卷"如此多娇——数读"强富美高"新江苏建设这十年》,中国江苏网,http://jsnews.jschina.com.cn/jsyw/202208/t20220813_3054960.shtml,2022年8月13日。
③ 资料来源:《江苏数字经济规模超5.1万亿元,位居全国第二》,人民网,http://js.people.cn/n2/2022/0907/c360301-40115492.html,2022年9月7日。
④ 新发展理念在江苏·创新发展调研组:《创新引领,加快推动科技自立自强》,《新华日报》2022年10月10日第2版。

21

平不断提升,通过构建三大都市圈、扬子江城市群,以及推进沿海地区港产融合、跨江融合和南北结对帮扶等措施强化地区间的联系,各成员在经济、产业、民生等领域起到了相互促进、协调发展的作用。江苏在推动城乡融合上,持续拓宽城乡要素双向流动制度性通道,逐步探索建立城乡要素自由流动、公平交换、合理配置的体制机制。

新发展格局下,高水平的对外开放有利于畅通国民经济循环,促进国内国际双循环,推动世界经济开放发展。作为开放大省,江苏经济取得的巨大成就离不开对外开放的重要贡献,2021年,全省进出口总额达52 130.6亿元,居全国第二位,实际使用外资288.5亿美元,位居全国首位,正加速迈向开放强省。[①]

(二) 百姓富

坚持以人民为中心的发展思想,在高质量发展中促进共同富裕。江苏的居民收入与消费在全国处于比较高的水平,中等收入群体规模显著扩大。2021年,江苏居民人均可支配收入为47 498元,比全国居民人均可支配收入35 128元高出35.2%;人均消费支出31 451元,比全国平均的24 100元高出30.5%。[②] 江苏持续增进民生福祉,坚持把75%以上的一般公共预算支出投入民生领域,为实现全体居民共同富裕保驾护航,让人民幸福生活水平更高、成色更足、内涵更丰富。江苏城乡居民的教育、医疗、养老等公共服务和社会保障水平不断提高,全省基本公共服务标准化实现度超过90%。

就业是保障全体人民收入的来源和基础,高质量就业是实现全体人民共同富裕的前提。江苏坚持守好就业民生底线,扎实推进稳定就业、扩大就业、激活就业。2021年,江苏全省城镇新增就业140.2万人,同比增

[①] 数据来源:《2021年江苏省实际使用外资288.5亿美元 规模保持全国首位》,央广网,https://js.cnr.cn/yw/20220127/t20220127_525727591.shtml。
[②] 数据来源:《2021年江苏省国民经济和社会发展统计公报》,江苏省人民政府,https://www.jiangsu.gov.cn/art/2022/3/31/art_64797_10398993.html。

长5.6%,占全国近1/9。① 灵活就业是就业市场的"蓄水池",是发展就业新动能,是劳动者就业增收的重要途径。2021年,全省灵活就业人员约1 100万人,可自愿参加企业职工基本养老保险,畅通灵活就业人员参保渠道,充分保障了灵活就业劳动者权益。

深入推进乡村振兴为农民的增收和生活水平提升带来了显著的成效。江苏的农村地区在政府政策引导、因地制宜的乡村振兴规划和市场配置的推动下,逐步形成了特色优势突出的乡村经济发展模式,打造了10亿元以上县域产业185个、全国产业强镇64个、"一村一品"示范村镇186个。2021年,江苏农村居民人均可支配收入26 791元,远高于全国平均水平(18 931元)。在富民增收的同时,农民生活水平提高、人居环境得到很大改善,全面完成了苏北三年30万户农房改善任务,乡村基础设施加快提档升级,公共服务质量明显提升。②

为了满足人民对优质教育资源的需求,江苏加快推进更高质量、更加公平的教育公共服务。学前教育普及普惠安全优质发展,普惠性幼儿园覆盖率超过90%。义务教育阶段强化优质教育资源均衡配置,通过推进学校标准化建设、全面改善办学条件、名校分校建设、校长师资有序交流轮岗、线上教育等形式提升优质义务教育资源均等化水平。高等教育方面,江苏拥有普通高校172所,数量居全国第二。③ 高等教育毛入学率达到65%,高出全国平均水平7.2个百分点,进入普及化阶段。

医疗健康服务是保障人民群众生命健康安全的防护网。截至2021年年底,全省卫生机构达到3.6万个,每万人拥有医师数32.1人,每万人拥有医疗机构床位数近55张。医疗资源配置进一步优化,建设基层医疗卫生机构19 000家,县级医院综合服务能力位居全国首位,老百姓就医

---

① 数据来源:《2021年江苏省国民经济和社会发展统计公报》,江苏省人民政府,https://www.jiangsu.gov.cn/art/2022/3/31/art_64797_10398993.html。
② 资料来源:《江苏晒十年乡村振兴成果:新时代鱼米之乡的乡村致富路》,光明网,https://m.gmw.cn/2022-06/28/content_1303018001.htm。
③ 资料来源:《河南首超江苏,高校数量名列全国第一》,福建日报,http://baijiahao.baidu.com/s?id=1804170874741018279&wfr=spider&for=pc。

九成以上在县域内解决。①

社会保障作为一项重大社会制度安排,在推进全体人民共同富裕过程中发挥着举足轻重的作用。2021年,江苏全省基本医保参保率超98%,城乡基本养老保险参保率达到99.8%,位居全国前列。2021年,建成护理院310家,占全国总数的39%,建成837家医养结合机构,居家社区养老服务中心近2万个,养老服务床位从35.2万张增加到74.3万张。②

(三) 环境美

生态文明建设是关系中华民族永续发展的根本大计。实现碳排放达峰是衡量一个国家或地区发展阶段和现代化水平的关键标志之一。江苏全面贯彻习近平生态文明思想,坚持生态优先、绿色发展,扎实推进污染防治攻坚,美丽江苏建设取得重大进展。

空气质量显著好转,主要污染物排放总量持续下降。2021年,江苏省设区市环境空气质量平均优良天数比率为82.4%,细颗粒物($PM_{2.5}$)年均浓度为33微克/立方米,全省开展空气质量监测的136个村庄,空气质量优良天数比率为85.3%,全省设区市酸雨平均发生率为5.3%,降水年均pH值为6.11,酸雨年均pH值为5.19。③

水生态环境质量稳中向好。国考断面水质达到国家年度考核目标要求,国考断面、长江主要支流全面消除劣Ⅴ类,太湖治理连续14年实现"两个确保"。2021年,江苏省长江流域总体水质为优,淮河流域总体水质处于良好状态。海洋环境好转,全省入海河流水质总体处于良好状态。

---

① 顾孟青:《江苏如何着力解决群众看病就医的堵点痛点难题?省卫健委主任谭颖接受〈奋楫深水区〉专访》,荔枝网,http://news.jstv.com/a/20221007/1665461566229.shtml,2022年10月7日。
② 明玉花:《2021年总流通首次突破1亿人次!江苏省公共图书馆发展成就展在南图开展》,荔枝网,http://news.jstv.com/a/20221015/172b3796156341588cb746c5fe7ca1e0.shtml,2022年10月15日。
③ 资料来源:《2021年度江苏省生态环境状况公报》,江苏省生态环境厅网站,http://sthjt.jiangsu.gov.cn/art/2022/5/9/art_83740_10442697.html,2022年5月9日。

城乡环境更加宜居宜业。2021年,全省拥有国家森林城市8个,国家生态园林城市9个,获联合国人居环境奖城市5个。2021年,江苏的中国美丽休闲乡村总数为74个,数量位居全国前列,建成省级特色田园乡村446个。良好的生态环境已成为江苏百姓最有幸福感的公共产品,群众对环境的满意度提升至93.6%。[1]

(四) 社会文明程度高

社会文明是指社会建设和文化建设领域各要素发展所积淀的积极成果和达到的进步状态。一般来说,社会文明主要包含社会关系文明、社会制度文明、社会行为文明、社会主体文明、社会观念文明、社会环境文明等方面。习近平总书记指出:"文明是现代化国家的显著标志。要把提高社会文明程度作为建设社会主义文化强国的重大任务。"推动社会文明程度不断提高,是全面建设社会主义现代化国家的重要目标,也是实现人民精神生活共同富裕的重要保证。

国民教育水平是衡量社会文明程度的重要指标。江苏是教育强省,人民思想道德素质、科学文化素质不断提高,2021年每10万人中拥有大学文化程度的有18 663人[2],比全国平均水平高20.7个百分点。大众学习氛围日愈浓厚,截至2021年年底,全省公共图书馆机构数为122个,阅览室座席数为7.98万个。2021年全省公共图书馆总流通10 961万人次。[3]

公共服务的文化品质不断提升,文化产品的精神内涵不断丰富。江苏拥有完善的公共文化服务体系,基本形成城市社区"15分钟文化圈"、乡村"十里文化圈",实现基层综合文化服务中心全覆盖。居民文化生活

---

[1] 资料来源:《"十年画卷"如此多娇——数读"强富美高"新江苏建设这十年》,中国江苏网,http://jsnews.jschina.com.cn/jsyw/202208/t20220813_3054960.shtml,2022年8月13日。
[2] 《江苏省第七次全国人口普查公报(第五号)》,江苏省统计局,https://tj.jiangsu.gov.cn/art/2021/5/18/art_87707_10691499.html,2021年5月18日。
[3] 明玉花:《2021年总流通首次突破1亿人次!江苏省公共图书馆发展成就展在南图开展》,荔枝网,http://news.jstv.com/a/20221015/172b3796156341588cb746c5fe7ca1e0.shtml,2022年10月15日。

丰富,基层综合性文化服务中心覆盖率为100%,2021年,全省居民综合阅读率为90.23%,比全国平均水平高8.63个百分点,全省国家一级图书馆、文化馆、博物馆的总数均居全国前列,广播电视综合覆盖率达100%。① 江苏文化底蕴深厚、文化资源丰富,文艺精品生产成果丰硕。江苏优秀传统文化传承弘扬,形成了江南文化(吴文化)、金陵文化、淮扬文化、楚汉文化、江海文化等文化标识。大运河、长江国家文化公园江苏段建设加速推进,水韵江苏魅力彰显。近年来,江苏奋力构筑文艺精品创作高地,创作了大量的优秀文艺作品,小说、话剧、电视剧、电影、淮剧、苏剧、昆剧、交响音乐等百花齐放。2021年全省文化产业增加值约为5 800亿元,连续多年稳居全国第二。②

法治是调整和规范社会生活的重要途径,是现代国家社会文明的重要标志。江苏省法治建设在健全制度体系、健全议事协调机制、突出基层基础建设和责任落实方面持续统筹谋划推进。2022年,全省现行有效省级地方性法规267部、政府规章134部,行政程序条例、土地管理条例、生态文明教育促进办法等多个地方性法规和政府规章在全国领先。聚焦推进法治社会建设,建成全国乡村治理示范村121个、全国民主法治示范村(社区)170个,建立法治文化阵地1.8万余个,建成法律援助工作站1 256家,不断用法治力量推进社会文明进程。③

新时代文明实践中心成为社会文明的文化综合载体。三级网络上下贯通,五大平台协同运行,截至2021年,新时代文明实践中心已经实现95个县(市、区)全覆盖,共建成新时代文明实践所1 271个,新时代文明实践站20 579个。④ 公民道德建设有力推进,积极打造道德风尚建设高

---

① 资料来源:《守正创新与时俱进 江苏文化强省建设跃上新台阶》,荔枝网,http://news.jstv.com/a/20220816/1660643737200.shtml,2022年8月16日。
② 资料来源:《守正创新与时俱进 江苏文化强省建设跃上新台阶》,荔枝网,http://news.jstv.com/a/20220816/1660643737200.shtml,2022年8月16日。
③ 梅建明:《成绩斐然,法治江苏建设这十年!》,扬子晚报网,https://baijiahao.baidu.com/s?id=1743286103543786820&wfr=spider&for=pc,2022年9月7日。
④ https://baijiahao.baidu.com/s?id=1741304690753065538&wfr=spider&for=pc。

地,积极培育选树各类先进典型,涌现出赵亚夫、王继才等一批时代楷模,形成多层次、广覆盖的典型示范群体。爱国主义示范教育基地的宣传教育作用显著,依托全省32家全国爱国主义教育示范基地、213家省级爱国主义教育基地广泛开展各类主题宣传教育。全国文明城市总数和占比均居全国第一。①

五、江苏在全面建设现代化上走在前列面临的主要难题

当前,江苏在率先实现现代化上走在前列仍面临一些问题,主要来自内外部、纵横向四个方面,分别是匹配性、依赖性、竞争性、结构性等堵点、难点。具体而言,在创新、人才、产业、开放、共同富裕、精神文明建设、生态文明建设等领域仍有改进和提升的空间。

(一)科技创新能力有待提升,人才强省建设有待加强

科学技术是社会主义现代化建设的动力之源,科技创新在现代化经济体系建设中具有引领与战略支撑作用。近年来,全球化遭遇逆流,经济进入动荡期,单边主义、保护主义、霸权主义妄图遏制中国科技发展。面对国际秩序的大重组,习近平总书记指出,中国必须"在危机中育新机、于变局中开新局",固本培元、练好内功。作为创新型大省,江苏正在实现从全球价值链的中低端向高端的攀升,为此,亟须破解关键核心技术的瓶颈制约,以自主知识产权技术推动高质量的内涵型增长,以科技实力提升引领现代化进程,为实现高水平科技自立自强做出江苏贡献。

江苏的创新能力在全国处于领先地位,但仍面临自主创新能力不足、关键核心技术领域突破难度较大的问题。根据《中国区域创新能力评价报告2023》,江苏的区域创新能力虽位居全国前列,但自2017年以来排名有所下降,由连续8年排名首位下降至全国第三位。在基础研究、应用基础研究、原始创新方面和关键核心技术领域,突破难度较大,呈现出有

---

① https://baijiahao.baidu.com/s?id=1741304690753065538&wfr=spider&for=pc.

高原无高峰的状况。在重大前沿项目、重大创新平台建设的数量和质量上都有待提升,江苏还存在重点产业关键核心技术偏少、研发能力不强、科技成果转化较难等制约科技创新发展的共性问题,缺乏面向世界科技前沿的核心科技成果。科技创新对实体经济的支撑能力有待进一步增强,新一代信息技术产业、新材料、先进制造、生物医药、新能源、优势传统产业等领域的产业关键核心技术亟须加快突破。

党的二十大报告将教育、科技、人才放在第五部分进行统筹部署、集中表述,不仅突出了创新在现代化建设全局中的核心地位,而且从"三位一体"的角度强调了全面建设社会主义现代化国家的基础性、战略性支撑。科技创新与人才紧密关联,通过协同配合、系统集成,共同塑造发展的新动能新优势。江苏虽然是科教大省,拥有非常丰富的教育、科技与人才资源,但也面临着诸多突出难题。一是人才规模增长的内在动力弱化,人才流失风险加剧,优秀人才"孔雀东南飞"的案例频频发生。二是人才队伍总体质量亟待提高,高层次领军人才紧缺,特别是不少重点产业领域都面临着高层次领军人才紧缺的问题。三是产才适配和链条融合仍有短板,人才效能有待提升。才链与产业链、创新链的融合有待深化,人才资源的结构性错配问题突出,人才瓶颈是诸多重点产业和新兴产业的共性难题。四是人才现代化发展体系有待健全,政策集成亟须改进,特别是在人力资本投资、人才政策体系、人才服务体系等方面还有很大提升空间。

(二)自主可控安全高效的现代产业体系的建设力度不够

在建设自主可控的现代产业体系上走在前列是江苏产业发展的重中之重,也是江苏履行"在率先实现社会主义现代化上走在前列"光荣使命的先行步骤。从集成电路、生物医药、高端装备制造业等典型战略性新兴产业来看,江苏产业自主可控的主要难题在于产业链部分关键环节的产品竞争力较弱、对外依赖度和被替代风险较高。具体来讲,江苏是我国集成电路第一大省,产业链条基本完整,但半导体材料、关键设备、芯片设计等上中游环节对外依赖度较高,中下游的封装测试及产品应用等优势环节存在被替代风险。江苏是我国医药生产重镇,但是研发投入不足、科技成果转化率不高、创新资源的空间不均衡等短板仍然制约着江苏生物医药产业的自主创新水平。目前医学影像诊断和先进治疗的前沿产品等研发环节还严重依赖进口,药物研发设计和新药发现方面差距较大,高端仪器设备、高端辅料受制于人。江苏是装备制造大省,在最终产品生产供应环节具有一定市场竞争力,但可替代性强,在发动机、芯片等核心部件及部分功能的材料、软件硬件系统配合等环节中则存在明显短板,对外依赖度较高。

(三) 开放水平有待进一步提升

开放发展方面,江苏经济融入全球经济体系程度高,受俄乌冲突、主要发达国家通胀高企等外部环境变化影响,全球物流供应链系统受到严重冲击,国际科技合作面临跨境流动难题。比如,在原材料方面,近年来各国对木材出口严格管制,导致国内市场木材紧缺。面对高水平开放的新要求,江苏省外贸新业态新模式发展中仍然存在一些困难,外资补链延链强链、外贸稳中提质面临较大压力。自贸试验区引领作用有待进一步提升。高质量推进"一带一路"交汇点建设仍存在综合交通运输体系整合力度不足的问题,各种运输方式之间尚未实现有效衔接和资源的高效配置,比如各地机场和中欧班列的同质化竞争现象较为突出,港口、机场集疏运体系建设有待加强,运输资源整合效率不高,自主出海、出港能力不足;"一带一路"沿线贸易存在地域分布不均衡、"双向开放"程度不够的问题,表现为"重出口,轻进口";民心相通单向交流多,但双向互动少;等等。连云港"一带一路"强支点建设有待进一步加强。

(四) 共同富裕水平还有待进一步提升

共同富裕是社会主义的本质要求,也是社会主义现代化的重要目标。一是高质量发展的动力基础有待加强。在高质量发展中把"蛋糕"做大做好是基础,但创新对培育经济发展新动能的支撑有待提升,数字经济与实体经济的融合有待提升。二是城乡区域差距进一步缩小的难度较大。在经济下行压力较大和面临碳达峰、碳中和等多重约束的背景下,相对落后的地区统筹兼顾经济增长和增长方式转型,进而缩小区域差距的难度较大。三是"扩中"和"提低"的任务艰巨。农民持续较快增收难度加大,重点群体稳收增收压力加大。2021年江苏省城镇非私营单位就业人员年平均工资约为11.5万元,但行业间的收入差距仍然较大,劳动者报酬在初次分配中的比例仍然偏低。2021年,江苏城乡居民人均收入比为2.16∶1,好于全国平均水平的2.50∶1,收入最高的苏州与收入最低的宿迁的人均收入比为2.34∶1,好于同为经济较发达地区的广东的2.98∶1。[①] 虽然江苏城乡居民收入差距好于全国大部分地区,但距离实现全体人民共同富裕目标还有很大提升空间。受外部环境、宏观调控影响,纺织、建筑、服务等行业从业人员对稳收增收信心不足。针对城乡低收入人口共同富裕的长效机制尚不健全,弱势群体抵抗负向冲击的能力较弱。四是基本公共服务均等化水平亟待提高。虽然江苏城乡一体化发展水平较好,但乡村基本公共服务总体上与城镇差距较大,尤其体现在教育、医疗卫生、社会保障等方面,基本公共服务还不能满足人民对美好生活的需要,社会保障水平有待提升。五是切好分好蛋糕的体制机制有待完善。初次分配、再分配、三次分配协调配套的基础性制度安排有待完善,先富带动后富的机制亟待完善,社会流动的制度性障碍依然存在。

(五)物质文明与精神文明建设的协同性有待提升

现代化进程中的物质文明与精神文明建设缺一不可,二者应该是相互促进、协调发展的关系,物质文明对精神文明起到基础性作用,能为精神文明发展提供必要的物质前提和条件,精神文明能为物质文明提供支撑和动力甚至影响其发展的方向、道路,然而实践中二者的发展往往并不"同步"。总的来说,精神文明建设明显落后于物质文明建设,导致其对物质文明建设的引领作用未能凸显。有些地区对精神文明发展规律及其内在逻辑存在认识误区,不同地区对精神文明建设理念及重视程度存在差

---

① 资料来源:《江苏统计年鉴2022》,江苏省统计局,https://tj.jiangsu.gov.cn/2022/index.htm;《中国统计年鉴2022》,国家统计局,https://www.stats.gov.cn/sj/ndsj/2022/indexch.htm。

别、精神文明建设自身存在短板,这些都影响精神文化对物质文明的引领作用。社会发展所需的强大精神和信仰凝心聚力还需进一步加强。部分先富群体的"道德榜样"能力不足甚至缺失,发展滞后地区和低收入群体依靠自身奋斗实现共同富裕的信心和动力不足。江苏对公民的思想道德教育和身心健康的重视相对不足,思想道德教育主要依托学校和企事业单位、社会机构,公共文化设施建设不均衡且内涵建设相对滞后,有些思想道德教育内容陈旧、形式单一,除学校教育外,尚未形成有效、规范、长效的公民思想道德教育体系。虽然江苏省以新时代文明实践中心为载体,在提升人民思想觉悟、道德水准、文明素养和全社会文明程度方面发挥了积极的作用,但也存在渗透度不足、民众参与度不高的问题。

(六)生态环境治理体系和治理能力现代化水平有待进一步提升

江苏在经济发展的同时始终坚持生态优先、绿色发展,生态环境质量有所提升,但仍面临污染防治、环境治理、生态保护与修复等压力,生态环境保护的结构性、根源性、趋势性压力尚未得到根本缓解。进入"十四五"期间,江苏以煤炭为主的能源结构和偏重的产业结构尚未发生根本性改变,污染排放仍将处于高位水平。应对气候变化,推进碳达峰碳中和的政策措施和行动体系正处于起步探索阶段。"十三五"时期重点关注的环境问题如"重化围江"、细颗粒物和臭氧污染、黑臭水体、土壤环境风险、湖泊富营养化、农业面源污染等,仍待下大力气解决。过去关注不够的环境问题如近岸海域氮磷超标、地下水污染、环境安全和健康风险、碳排放总量大强度高等,将逐渐凸显。环境质量提升的边际成本持续上升,污染治理的难度不断增加。具体来讲,全省环境空气质量平均优良天数比率为82.4%,低于全国平均水平(87.5%)。虽然 $PM_{2.5}$ 的改善效果很明显,但臭氧污染问题又更加突出,推进 $PM_{2.5}$ 和臭氧的协同控制还有改进空间。太湖处于轻度污染、轻度富营养状态。土壤环境监测 165 个点位中仍有 8 个点位超过风险筛选值,土壤污染风险有待加强管控。2021 年,全省生态环境状况指数为 66.6,生态环境状况等级相比优还有距离。太湖湖体水质不稳定,2021 年,太湖湖体总体水质为Ⅳ类,处于轻度富营养状态。生态环境治理的精细化、精准化有待进一步加强,生产生活方式绿色转型有待进一步完善,生态空间形态有待进一步优化。

六、江苏破解全面建设现代化主要难题的总体思路与政策取向

习近平总书记强调,推进中国式现代化,是一项前无古人的开创性事业,必然会遇到各种可以预料和难以预料的风险挑战、艰难险阻甚至惊涛骇浪,必须增强忧患意识,坚持底线思维,居安思危、未雨绸缪,敢于斗争、善于斗争,通过顽强斗争打开事业发展新天地。要正确处理好顶层设计与实践探索、战略与策略、守正与创新、效率与公平、活力与秩序、自立自强与对外开放等一系列重大关系。江苏破解全面建设现代化可能面临的难题,坚决扛起"争当表率、争做示范、走在前列"光荣使命,除了要保持战略清醒,对国内经济三重压力依然存在、国际政治经济形势日益复杂等各种风险挑战做到胸中有数,还必须结合短期和中长期战略目标,处理好与中央、与兄弟省份以及自身改革、创新发展三大关系,坚持聚焦实体经济,促进高质量发展,发挥好高质量发展指标体系的引领激励作用。

(一)争取试点

与全面建设小康社会相比,社会主义现代化建设虽然是质的飞跃,经济、社会、文化、生态文明等各领域将向高阶进行结构性演进,但由于两者之间密切的内在联系和衔接的任务逻辑,发展策略是一脉相承的,即要将中央授权与地方探索有机结合起来,充分发挥地方的主观能动性。与广东、上海、浙江等地相比,江苏争取中央赋权的力度还不够。建议围绕社会主义现代化建设特别是区域协调发展向中央争取一定的政策保障和改革赋权,推动省内统一市场建设,支持苏南引领、苏中崛起和苏北赶超,促进城乡区域协调发展。积极完善三大机制:一是强化政策保障和改革授权机制。积极对接中央部委加强对江苏的指导督促,优先赋予探索重任。根据需要在科技创新、区域协调、数字经济发展、公共服务等方面给予足够的改革授权。建立完善与支持江苏大胆试、大胆闯相适应的法治保障

体系。二是建立评价体系和示范推广机制。加快构建推动区域协调发展的综合评价体系,加强评估、反馈与优化,及时归纳提炼体制机制创新成果。三是完善实施机制。建立健全中央统筹、省负总责、市县抓落实的工作机制。依托推动长三角一体化发展领导小组和国家发展改革委工作专班,积极推广江苏6个社会主义现代化建设试点经验。

(二)竞合共生

江苏开启全面现代化建设必须坚持"全国一盘棋"理念,协调好与兄弟省份,特别是长三角地区其他省(市)的竞争与合作,强化利益共同体建设。当前,江苏与兄弟省份的竞合关系主要呈现出四大特征:一是总体上尚未形成制度性合作机制,省际协作优势远未发挥;二是经济领域竞争大于合作;三是社会、生态领域合作大于竞争;四是其他领域竞争与合作态势还不明显。江苏应紧紧把握长三角一体化建设机遇,积极推动建立健全与兄弟省份之间的竞合共生关系。

其一,进一步完善区域合作机制。虽然长三角三省一市已经形成了主要领导座谈会、市长联席会、专题合作组等不同层次的合作机制,但仍需加强落实,强化成本分摊、收益共享。特别是要强化法治协同,以协同立法、执法、司法、守法形成长三角跨区域多元共治的长效机制。

其二,从要素竞合转向制度竞合。过去我们开展区域竞争和合作大多是围绕要素展开,比如招商引资、人才流动、技术合作等,相应的政策举措也多为要素补贴或价格扭曲,比如土地批租、财政补贴等,未来在构建全国统一大市场背景下,推动企业按照市场规律跨区域开展业务、资本、技术等全方位合作,应更多注重制度方面的竞合,比如区域间联手协商制定统一政策,避免恶性、同质化竞争,同时加强营商环境比拼等。

其三,进一步提升江苏细分领域的竞争力。应坚持以竞争力促进合作,竞争力不强只能在区域竞合中沦为配角,要进一步"扬长",在优势领域强化中心作用。从空间上看,可以从都市圈开展综合竞争力提升行动,逐步扩大到全省。

其四,推动区域间适度或协调型竞争。加强区域合作不是不要竞争,适度的、协调的竞争有利于区域高质量一体化推进,关键在于要充分尊重市场化原则,从理论和实践中厘清竞争和合作的边界,维护区域间市场、信息的开放。

（三）创新突破

创新是发展的第一动力,也是高质量发展的核心竞争力。江苏全面建设社会主义现代化除始终坚持以科技创新为经济社会发展的核心驱动力外,还必须加强各个领域的组织、制度、机制、管理等创新突破。

一方面,以创新推动"经济强"。其一,提升创新体系整体效能。充分发挥科教人才资源和产业基础雄厚的双重优势,不断提升其在国家创新体系中的作用和地位。加强创新联合体建设。创新联合体是发挥企业出题者作用、推进重点项目协同和研发活动一体化的重要载体。江苏省应因地制宜,用好"揭榜挂帅",加快构建龙头企业牵头、高校院所支撑、各创新主体相互协同的创新联合体,尽快补齐产业基础短板。争取国家大科学装置布局。做强紫金山实验室、姑苏实验室、太湖实验室。全面梳理、建立清单,引进、培育、争创一批国家大科学装置在江苏省布局。加大开放创新力度。主动融入和布局全球创新网络,营造开放包容创新生态,引育一批世界一流的科研机构、研究型大学和创新型企业。鼓励企业设立专门的知识产权部门参与设计技术引进的路径,加大省知识产权保护中心对企业的辅导、服务力度。其二,促进产业链创新链融合。推动创新成果产业化,打通从知识变成生产力"最后一公里"。加快培育一批科技型中小企业。科技型小企业的创新成果多且推出速度快,科技投资回收期约比大公司短1/4。除了以直接贷款、信贷担保、政府采购、财政专项资金等多种方式支持,强化以返税的形式,用企业创造的税收来奖励企业,鼓励企业"专精特新"发展。发挥数字化的催化剂和黏合剂作用。通过全面数字化,优化整合科技创新资源,提升原始创新能力,提高"将钱变成知识"和"将知识变成钱"的效率,不断提升江苏省重点产业创新集群能级。激发"十年磨一剑"的工匠精神,这是打通从实验室到工厂之路的关键变量,要发挥江苏省职业教育优势,在重点产业集群周围布局特色职教平台。提升一线工程师薪酬水平,不断优化尊重工匠的社会氛围。

另一方面,以创新赋能"百姓富""环境美"和"社会文明程度高"。江苏不但要持续做"大"蛋糕,还要做"优"蛋糕,同步推进高质量发展和高品质生活。要鼓励具有引领性的新业态新模式加快成长。创新构建初次分配、再分配、三次分配协调配套的制度安排,推动居民社会保险和社会救助制度无缝衔接,完善先富带后富的帮扶机制,建立健全回报社会的激励机制。以制度创新为核心,构建一种有利于"美丽江苏"建设的体制、机制和税制。建立一体化环保管理体制,强化环境执法监管。完善区域生态补偿机制,培育多元化投融资体系。创新区域环境经济政策,深化和完善各类环境政策试点。比如,率先实施环境税费改革,加快完善碳排放权交易机制等。要立足江苏深厚的文化底蕴,通过建设高品质的大运河文化带、"江苏文脉"等标志性文化工程,创新推动文化和旅游深度融合发展,不断推动文化事业和文化产业繁荣壮大。发挥技术优势,实现智能治理、精准治理,特别是要向各领域深化拓展"大数据+网格化+铁脚板"机制,构建基层社会治理新格局,不断激发社会力量参与社会治理。

(四)改革赋能

改革开放是决定当代中国命运的关键一招,也是推进中国式现代化的关键一招。江苏以改革加快推动全面现代化建设,重点要放在营商环境优化和科技创新体制改革上。

其一,持续打造市场化、法治化、国际化一流营商环境。营商环境建设不仅是建设现代化经济体系的重要基础,也是进一步深化我国社会主义市场经济体制改革的重要内容,还是推动经济社会高质量发展的重要驱动力和当前开展区域竞争、影响竞争力的核心变量。随着营商环境一系列重点改革的加快推进,一些长期制约营商环境质量提升的突出矛盾正在破题,改革的系统性、各领域改革之间的协同性以及各项改革政策之间的相关衔接亟须健全完善。要进一步加强顶层设计和整体谋划,完整、准确、全面贯彻新发展理念,坚持目标导向、问题导向、需求导向,把营商环境建设放到高质量发展大局中去谋划。不断强化政策落实,尤其是加强基层工作力量,促进"接得住""管得好",确保各项政策取得实效。要全面深入开展调查研究,紧密关注经济社会形势变化,加强新问题新情况预研预判,畅通政企沟通渠道,呼应企业现实需求。坚决破除各种不合理门槛和限制,营造公平竞争市场环境。着力破解企业投资生产经营中的"堵点""痛点",增强企业发展信心和竞争力。以市场主体为中心推动工作,使企业在营商环境建设中有更多的获得感。在市场准入、投资和贸易便利化、提升审批服务质量、减轻企业税费负担、产权保护、加强事中事后监管等方面,特别是加快知识产权保护体系建设方面做出更有效的制度安排。

其二,积极推进科技创新体制改革。体制机制改革重在落实。创新资金投入机制。在基础性研究以及具有共性的关键技术领域,提高政府对创新的投入力度和效率。在经济下行压力较大的情况下,完善企业技术创新投入的长效激励机制。完善人才集聚机制。充分利用长三角一体化和全国统一大市场建设机遇,广泛吸引、利用外部的高端人才,特别是高端复合型人才。利用财富效应引导人才向关键领域和重点地区流动。营造良好的工作生活环境,为人才充分实现自我价值创造良好的条件。优化科技管理体制。强化事中管理,完善事后管理,建立以科研成果采购为主的资助方式。建立学术同行评价机制,减少对科研人员的行政性考核。

(五)聚焦实体经济,促进高质量发展

党的二十大报告指出,高质量发展是全面建设社会主义现代化国家的首要任务。新征程上要全面贯彻落实党中央决策部署,坚持稳字当头、稳中求进,更好地统筹国内国际两个大局,更好地统筹发展和安全,坚持把发展经济的着力点放在实体经济上,推进新型工业化,加快建设制造强国、质量强国、航天强国、交通强国、网络强国、数字中国。江苏是实体经济大省,必须勇挑大梁,进一步引导经营主体增强信心、稳定社会预期,推动实体经济运行率先实现整体好转。

促进经济"脱虚向实、整体好转"。近年来,国内经济出现了较为严重

的"脱实向虚"趋势,特别是最近三年,实体企业的盈利水平和盈利能力不断下降,从而导致大量实体企业纷纷转向虚拟经济领域。限制虚拟经济炒作只是促进经济"脱虚向实"的第一步,要避免只要限制虚拟经济炒作就能振兴实体经济的认识误区。从日本泡沫经济破灭前后的数据来看,制造业贷款依然低迷,"脱实向虚"的状况并未得到改观。要促进经济"脱虚向实",关键还在于提高实体经济盈利水平。因此,要以混合所有制改革为抓手加快垄断领域的开放。纵观那些成功跨越中等收入陷阱的国家,基本上经历了将最赚钱的垄断行业放开的过程。因而,目前的鸿沟主要集中于石油、电信、医疗、银行等垄断领域的放开上,如果民营资本不能真正尝到"甜头",资金就不会进入实体经济,空转问题仍不能有效解决。同时还要打造"亲""清"新型政商关系,让民营企业家把更多的精力用于企业的长远发展,把更多的资源分配到实体投资上去,有意愿、有信心、有能力去进行"脱虚向实"转换。

以扩大有效和中高端供给来激发国内需求。当前和今后一个阶段中国经济的矛盾表现在供求两个方面,但主要在供给侧。扩大有效需求,主要思路是以更优品质的产品、更加丰富的新业态、更便利的服务,引领和创造消费需求,支持信息、绿色、旅游等领域新消费发展,在消费升级中释放需求潜力。目前,供给侧调整明显滞后于需求结构升级,有效需求和中高端需求供给不足。居民对高品质商品和服务的需求难以得到满足,导致出现大量到境外采购日常用品的现象,造成国内消费需求外流。从江苏来讲,以扩大有效供给来激发内需,当前特别需要在以下几个方面着力。一是推动乡村振兴,创新工作机制,加大资金、人力、政策等投入力度,真抓实干,提高乡村振兴质量。二是围绕提高企业创新水平和技术能力,引进一流的技术装备和先进的管理理念,推动产业链再造和价值链提升,在转型升级方面快人一步、领先一等,为今后更快更好地发展奠定坚实基础。三是围绕提高人力资本质量,加大投资于人的力度,优化选人用人制度,优化人才市场环境,注重培育和引进具有创新精神、市场把握能力的创新创业人才,鼓励科技创业。四是提高农业供给体系质量和效率,提高农业生产科学化水平和农产品质量安全水平,加快形成结构合理、保障有力的农产品有效供给体系。

以提升全要素生产率为主线,推动实体经济高质量发展。紧紧把握国内统一大市场建设契机,加快省内建立健全统一、开放的现代市场体系,这是提升全要素生产率的重要制度保障。总体来看,目前的问题主要表现为要素市场的分割,技术、资本、信息、基础设施等要素的流动存在严重障碍。比如跨区域的兼并收购仍然不够通畅,即使在省内的不同省辖市,跨市企业并购都可能存在制度性的瓶颈。要破除导致要素跨区域流动存在障碍的制度壁垒,比如调整垄断性行业、公用事业、社会公共服务价格制定办法,建立跨区域产权交易平台,鼓励国外、省外的优质企业到江苏参与兼并收购、参股经营,推动省内企业"走出去"等。

(六)发挥好高质量发展指标体系的引领激励作用

高质量发展指标体系,不仅使我们能够积极应对当前复杂经济形势,而且使我们的科学决策和政策部署更加稳健和成熟。高质量发展指标体系既是实现"稳中求进"战略目标和克服当前经济困难的最重要的政策手段,也是全面推进中国式现代化江苏新实践的最重要的工作抓手。

在"为发展而竞争"的转轨经济时期,由于地方政府是我国最重要的经济发展主体,因而"利用指标体系诱导发展"成为我国经济体制运行中的最重要的内容和最显著的特征。实践证明,只要设计出符合实践要求的考核评价机制及其指标体系,就会有助于在宏观决策中降低现代化建设的社会成本。一种"好的"指标设计和考核方法,有利于经济转型和科学发展;而一种"不好的"指标设计和考核方法,则会激励和诱导错误的资源配置。过去江苏建立的全面小康指标体系,很好地引导了地方政府在实现"第一个率先"中建功立业。江苏2018年建立的经济社会高质量发展指标体系,具有引导和激励经济社会发展"稳中求进"的强大功能。这5年来,实施效果好。只要全面落实这个战略部署,可以提纲挈领、统揽全局,有助于江苏为全面建设社会主义现代化国家、全面推进中华民族伟大复兴做出新的更大贡献。

第二章　提高创新驱动发展绩效　加快实现科技自立自强

在经济高速增长的发展阶段,中国取得了举世瞩目的发展成就,实现了从生产力相对落后的状况到经济总量跃居世界第二的历史性突破,然而,其发展模式基本上是一种拼资源、拼人力、高投入、高消耗的增长模式。2019年,中国人均GDP已然突破1万美元关口,经济发展进入中等收入国家行列,低成本优势逐步减弱,在低端市场难以与低收入国家竞争,而在中高端市场上如果研发能力不够、人力资本不足,就难以与高收入国家抗衡。在这种上下挤压的环境中,中国要想实现向高收入国家的转变,就必须葆有经济增长的持续动力,寻求新的动力来源与利润来源。在理论上,区域发展动力分为要素驱动、投资驱动、创新驱动、财富驱动四个阶段,创新驱动主要依靠技术进步和科技创新,经济增长来源于知识积累、制度规范、品牌建设、智力资源、有效信息等高级要素的投入。经过长期努力,中国特色社会主义进入了新时代,与新时代相适应的是创新驱动的集约式发展和高质量发展。创新是引领发展的第一动力,惟创新者进,惟创新者强,惟创新者胜。因此,作为经济"压舱石"的大省,江苏必须固本拓新、聚力前行,提高创新驱动发展水平,加快实现科技自立自强,提升区域创新体系整体效能,为中国式现代化发展注入更加澎湃的力量。

一、江苏实施创新驱动发展的历史进程

进入 21 世纪,科技发展日新月异,科技变革突飞猛进,科技创新越来越成为经济社会发展的决定性因素。2005 年,国务院印发《国家中长期科学和技术发展规划纲要(2006—2020 年)》,提出建设以科技自主创新为核心的创新型国家。2006 年,江苏省首次确立建设创新型省份的战略目标,中共江苏省委、江苏省人民政府出台《关于增强自主创新能力建设创新型省份的决定》,推进经济发展方式由资源依赖型、投资拉动型向创新驱动型、科技支撑型转变。至此,江苏渐次加大对科技创新的扶持力度,使得江苏赢得了建设产业高地、技术高地、人才高地的先发优势。2009 年,江苏区域创新能力首次跃居全国第一。2010 年,江苏率先将创新驱动战略确立为经济社会发展的核心战略。2012 年,党的十八大提出:科技创新是提高社会生产力和综合国力的战略支撑,必须摆在国家发展全局的核心位置。江苏全面贯彻落实党中央的战略部署,积极构建以企业为主体、以市场为导向、产学研紧密合作的技术创新体系。结合省情实际,江苏深入实施科技创新"八大工程",让科技创新的强省引擎更为坚韧。2015 年,习近平总书记提出,"创新是引领发展的第一动力""抓创新就是抓发展,谋创新就是谋未来"。党的十九大强调要坚定实施创新驱动发展战略,确立了在 2035 年跻身创新型国家前列的战略目标,创新驱动经济高质量发展进入关键阶段,科技创新蔚然成风。2016 年,全国科技创新大会召开后,江苏前瞻性地设置了建成科技强省的"三步走"(2020 年、2030 年、2050 年)目标,以体现江苏"高度"(锁定全国科技创新第一方阵)、形成江苏"标志"(产业与研发具有国际影响力)、作出江苏"示范"(在苏南国家自主创新示范区、"中国制造 2025"苏南城市群等领域为全国发展探路)。江苏省第十三次党代会提出"聚力创新",江苏省产业技术研究院、江苏省技术产权交易市场成为"改革先锋"。江苏省第十四次党代会提出建设科技强省,加强科技自立自强。党的二十大指出:"必须坚持科

技是第一生产力、人才是第一资源、创新是第一动力,深入实施科教兴国战略、人才强国战略、创新驱动发展战略,开辟发展新领域新赛道,不断塑造发展新动能新优势。"在此宏观背景下,江苏勇当开路先锋,坚定不移地走中国特色自主创新道路,正在形成以创新为主要引领和支撑的经济体系,创新驱动成为江苏经济发展的主要驱动力,创新行为成为江苏最鲜明的时代特征。

习近平总书记在学习贯彻党的二十大精神研讨班开班式上强调:"一个国家走向现代化,既要遵循现代化一般规律,更要符合本国实际,具有本国特色。"作为全国首个创新型省份建设试点省,多年来,江苏尊重科学技术发展规律,从实际省情出发,风雨兼程,砥砺前行,踔厉奋发,勇毅前行,努力使江苏成长为我国创新活力最强、创新成果最多、创新氛围最浓的省份之一,具体发展成果数据如表2.1所示。

表2.1 近年来江苏科技创新的主要成果指标

年份	科技进步贡献率/%	研发经费支出占GDP比例/%	研发人员数/万人	高新技术产业产值占比规上工业产值/%	万人发明专利拥有量/件	科技机构数/家
2010	54.12	2.1	38.0	33	2.5	6 798
2011	55.2	2.2	44.6	35.29	3.7	9 061
2012	56.5	2.3	52.22	37.49	5.7	17 776
2013	57.5	2.4	60.96	38.5	7.84	19 393
2014	59.0	2.54	68.96	39.5	10.22	21 844
2015	60.0	2.57	74.6	40.1	14.22	23 101
2016	61.0	2.62	75.0	41.5	18.50	25 402
2017	62.0	2.63	75.42	42.7	22.50	24 112
2018	63.0	2.69	79.41	43.8	26.45	24 728
2019	64.0	2.82	89.77	44.4	30.16	26 087
2020	65.1	2.93	91.45	46.5	36.14	20 457
2021	66.1	2.95	92.4	47.5	41.2	

资料来源:根据历年《江苏统计年鉴》《中国科技统计年鉴》《江苏省国民经济和社会发展统计公报》整理而成。

二、江苏推进创新驱动发展的经验启示

近年来,江苏的科技进步贡献率持续提升,重大科技成果层出不穷,人力资源储备不断丰富,自主研发能力日益增强,创造了许多个"全国第一"。之所以能够取得如此辉煌的成绩,是因为江苏选择了正确的发展路径和有效的发展举措,积累了可供推广与继承的经验与做法,使得区域创新活力竞相迸发。

1. 释放科技体制的改革红利

科技体制是组织和管理科技活动的制度框架,包括科技创新及管理的决策机制、运行机制、监督机制、激励机制等,对于科技创新具有举足轻重的作用。习近平总书记强调:"创新决胜未来,改革关乎国运。科技领域是最需要不断改革的领域。"2014年,习近平总书记视察江苏时,特别要求江苏加快科技体制改革步伐,实现科技同产业的无缝对接。

江苏的科技体制改革注重从中观与微观两个层面上相互推进,以便形成政策供给的合力。在中观层面上,着力转变政府职能,明晰管理边界。江苏将政府定位为科学研究的资助者、监督者、协调者、消费者,通过税收、财政、金融等间接手段进行引导,减少对竞争领域企业科技活动的直接干预。对于科技项目的具体管理,包括科技评审、分配、运行、验收,政府都不直接介入,而是进行事中监管和事后评估。推动科技咨询协会的健康发展,健全科技管理协调机制,整合科技管理部门的职能,实现部门联动、政策衔接、信息共享、业务协同,力图消除多头管理、职能错位、相互掣肘的弊端。努力在科技领域的投融资、技术标准、对外贸易、政府采购、财政资助、税收优惠等方面形成统一的创新激励制度,推动产学研互动合作,避免多头投入、重复投入和分散投入。在微观层面上,江苏善于运用科研项目、科技政策等科技管理工具,强化企业技术创新的主体地位,增强科研院所的基础研究能力。建立目标导向和需求导向的项目立项机制,建立以研发质量为导向的科研投入综合评价制度。注重提升企

业的技术吸收与转化能力,积极促进研究机构、设计机构、高等院校、企业之间的协作与联合,先后成立一系列具有影响力的产业技术创新战略联盟。

江苏善于进行创新驱动发展的政策供给与顶层设计。从江苏省第十三次党代会确立"聚力创新"的鲜明导向,到江苏省第十四次党代会发出建设科技强省动员令,江苏省每年召开一次综合性会议或者出台一批重要文件进行专门研究部署。省属产业技术研究机构和企业深入推进"项目经理""合同科研""院企联合"等市场化机制,更大力度吸引国际一流领军人才。江苏还率先在全国出台"科技创新 40 条"(《关于加快推进产业科技创新中心和创新型省份建设的若干政策措施》)、"人才新政 26 条"(《关于聚力创新深化改革打造具有国际竞争力人才发展环境的意见》)、"知识产权 18 条"(《关于知识产权强省建设的若干政策措施》)、"科技改革 30 条"(《关于深化科技体制机制改革推动高质量发展若干政策》)等,积极打破制约区域创新的制度藩篱,发挥改革对于科技事业的"深刺激""强刺激"作用。

2. 强化创新活动的资金支持

金融是经济活动的血液,科技创新活动既具有较强的风险性与不确定性,又具有一定的公益性与非排他性,更加需要行之有效的金融支持。为了推进科技创新取得实效,江苏不断加大金融支持创新活动的力度,构建起政府资金为引导、企业投入为主体、金融贷款为支撑、社会资金为辅助的多元化、多层次、多渠道的资金保障体系。

2011 年,江苏被列为首批国家促进科技和金融结合试点省,江苏积极创新信贷管理机制,引导政策性银行、商业银行和非银行金融机构开发适应科技信贷特点的信贷产品和抵(质)押方式,加大对科技领域的信贷投入。建设科技信贷专营机构,鼓励国有商业银行和总部在江苏的骨干商业银行设立科技支行,并从总行、省级分行层面对科技支行和科技信贷业务部实行专门的信贷管理与考核机制,提高其信贷风险容忍度。适当放宽准入条件,鼓励风险投资基金、私募股权基金等风险偏好型投资进入创新创业活动。2012年,江苏启动省级科技金融合作创新示范区建设。2013年,江苏设立自然科学基金、科技条件建设与民生科技、前瞻性研究、企业创新与成果转化等四项科技专项资金。

为了推动金融与科技的深度融合,江苏积极构建集评估、咨询、法律、财务、融资、担保、培训等多功能于一体的科技金融服务平台。2020年,全面推进科技创业企业"金融＋孵化＋产业＋辅导"一站式综合化服务,创新基于技术交易合同的供应链金融服务产品。截至2021年年末,江苏银保监局辖内主要银行机构科技型企业贷款余额6 657亿元,超过各项贷款增幅14个百分点。①

为了降低创新活动中的金融风险,江苏还积极发展科技保险和科技担保业务,中行江苏分行近六年来推出"苏科贷",累计为800余家中小型科技企业提供授信支持近30亿元。近年来,江苏采用"互联网＋知识产权＋金融"模式,成立南京国际知识产权金融创新中心、长三角知识产权金融数字化创新实验室等,发挥知识产权大数据功能,提高金融机构对企业创新能力的识别能力。江苏还积极开展"知惠万家"知识产权普惠金融行动,建立常态化银企对接沟通机制,为中小企业发展导入金融资源,提高企业知识产权质押融资可及性。2022年,江苏新增北京证券交易所上市公司13家,科创板上市公司29家,均居全国第一;新增A股上市公司92家,创历史新高。

3. 构建功能完备的创新载体

科技与经济的结合分为上游(科研)、中游(开发)、下游(产业化)三个阶段,而创新载体具有承上启下的功能,是加速科技成果向现实生产力转化的助力器。江苏汲取产业园区建设的成功经验,以特色建设和功能建设为导向,构建了一批产业配套完备、比较优势显著的科技创新载体,对提升创新绩效起到了事半功倍的效果。2023年,江苏省共有191个开发区,其中省级开发区118个,国家级经济技术开发区27个,海关特殊监管

---

① 数据来源:https://www.gov.cn/xinwen/2022-04/11/content_5684476.htm。

区域21个,国家级高新技术产业开发区18个,基本形成各类创新载体竞相发展的格局。其中,高新园区以集聚创新资源、培育新兴产业、助推传统产业升级为宗旨,强化平台的创新功能,为江苏科技进步做出了突出贡献。同时,江苏还将高新园区的绩效考核聚焦于企业入驻孵化率、在孵企业产业化实现率、研发机构知识产权产出率、科技项目承担率以及企业之间协同创新程度上,使得园区的创新功能得到进一步提升。

江苏以科技资源集成开放为核心,以成果转让、技术转移、科技金融为重点,以标准、协议、技术规范为手段,大力推进共性技术服务平台和科技中介服务平台建设。江苏是全国最早一批成立孵化器的省份,围绕着"研究开发—创业苗圃—创业孵化—加速成长—专业园区"的完整孵化链条,推动了科技企业孵化器朝着形式多样化、功能专业化、主体多元化、组织网络化的方向演进。2024年,江苏省国家级科技企业孵化器总数达到278家,稳居全国第一。在科技部火炬中心组织的国家级科技企业孵化器绩效评价中,江苏省获得优秀的孵化器数量连续两年位居全国第一。

4. 发挥企业的创新主体地位

在整个核心技术知识产权的战略部署中,企业具有技术创新主体地位,政策供给、技术进步、市场需求等都会驱动企业自觉进行创新活动。为此,江苏通过金融支持、税收优惠、政府采购等措施,积极引导创新资源向企业汇集,使企业成为创新的主力军。针对中小企业生存环境艰难、自主创新能力薄弱的状况,江苏不断推进各式"中小企业技术创新联盟"建设,将企业的个性化产品创新需求集中转化为行业共性技术创新需求,以协同创新的方式予以解决。随着科技资源开放共享制度的健全,重大科技基础设施和大型仪器设备开始面向企业开放,企业技术创新的支撑服务力度更为强劲。

江苏采用"一业一策"的方式,加大对中小企业研发活动的支持力度,简化企业研发成果产业化的手续,健全知识产权抵押质押登记系统,为创业活动提供长期贷款担保并简化贷款担保手续。构建企业内科技成果转化的利益激励机制,比如增加技术入股、科技转化股权激励等,对有重大创新的科研人员给予股份奖励。加快实施科技企业上市培育计划,为高成长性科技企业上市开辟绿色通道。2021年,江苏入库培育企业累计达1 639家,共有495家培育企业成功上市或挂牌。同时,全面落实科技企业的各项税收优惠政策,实施企业研发费用税前加计扣除政策,鼓励企业勇敢地踏入"无人区",着力突破关键核心技术。2021年,江苏已经形成一批具有"专业化、精细化、特色化、新颖化"特征的中小企业,他们正在成为实现制造业强链补链、解决"卡脖子"问题的重要力量。截至2024年年底,江苏已拥有国家高新技术企业总数达5.7万家,居全国第二;科技型中小企业数量超过9.4万家,成为全国首个突破9万家的地区;全省80%以上的专利授权、研发人员和研发投入都由企业完成。2021年,我国15.1%的领跑技术分布在江苏,20%的高技术产品出口来自"江苏制造"。

5. 细化科技人才的服务措施

功以才成,业由才广,人才是创新的第一资源。基于高校林立、院所众多的人才优势,江苏坚持将人力资源开发放在区域创新驱动发展的首要位置,通过差异化的培养、考核、激励政策,引导人才向科技创新领域集聚。近年来,江苏不断加大人才资源开发力度,持续优化人才队伍结构,不断增强人才引领发展作用,先后实施"十百千万"人才计划、现代企业家培养工程、333高层次人才培养工程、"六大人才高峰"行动计划等,放大人才工程集聚效应,加强人才发展环境建设,"人才高地"效应日益彰显。

为了聚天下英才而用之,江苏依托重大人才工程,以及"外专百人计划""引智专项"等计划,引进高端型、国际化人才。专门制定引才国别策略,提升外国专家工作室、引才引智基地、海外引才引智工作站的建设水平,推进外国人来华工作许可和人才签证便利化,做大做强创新型人才"蓄水池"。为了培养高素质的创新人才,江苏鼓励研究型大学动态调整学科专业目录,构建交叉融合、特色鲜明的学科体系,传播敢于质疑、勇于开拓的创新精神,摒弃单纯以论文数量、学术头衔、项目经费、技术创收为标准的"数量化"绩效评价体系,营造出宽松、自由、包容的科研环境。为了推进产学研之间的人才流动,江苏引导高校制定教学、科研、科技成果转化等多元化的考核体系,打破人事管理的条框束缚,鼓励科研机构实行固定人员与流动人员相结合的用人制度,完善流动人员职称评定、职务晋升、生活待遇、成果归属、个人权益等方面的政策。鼓励采取企业委托培养人才、企业设立大学奖学金、校企联合培养研究生等措施,推进"项目—企业—人才"的综合建设。此外,还积极为科学家提供"保姆式"和"管家式"服务,帮助科学家顺利完成"科技企业家"的角色转化。

三、江苏创新驱动发展水平的综合评价

为了客观分析江苏创新驱动发展的水平,本书采用"多指标综合价值评定法"进行定量测评。遵循科学性、可行性、导向性、动态性的原则,遴选具有代表性的因素和具有操作性的指标,并运用德尔菲法确定各子系统的权重,构建区域创新驱动发展水平的评价指标体系,如表2.2所示。

表2.2 区域创新驱动发展水平的评价指标体系

系统	子系统及权重	因素	解释性指标
A 创新驱动发展水平	B_1 创新资源总量 (0.20)	C_1 研发人员	V_1 R&D① 人员全时当量/人年
		C_2 教育资源	V_2 普通高等学校数量/所
			V_3 平均每十万人口在校大学生人数/人
	B_2 创新活动状况 (0.30)	C_3 高校科研	V_4 高等学校 R&D 课题数/项
		C_4 企业创新	V_5 规上企业开展创新活动的企业数/个
		C_5 高新研发	V_6 高新技术产业研发机构数/个
	B_3 创新成果产出 (0.24)	C_6 知识产权	V_7 国内专利申请量/件 V_8 国内专利授权量/件
		C_7 创新收益	V_9 高新技术产业新产品销售收入/万元
		C_8 技术交易	V_{10} 技术市场技术输出合同金额/万元

---

① R&D即研究与试验发展,以下简称R&D。

47

(续表)

系统	子系统及权重	因素	解释性指标
	B_4 创新支持条件 (0.26)	C_9 财政扶持	V_{11} R&D 经费投入强度/%
		C_{10} 载体平台	V_{12} 科技企业孵化器数量/个 V_{13} 众创空间数/个
		C_{11} 金融支持	V_{14} 科技孵化器当年获风险投资额/千元

选择江苏与东部沿海地区以及长三角地区的上海、浙江、安徽、山东、广东进行对比研究,以《中国科技统计年鉴2021》《中国统计年鉴2021》为主要数据来源,收集相关原始数据,如表2.3所示。

表2.3 各地区创新驱动发展水平评价的解释性指标

解释性指标	上海	江苏	浙江	安徽	山东	广东
V_1 R&D 人员全时当量/人年	228 621	669 084	582 981	194 688	341 159	872 238
V_2 普通高等学校数量/所	63	167	109	120	152	154
V_3 平均每十万人口在校大学生人数/人	3 582	3 311	2 509	2 447	2 855	2 751
V_4 高等学校 R&D 课题数/项	70 857	92 294	84 153	46 420	65 771	100 303
V_5 规上企业开展创新活动的企业数/个	2 498	26 161	23 846	6 918	11 604	23 081
V_6 高新技术产业研发机构数/个	184	3 336	2 212	995	737	7 843
V_7 国内专利申请量/件	210 293	719 452	507 050	202 298	337 280	967 204
V_8 国内专利授权量/件	139 780	499 167	391 700	119 696	238 778	709 725
V_9 高新技术产业新产品销售收入/万元	16 057 975	117 028 401	56 879 637	24 250 136	24 275 561	233 583 833

(续表)

解释性指标	上海	江苏	浙江	安徽	山东	广东
V_{10} 技术市场技术输出合同金额/万元	15 832 248	20 878 468	14 033 228	6 595 728	19 038 906	32 672 142
V_{11} R&D 经费投入强度/%	4.17	2.93	2.88	2.28	2.30	3.14
V_{12} 科技企业孵化器数量/个	166	940	438	216	320	1 104
V_{13} 众创空间数/个	144	898	735	252	525	993
V_{14} 科技孵化器当年获风险投资额/千元	9 299 786	16 655 991	8 012 107	1 175 259	2 001 886	11 457 090

为了方便直观对比,本书采用极大值标准化法对原始数据进行标准化处理,去除其量纲,再运用线性加权法,计算出各个省市的创新驱动发展水平的评价值,具体结果如表 2.4 所示。

表 2.4 各地区创新驱动发展水平评价的标准值

因素	上海	江苏	浙江	安徽	山东	广东
V_1 R&D 人员全时当量/人年	26.21	76.71	66.84	22.32	39.11	100.00
V_2 普通高等学校数量/所	37.72	100.00	65.27	71.86	91.02	92.22
V_3 平均每十万人口在校大学生人数/人	100.00	92.43	70.04	68.31	79.70	76.80
V_4 高等学校 R&D 课题数/项	70.64	92.02	83.90	46.28	65.57	100.00
V_5 规上企业开展创新活动的企业数/个	9.55	100.00	91.15	26.44	44.36	88.23
V_6 高新技术产业研发机构数/个	2.35	42.53	28.20	12.69	9.40	100.00

(续表)

因素	上海	江苏	浙江	安徽	山东	广东
V_7 国内专利申请量/件	21.74	74.38	52.42	20.92	34.87	100.00
V_8 国内专利授权量/件	19.69	70.33	55.19	16.87	33.64	100.00
V_9 高新技术产业新产品销售收入/万元	6.87	50.10	24.35	10.38	10.39	100.00
V_{10} 技术市场技术输出合同金额/万元	48.46	63.90	42.95	20.19	58.27	100.00
V_{11} R&D经费投入强度/%	100.00	70.26	69.06	54.68	55.16	75.30
V_{12} 科技企业孵化器数量/个	15.04	85.14	39.67	19.57	28.99	100.00
V_{13} 众创空间数/个	14.50	90.43	74.02	25.38	52.87	100.00
V_{14} 科技孵化器当年获风险投资额/千元	55.83	100.00	48.10	7.06	12.02	68.79

运用线性加权法进行计算,线性加权的公式为:

$$E_i = \sum_{C=1}^{n} S_{ic} W_c$$

E_i 是 i 区域创新驱动发展水平的综合评价值;W_c 是 C 因素的复合权重;S_{ic} 是 i 区域 C 因素的标准化分值。其中的复合权重为利用德尔菲专家判定法所测定的结果。采用线性加权法计算出江苏省和东部主要省份各个创新要素的评价值以及创新驱动发展水平的综合评价值,如表 2.5 所示。

表 2.5　各地区创新驱动发展水平的综合评价值

因素	上海	江苏	浙江	安徽	山东	广东
C_1 研发人员	2.62	7.67	6.68	2.23	3.91	10.00
C_2 教育资源	6.89	9.62	6.77	7.01	8.54	8.45
B_1 创新资源总量	**9.51**	**17.29**	**13.45**	**9.24**	**12.45**	**18.45**
C_3 高校科研	7.06	9.20	8.39	4.63	6.56	10.00
C_4 企业创新	0.96	10.00	9.12	2.64	4.44	8.82
C_5 高新研发	0.24	4.25	2.82	1.27	0.94	10.00
B_2 创新活动状况	**8.26**	**23.45**	**20.33**	**8.54**	**11.94**	**28.82**
C_6 知识产权	1.66	5.79	4.30	1.51	2.74	8.00
C_7 创新收益	0.55	4.01	1.95	0.83	0.83	8.00
C_8 技术交易	3.88	5.11	3.44	1.62	4.66	8.00
B_3 创新成果产出	**6.09**	**14.91**	**9.69**	**3.96**	**8.23**	**24**
C_9 财政扶持	8.67	6.09	5.99	4.74	4.78	11.53
C_{10} 载体平台	1.28	7.63	4.94	1.95	3.56	8.70
C_{11} 金融支持	2.43	4.35	2.09	0.31	0.52	2.99
B_4 创新支持条件	**12.38**	**18.07**	**13.02**	**7**	**8.86**	**23.22**
E 创新发展水平	**36.24**	**73.72**	**56.49**	**28.74**	**41.48**	**94.49**

以上指标体系采用的是规模型衡量指标,因而,上海的创新活动总量不突出,而江苏在创新资源总量与科技成果产出方面具有显著优势,但在载体平台建设和高新技术创新方面弱于广东,特别是在财政扶持力度上远低于上海和广东,亟须加大外部支持力度,以充分利用江苏的产业优势与科教优势,实现更高水平的创新驱动发展。

四、江苏推进科技自立自强的现实意义

近代以来,英国、德国、美国、日本等国家皆因为重视科技发展而快速崛起,而明清时期的中国因为忽视科技进步逐渐落后。当今世界,科技创

新更是成为经济增长的内生动力,创新型国家均在国际竞争中占据主导地位。科学技术从微观到宏观层面都在加速演化,新方法、新手段、新模式不断涌现,日新月异,科学技术的渗透能力、扩散能力、颠覆能力时刻引发国际分工的调整,改变国家力量对比,重塑世界竞争格局。新一轮全球科技革命和产业变革风起云涌,谁能够在科技创新上下"先手棋",谁就能够掌握发展先机,在国际竞争中立于不败之地。倘若缺乏足够的独创性和独有的关键核心技术,不能够实现科技自立自强,不能够在战略性新兴领域实现突破,就难以在新一轮科技竞争中赢得主动权。因此,我国实现科技自立自强是形势逼人、挑战逼人、使命逼人。

近年来,全球化遭遇逆流,经济进入变革动荡期,单边主义、保护主义、排外主义、霸权主义妄图遏制中国科技发展,阻断中国现代化进程。面对世界经济的不确定性和国际秩序的大重组,正如习近平总书记所言,"在危机中育新机、于变局中开新局",固本培元、练好内功,守住科技创新的国际战略博弈主战场,赢得科技发展制高点的支配权,以此展现中国经济的强大韧性和旺盛活力。为此,2020年10月,党的十九届五中全会明确提出"坚持创新在我国现代化建设全局中的核心地位,把科技自立自强作为国家发展的战略支撑";2020年12月,中央经济工作会议再次强调"科技自立自强是促进发展大局的根本支撑";2021年5月,在中国科学院第二十次院士大会上,习近平总书记鼓励"我国广大科技工作者要以与时俱进的精神、革故鼎新的勇气、坚忍不拔的定力,……肩负起时代赋予的重任,努力实现高水平科技自立自强";2021年11月,党的十九届六中全会重申"推进科技自立自强";2022年10月,党的二十大提出"到二〇三五年,我国发展的总体目标是:经济实力、科技实力、综合国力大幅跃升,人均国内生产总值迈上新的大台阶,达到中等发达国家水平;实现高水平科技自立自强,进入创新型国家前列"。科技自立自强已然与自力更生、自主创新一脉相承,成为国家强盛之基、安全之要。

在全面建设社会主义现代化国家的新征程上,推动经济的质量变革、效率变革、动力变革,迫切需要依靠科技自立自强来提高科技供给的自主性与独立性,为现代经济体系"强筋健骨"、注入强大动力,实现更高水平的内涵型增长。作为创新型大省,江苏需要自觉履行高水平科技自立自强的使命担当,将科技创新作为经济社会发展的第一动力,持续加大科技要素投入,以科技实力持续提升引领现代化进程。

科技自立自强是江苏在率先实现社会主义现代化上走在前列的重要保障。党中央提出2035年基本实现社会主义现代化,江苏省被赋予"在率先实现社会主义现代化上走在前列"的重大使命。完成这一重大使命,江苏必须把握大势、抢占先机,直面问题、迎难而上,将"科技大省"建设成为"科技强省"。"科技强省"既是现代化强省的核心内容,也是江苏社会主义现代化走在前列的前提条件。今后相当长的一段时间内,国际经济、科技、文化、安全、政治等格局都将发生深刻调整,江苏现代化进程面临的环境复杂严峻,如果不能通过科技创新塑造新的竞争优势,江苏在率先实现社会主义现代化上走在前列就成为空中楼阁。目前,江苏产业发展正处于从全球价值链的中低端向高端攀爬的关键时期,亟须破解关键核心技术的瓶颈制约,打通科技创新与实体经济之间的"梗阻",只有以科技自立自强作为奋斗基点,以科技实力的持续提升支撑引领现代化进程,才能完成从"投资拉动"转向"创新驱动"、从"学习模仿"转向"自主创新"的根本性转型。

科技自立自强是对江苏在改革创新、推动高质量发展上争当表率的新要求。当前,我国科技发展既面临外部高强度打压,又面临推动高质量发展的迫切需求。科技自立自强蕴含了底线思维,要求江苏将突破关键核心技术作为科技发展的当务之急,尽快改变我国关键领域受制于人的局面。科技自立自强凸显了领跑思维,要求江苏着眼长远,把全面增强自主创新能力特别是原始创新能力作为重中之重,全面塑造发展新优势。科技自立自强需要江苏坚持系统观念,全面提升创新链整体效能,并不是某个点、某个局部的强大。只有全面推进科技自立自强,江苏才能培育经济发展的新动能,提升实体经济的综合竞争力。为此,2022年1月,江苏全省科技工作会议强调要紧扣"科技强省"总目标,坚定不移推进科技自立自强,推动江苏省科技创新工作再上新台阶。未来,江苏需要面向世界科技前沿、面向经济主战场、面向国家重大需求、面向人民生命健康,打造更加安全稳定的供应链、产业链、资金链,以自主知识产权技术实现高质量的内涵型增长,释放和创造新的市场需求,确保国内大循环畅通,同时,努力塑造在国际大循环中的新优势。

五、江苏提高创新驱动效果的瓶颈、难点

创新是驱动经济可持续增长的有效途径,任何经济增长的长期性、可持续的动力都来源于创新。因为只有创新能够对原有的经济关系产生创造性的破坏,重组资本要素,产生新的机会窗口。目前中国已进入高质量发展阶段,想要拥有高品质、强韧性的经济发展,就必须以创新驱动发展。2021年,江苏科技进步贡献率达66.1%,R&D人员数量为92.4万人,全社会研发投入占地区生产总值的比重达2.95%,接近创新型国家和地区的中等水平;高新技术产业产值占规模以上工业产值的比重达47.5%;每万人发明专利拥有量达41.2件;高新技术企业累计超过3.7万家。目前,江苏区域创新能力位居全国前列,但是还存在着许多现实挑战与不足之处,需要攻坚克难,久久为功。

1. 原始创新能力较弱,基础研究投入亟待提升

2020年,江苏全社会研发投入占GDP比重为2.93%,并呈现逐年上升趋势,然而与北京(5.95%)、上海(4.17%)、广东(3.14%)相比,仍有一定差距,其中,江苏基础研究投入占全社会研发投入比为2.8%,而发达国家为15%左右。2021年,江苏高等学校R&D课题总数与广东持平,全年发表科技论文超过1万篇,数量位居全国第二,但是影响力重大的科技成果不多,原始创新成果和高质量论文偏少,论文平均被引用率不高。在技术研发上,引领前沿突破的源头技术和底层技术的储备缺乏,在全国乃至全球具有引领性的重大技术成果乏善可陈,"大而不强"的科技供给格局没有得到根本性改变。核心技术、原始创新与基础科学研究的扎实

程度密切相关，加强原始创新，就要加强基础研究，然而，基础研究需要长期、持久的积淀。在未来时期，江苏迫切需要以可持续的自主研发为牵引，抓住自有知识产权这个"牛鼻子"，用原创科学带动原创技术。在政府层面，则需要加大战略性、公益性研究的财政投入力度，实施国际科学前沿研究专项，支持周期长、难度高、前景好的大科学计划，以期产出具有高成熟度、适应性、实用性、先进性的科技成果，实现更多"从 0 到 1"的原创性突破。

2. 中小企业研发不够，技术外向依存度依然居高

江苏产业结构整体上还处于全球产业链的中低端，很多中小型企业没有自主知识产权，2020 年，江苏高新技术产业研发机构总数为广东的 42.5%，高新技术产业新产品销售收入为广东的 50.1%。世界企业国际专利申请量前 50 强，中兴、华为、腾讯等国内 6 家企业入选，也没有一家江苏企业，可以说，江苏相对缺乏能够高效整合全球创新资源，联合知名科研院所、顶尖人才团队和产业链上下游优质企业协同创新的领军企业。由于研发风险和研发周期的制约，江苏多数中小企业更加侧重于从国外引进先进技术，这一方式自然能够较快地提升产业的技术水平，但是"代工经济"和技术"拿来主义"也导致企业的自主创新能力得不到锻炼。此外，融资、劳动力、原材料、物流等要素成本普遍上升，进一步挤压着企业的利润空间，导致企业生产经营难度加大，而对于收益回报周期长和研发投入大的科技创新项目，多数企业都持谨慎态度。调研中发现，江苏许多企业很难承受基础研究的长期性和不确定性，部分大型企业会设立不以营利为目的的纯技术项目，但是一般也不会选择前沿性、全局性的战略型项目，通常在时间上也以五年内能投入生产为限。还有一部分企业始终热衷于通过"价格战"争夺市场，满足于低水平复制生产能力，依赖于扩张生产规模的外延式增长，不愿意采取产品差异化战略，科技创新远不能成为该类企业生存和盈利的首要变量，企业科技创新自然动机不足。

目前，江苏关键核心技术对外依存度依然较高，众多行业所需的工业母机、高端数控机床、高精密加工设备、智能制造装备、检验检测设备都属

于进口产品。据统计,江苏 80% 的高端芯片、60% 的集成电路、50% 的高端数控机床、80% 的高端监测仪器依赖于进口。经初步梳理,在江苏全省重点培育的 13 个先进制造业集群中,有 16 个重点产业领域的 126 项"卡脖子"技术短板亟待攻关突破。其中,44 项受制于国外,量产的 61 项与国际先进水平仍有差距,21 项暂时无法量产。这种核心技术对外依赖程度高的问题,需要引起江苏产业界足够重视,树立危机意识,将技术创新作为供给侧结构性改革的重中之重。

3. 科技成果转化存在困难,科教优势需要持续激活

江苏拥有丰富的科教资源,2023 年高校总数、大学生总数、国家科学技术奖通用项目位居全国第一。但是,科技成果与市场需求存在一定程度的脱节,许多在苏高校科研项目与省内产业发展毫无关联,过于追求发表文章的科研考核激励制度,也使得很多科学家变得浮躁趋利,从根本上遏制了科学工作者的创造力,导致科技成果的成熟度与可行性不佳,科技成果转化率不高。根据《2022 年高等学校科技统计资料汇编》,江苏省普通高校研究与发展课题科技成果转化率为 12.1%,江苏专利总体实施率和产业化率分别为 47.3% 和 33.8%。江苏专利整体质量评价指数为 70.01,低于北京的 91.58 和广东的 84.59。一部分创新成果与技术市场不匹配,部分科研成果与企业的承接能力不匹配,江苏技术市场技术输出合同金额仅为广东的 63.9%。

处于早期发展阶段的科技型中小企业和战略性新兴产业,往往有着较大的资金需求,但是受制于自身轻资产、抵押难的特点,一般都会存在着"融资难、融资贵"的问题。科技创新本身具有"收益延后"的特性,具体投资收益很难保证,对于风险厌恶型的金融机构而言,即使科技成果产业化后能够获得高额垄断利润,也依然不愿意在科技创新前期给予投资。金融机构"脱实向虚",导致对于科技成果产业化的支持力度薄弱,科技贷款在全部贷款中的比例不甚理想,科技创新的资金需求与供给的缺口仍然巨大。此外,当今社会整体上还缺乏宽容失败的文化氛围,传统应试教育抑制了创新精神、质疑精神,使得创新活力难以释放。为此,江苏亟须

盘活、融合、利用现有科技研发力量,彻底改变科技与经济相互割裂的状况,健全创新成果转化的体制机制,打通科技成果转化"最后一公里",将知识优势转化为实实在在的经济效益。

4. 科技创新资源布局割据,资源市场化配置不到位

科技资源是直接作用于科学研究和技术创新过程的各类资源要素,包括资金、人才、信息以及物力等,是创造科技成果的基础和前提。江苏科技创新资源非常丰富,近年来科技投入总量也非常可观,然而创新资源在配置上存在着结构不佳、布局错位、使用低效的问题,科技资源向基层、向一线倾斜得不够,许多资源被分割在不同隶属关系的部门,导致知识生产者和潜在使用者之间发生"疏离"。由于江苏存在着苏南、苏中、苏北的发展差距,区域间科技发展不平衡问题也长期存在。目前,江苏跨部门的资源共用、信息共享的机制尚不健全,资源跨界自由流动与优化配置的机制有待完善,以技术创新为核心,结构合理、功能完备、开放竞争、富有活力的产学研紧密合作的科技创新体系还需要进一步健全,区域科技创新资源的布局也亟须统筹与优化。

目前,江苏许多科技创新项目的行政化色彩还比较浓厚,在产学研合作上也存在着一定程度的"拉郎配"现象,这种以行政手段配置科技资源的方式在决策者不能完全掌控信息的情况下,会造成资源配置上的重复浪费和科技资源利用上的低效率。同时,高校、科研院所、企业之间的关系还没有完全理顺,产学研用结合得不够紧密,各创新主体组合在一起之后的整体效能需要提高。为此,江苏需要持续深化科技创新管理体制改革,继续推进科教资源配置的市场化进程,通过供求机制、价格机制、竞争机制、风险机制来实现科教资源的价值。建立面向市场、开放竞争的科研项目立项和经费分配机制,发挥市场对技术研发方向、技术路线选择的导向作用。在科研成果产生与转化的过程中,健全产权保护、员工持股、股权转化、分红激励等政策,建立资本、知识、技术、管理等要素报酬由市场决定的机制。对于科技优惠政策,第一时间形成具有操作性、针对性的配套实施细则,实现"创新政策速兑",将政策红利精准直达科技创新型企业。

六、江苏实现科技自立自强的基本路径

党的二十大报告提出："坚持面向世界科技前沿、面向经济主战场、面向国家重大需求、面向人民生命健康，加快实现高水平科技自立自强。"诚然，自力更生、自强不息是中华民族屹立于世界之林的奋斗基点，而科技自立自强则是中国把握科技革命和产业变革机遇的客观需要。作为创新型省份，江苏必须发挥好产业基础强、研发家底厚、开放程度高的优势，推动科技实力从"量"的积累迈向"质"的飞跃，为国家实现高水平科技自立自强做出江苏贡献。

1. 找准定位，融入国家科技力量布局

国家科技力量布局以满足国家战略需求、实现国家战略意图为价值取向，以体系化的分布形式覆盖全国，是中国建设世界级科技强国谋篇规划的集中体现。一个省市所涉及的区域创新体系是国家创新体系的重要组成部分，因此，江苏在省级层面上推动高水平科技自立自强，必须精准对接国家"自上而下"的科技力量战略布局，主动担当、勇于作为，精准嵌入全国科技力量的"一盘棋"之中，并且争取更多的创新资源在江苏落地，以此获得更多的发展机遇，释放更多的政策红利。

国家科技力量布局总体上以公益性供给、源头性创新为主导，聚焦于周期长、投入大、见效慢的基础学科或冷门领域，同时力求在应用广、需求多、迭代快的新兴交叉学科领域率先取得突破。为此，江苏的科技创新活动要把握国家战略需求的"基本面"，理性选择网络通信、人工智能、量子信息、生物医药、现代能源系统等重点领域，进行长期性目标的部署。借助国家科技力量的地域推进的"东风"，高起点、高标准地打造一批产业特色鲜明、辐射带动突出、具有承上启下功能的区域创新高地，努力在国内国际双循环重要节点的纵深布局中发挥影响力与辐射力。

在实践中，江苏需要权衡考量国家总体布局与地方发展需求，平衡内生动力与对外开放的双向联动，将国家需求与地方需求、产业需求、企业

需求有机结合,实现梯次传导、顺畅衔接,逐步实现国家战略科技力量与区域战略科技力量的协同发展。积极参与国家战略科技力量的总体性部署,江苏可以与中央共同建设与运行国家实验室、综合性国家科学中心、重大科技创新平台等科技创新基础设施。在遴选与培育新型产业、核心技术、应用场景时,江苏必须科学判断自身在国家科技力量布局中的功能,依据其所在领域科技迭代的周期、所处创新链条的位置、与产业基础契合的程度,进行差异化布局,避免"一哄而上"搞"拼凑"和"拼盘",防止低水平重复建设、粗放建设和同质化竞争,以期在全国创新版图中,进一步提升江苏的地位。

面向世界科技前沿、面向国家重大需求、面向国民经济主战场,江苏需要完善基础科学研究布局,优化科学研究政策导向、发展机制和环境条件,从过去常规化创新能力建设转向原创突破能力建设。充分结合地域禀赋特色与产业结构特征,坚持问题导向,瞄准技术最前沿,扎根创新主战场,动态调整江苏产业发展的"卡脖子"关键技术攻关目录,对特别重大的科技项目实行"一事一议"。开展前瞻性技术、关键技术、共性技术研究与集成攻关,整合现有创新资源,形成一批技术先进、具有核心知识产权和市场应用前景、可转化为现实生产力的技术成果。同时,注重在投入方式、布局方式、管理机制等方面进行制度创新,在投入方式上,除支持高校科研院所开展基础研究以外,还需要鼓励企业和社会力量增加基础研究投入;在布局方式上,开展重点领域的技术创新发展规划,聚焦产业链薄弱环节,在高端芯片、工业母机、精密仪器、高端医疗装备、核心软件等领域瞄准国家需求、推动集成创新,突出共性关键技术、前沿引领技术、现代工程技术、颠覆性技术创新;在管理机制上,针对市场培育、社会环境建设、知识产权保护等做加法,针对行政审批等做减法。

2. 分层推进,健全区域创新空间体系

区域创新空间体系是一定地域范围内与创新有关的各种要素相互作用而"编织"起来的统一体。这些要素分别为创新执行主体(企业、大学、科研院所、中介机构)、创新基础设施(技术标准、数据库、信息网络、科研设施、公共平台）、创新资源（人才、知识、专利、信息、资金）、创新环境（政策与法规、管理体制、市场与服务）等。充满活力的区域创新空间体系，可以有效地整合和配置创新所需要的各类资源，从而提高创新效率，降低创新成本。当前，江苏需要高度重视创新资源的空间配置与结构优化，大力推动创新要素的高效"集聚"与有序"扩散"，以期构建功能清晰、层次分明、活力充沛、疏密有致的区域创新空间系统。

江苏政府需要发挥好创新生态系统设计者、组织者、实施者的角色，大力激发创新主体的内生活力，克服地方保护主义，突破行政区划的束缚，降低创新要素流动的门槛，特别是推动苏南、苏北、苏中三个存在发展落差的区域板块的创新资源自由流动与高效配置，尝试在全国统一大市场建设的基础上构建江苏"全域创新"的新格局。按照区域协调发展的宗旨，逐步缩小江苏科技创新的地区差距，防止苏南创新活动对苏北产生"虹吸现象"，有序推进层级之间创新能量的空间联动、梯度推移、业态协同。充分挖掘江苏新型城镇化和乡村振兴的内需潜力，瞄准先进制造、研发创新、集成应用等高价值环节，通过增长极的衍生效应、溢出效应与乘数效应，带动江苏整个腹地的科技创新活动。

近年来，江苏创新型城市建设成效显著，南京获批建设全国首个引领性国家创新型城市，5个县级市入围首批国家创新型市县，数量居全国第一。至2022年1月，江苏已然成为全国创新型城市数量最多、唯一一个国家创新型城市设区市全覆盖的省份。未来时期，江苏需要充分发挥创新型城市先行先试和辐射带动的增长极功能，围绕产业链、城市群布局创新链，推进科技创新和区域发展的良性循环、创新地域体系与江苏空间结构的同步优化。支持苏州、南京的国家区域科技创新中心建设，促进国家新一代人工智能创新发展试验区建设，努力将其塑造为区域创新体系的重要节点，以点带面，促进全域创新发展。

3. 发挥优势，壮大高新技术产业集群

高新技术产业集群是一种高新技术企业因纵向、横向或互补性联系而在地理空间上集中布局，从而获得规模经济与范围经济的产业组织形式。与传统的产业集群相比,高新技术产业集群具有快速增长性、创新推动性、功能灵活性、网络协作性等特质,是区域产业创新发展的增长极。2021年,江苏的高新技术开发区以占全省5.3%的土地面积,创造了全省49.3%的高新技术产业产值,集聚了全省46.6%的省级以上人才计划高层次人才和47%的高新技术企业,是名副其实的产业创新高地。[①] 虽然江苏已经实现了地级市国家高新区全覆盖,但是高新产业集群仍然存在着产业布局趋同化、地区发展不平衡、企业互动性不强等问题。未来时期,为了加快实现科技自立自强,江苏需要持续提升产业集群的集聚优势、规模效应与关联效应。

为了防止低成本优势消失所引发的产业向外"迁徙",需要从高品质资源的配置入手,利用知识溢出链、技术创新链、研发协作链、产业价值链、创新服务链"编织"具有网络范式的完整创新体系,以此来增强产业园区的"粘着性"。依托高新产业园区的快速孵化、就地转化、对外磁化的"聚裂变"效应,引进转化一批能够形成高新技术产业链的规模型项目,开发拥有自主知识产权的国内顶尖、世界先进的技术创新产品,打通制约产业升级的"痛点"。将数字化、网络化、智能化、绿色化作为提升产业集群竞争力的技术基点,推进各领域新兴技术跨界创新,构建结构合理、先进管用、开放兼容、自主可控、具有国际竞争力的现代产业技术体系。

依托物联网、生物医药等10个国家先进制造业集群,积极组建产业联盟、知识联盟、外包联盟、技术联盟,加强产业技术创新平台建设,积极获取集群外的关键技术、专有技术、专利产品等无形资产,增强集群的技术实力。健全集群内的现代流通平台、成果转化平台、知识共享平台、行业自律平台,提升猎头公司、资产评估、金融会计、科技创业、人才服务、法律咨询等中介机构的服务能力,以降低集群的商务成本。深化股权激励改革,完善价格机制、补偿机制、激励与约束机制,构建精准管理、高效服务的产业集群发展环境。同时,还可以利用高新园区良好的空间形态,实

---

① 数据来源:https://kxjst.jiangsu.gov.cn/art/2021/11/29/art_83499_10128075.html。

现产城融合和绿色发展，建成宜居宜业的现代化产业科技新城。

4. 超前谋划，孕育重大科技创新平台

纵观世界科技创新的历程，重大创新平台一直是国家抢占科技制高点、开拓新兴交叉学科的顶级"装备"，特别是20世纪80年代以来，发达国家先后制定了重大创新平台的建设规划，并且形成伯克利劳伦斯国家实验室、林肯实验室、马普学会、亥姆霍兹联合会等成功案例。当前，科技进步正在进入大科学时代，科技的工程化、整体性、高风险性日益凸显，科技创新更加依赖于科技基础设施的支持，而重大科技创新平台更是集聚高端创新资源、提升科技竞争能力的"重器"。

与北京怀柔、上海张江、安徽合肥等综合性国家科学中心相比，江苏的"国字号"重大创新平台依然偏少，创新平台"有高原少高峰"。在国家新一轮高强度的科技力量布局中，江苏要想成为科技和产业创新的开拓者与领跑者，就必须打造兼具稳定性与灵活性、前瞻性与储备性、持续性与动态性的纵深交叉的高端创新平台，以此来提升科研的组织化与体系化程度，获得原创科学发现与重大科研成果。目前，江苏可以依托在苏高校"双一流"学科建设，在前沿交叉、优势特色领域，超前布局重点实验室；支持进入国家实验室序列的紫金山实验室，深耕通信与网络、生命科学、新材料学科领域的原始创新，主动牵头国家重大项目，推进重大成果示范应用，不断扩大平台的辐射效应；将姑苏实验室、太湖实验室纳入国家实验室部署；鼓励纳米真空互联试验装置、作物表型组学研究设施等创建国家重大科技基础设施，全面启动建设国家未来网络试验设施、高效低碳燃气轮机实验装置等重大科技基础设施项目；促进生物药、第三代半导体、特种合金、高性能计算、集成电路设计自动化、生态环保等领域的国家技术创新中心建设；加快在高温合金、高端工程机械等领域创建国家级企业技术中心，突破一批"卡脖子"技术。利用江苏国防科技工业基地的有利条件，深入推进军民融合发展，鼓励驻苏的军工大院大所与江苏的科研院所、大专院校合作共建军民两用技术研发中心、工程实验室、重点实验室、中试基地，为创新平台建设输送新鲜血液。打破重大创新平台依托单位行政隶属限制,推进各类重大创新平台"开放、流动、联合、竞争"机制建设,鼓励高新产业区、大学科技园、科技孵化器等实体载体共建共享,深化与国家发展改革委、科技部、教育部、中国科学院的战略合作,增强战略创新联盟等虚拟创新空间的辐射能力与孵化效应,构筑跨学科、同频率、紧密型的知识转移场与成果转化场,形成巨型创新创业空间。

健全重大科技平台的项目筛选机制、市场化决策机制、资源要素整合机制以及科学研究成果转化机制,发挥重大科技创新平台多学科、高性能、大规模、强协作的综合性创新优势,持续提升江苏创新平台的原始创新能力、国际学术影响力、学科发展带动力、经济社会发展支撑力。支持南京在建设引领性国家创新型城市的基础上,创建综合性国家科学中心,促进苏锡常地区创建综合性产业科技创新中心。江苏各类创新中心建设需要认真研究国家重大科技设施布局趋势,先期开展预研项目,做好工程和技术储备,争取国家将更多的重大创新平台在江苏布局。

5. 利益共生,实现产业科技深度融合

在人类历史上,产业革命总是和科学革命紧密相连,特别是进入21世纪,科技与产业融合加速,科研、生产、市场一体化程度更加凸显,因此,以产业作为科技创新运用和推广的载体,占据国际中高端产业链,抢夺未来产业高地,是实现高水平科技自立自强的应有之义。江苏工业总产值位居全国第一,是名副其实的制造业大省,完备的产业链为科学技术扩散提供了充足的纵深空间。在新的发展征程上,江苏应将技术创新和原始创新作为供给侧结构性改革的源头活水,利用规模市场对于科技创新的需求导向作用和效率牵引效用,促进科技成果与产业升级的深度融合。以产业需求为导向,进行技术突破、产品制造、市场重组、产业发展的"一条龙"设计,实现产业链的自主供给与性能可控,巩固壮大工业经济根基,推动工业扩量提效,构建创新引领、要素协同、链条完整、竞争力强的现代产业体系,加快完成从"江苏制造"向"江苏创造"与"江苏智造"的转型。

聚焦先进工艺生产线需求,江苏需深耕信息技术、集成电路、生物医药、高端装备、能源环境、新材料等重点领域,推动先进技术和底层技术的快速迭代,其中特别需要注意避免科研与经济脱节的"两张皮"问题,既要高度重视"板凳坐得十年冷"的基础研究、冷门研究,也要重视市场导向的科技成果转化,努力打通"科学研究—开发研究—规模化应用"的通道,提高科技创新的应用绩效。政府可建立产业共性技术和前沿技术研究基金,做牢核心基础零部件、关键基础材料、先进基础工艺、产业技术基础等"四基",针对关键技术制定明确的攻关路线,以更强创新力、更高附加值、更安全可靠为导向,加快实现自主可控创新产品和技术的本土替代。针对类脑智能、量子计算、6G、未来网络、无人技术、超材料和二维材料、基因与干细胞等前沿科技领域,前瞻性地布局基础研究、应用基础研究,搭建跨界融合技术平台,加强未来技术储备,实现未来产业所需技术和知识的源头供给。同时,完善一批服务于重大科技基础设施的定制化科学仪器和设备,开展通用型关键零部件研发,推进先进工艺攻关、产品工艺库开发、国产装备材料验证,开发商业化应用场景,促进新技术熟化、新功能供给、新标准推广,争取抢占未来产业发展制高点。

"十四五"期间,江苏规划高新技术产业产值、战略性新兴产业占规模以上工业比重分别达 48.5%、42%[①],从而从根本上改变江苏的重化型产业结构、煤炭型能源结构、开发密集型空间结构。因此,推进产业—科技的深度融合,江苏必须提升信息技术、绿色技术、智能技术的创新能力,推动产业结构高端化、智能化、绿色化升级。依托"数据、算力、算法"核心驱动,深入推进"智改数转"工程。利用科技的应用场景,模糊三次产业之间的边界,加深先进制造业、现代服务业、高效农业之间的关联,促成三次产业的耦合共生、同步演化与新旧动能转换,促进关键技术渗透与市场规模优势产生倍增效应,最终在江苏形成结构合理、技术先进、低碳循环、附加值高、竞争力强的实体经济产业体系。

从世界科技强国的发展历程看,科技型领军企业始终是国家核心竞争力的重要支撑。江苏的科技领军型企业需要依托体量优势与市场优

---

① 数据来源:https://www.jiangsu.gov.cn/art/2021/11/1/art_64797_10093488.html。

势,充分发挥其在创新链中的"龙头"引领作用,主动牵头组织各类创新主体进行产业关键核心技术的联合攻关,带动中小企业和初创企业实现融通创新。借鉴日本公私合作研发攻关模式、美国技术研究联盟模式,也可以由政府发起组织和统筹协调,由多家科技领军企业主导,与国家实验室、科研院所、大学科技园等各类科研力量以及产业内上下游、大中小企业共同参与完成科技目标。需要以微小创新、综合集成、快速迭代为特征的产品创新与精益生产,也需要通过开放创新,与单项冠军企业、专精特新"小巨人"企业进行供应链协作、数据共享和技术分享,以提升产业链孵化与延伸的集聚效应。同时,产业链与创新链的深度融合必须解决好"链条"中的利益分配问题,发挥好市场机制的导向作用,让有形之手规范精准,让无形之手更加有力。

6. 凝心聚力,推进政产学研协同创新

当前,全球已然进入大科学时代,科研活动的复杂程度大幅增加,科学研究范式也在发生深刻变化。科技创新正在由原先的分散、封闭、低效的自由探索向大跨度、开放性、有组织的科研活动演化。协同创新(collaborative innovation)是指创新成员按照"利益共享、风险共担、优势互补、共同发展"的原则,开展技术创新活动,通过机制性互动,产生创新效率的质变,达到"1+1>2"的协同效果。协同创新是科技创新的新范式,也是科技自立自强的必然选择,因为"无人区"研究不仅需要先进的实验装备和重大科技基础设施,而且还需要多学科深度交叉、多主体协同作战、多部门集成创新。为此,江苏需要切实推进创新活动从单要素、单主体、单领域的线性创新向多要素、多主体、多领域的系统创新转型,实现政、产、学、研、用、金的协同创新。

协同创新不同于原始创新中的协调合作,也有别于集成创新、引进消化吸收再创新中的产品技术要素整合,协同创新的实质是一种管理体制的创新。因而,特别需要明确各方的利益范围、责任边界、合作动力、协作关系,以便形成协同活动的向心力。在实践中,创新主体必须健全彼此之间的横向协作机制和纵向对接机制,有条件的可以对创新各方投入的资金、人才、技术等生产要素进行风险评估与跟踪监管,对可能产生的管理成本、机会成本、沉没成本提早预见,以便减少合作的冲突与矛盾。随着前沿研究向超宏观、超微观和极端复杂方向演进,多技术路线的尝试需要承担更高的试错成本。因而,在协同创新活动中,需要督促创新各方使用市场研究、技术路线、技术搜索、技术路标等先进工具,在合作初期就达成对未来技术发展趋势的共识,使得创新各方能够科学评估创新所产生的技术价值,从而进行合理的技术交易。鼓励各方开放资源、开放数据、开放科研工具、开放同行评审、开放学术交流,形成"研用相长"的开放型科研生态,以便最大程度地减少创新活动中的信息分布不对称、信息披露不完全问题。进一步完善知识产权保护制度,通过知识产权评审、知识产权档案、技术保密契约、技术管理计划来实施合同约束,以增强协同创新的内聚力。科技管理部门也需要及时梳理科技成果,建设公共信息服务平台,采集科研院所的高价值专利信息,辅助推进科技成果与产业需求有效对接。

在实践中,江苏需要积极组织各类"企业院校行""专家企业行"等活动,做优"产学研合作成果展示洽谈会""国际产学研论坛暨跨国技术转移大会""军民两用成果对接会"等吸引国内外创新资源的品牌活动,设立科技创新中心、前沿科学中心、协同创新中心、重点实验室、工程研究中心和国际合作联合实验室、联合研究中心等创新载体,推进重大科研设施一体化布局、关键技术攻关一体化实施、产业项目协作一体化发展。遵照《长江三角洲区域一体化发展规划纲要》,积极参与长三角协同创新体系的建设,构筑以高校、院所、企业为核心,以政府、中介、金融、行会为辅助,持续紧密、多核网状的协同创新联盟,提升长三角科技系统集成统筹能力。由于协同创新是创新各方更为深层次的互动与融合,政府不能简单干预,而是要全程参与,政策不能只是局限在原则性规定上,而是要强化约束力,特别是要完善创新活动中利益分配、财政支持、服务保障等方面的权威性法律法规。产学研各方都有自己的政府主管部门,各个职能部门都希望保护自己所辖单位的利益,为此需要规范与衔接分散、游离在各个部门的政策条款,形成政策合力。各地区的科技规划也要有效对接,可以建立跨区域的科技会商机制与激励机制,构筑大纵深、立体式的科技创新合作体系,以便实现学科链、产业链、资金链的顺利衔接。

7. 加强合作,主动融入全球创新网络

自立自强的科技创新并非"闭关锁国"式的孤立创新,更加不是关起门来搞自成一体的封闭研发。科技自立自强,既需要自力更生,也需要开放、包容与合作。融入世界创新网络是科技自身发展的内在要求,也是应对全球挑战的必然要求。当前世界科技创新合作存在着前所未有的机遇和挑战,一方面,人类社会对于科技创新国际合作的需求日益强烈;另一方面,科技创新合作又正面临着激烈的"恶性竞争"和"逆全球化"挑战,特别是受中美关系变化的影响,我国的国际科技合作受到诸多限制。作为外贸大省,江苏必须秉持合作共赢理念,反对零和博弈思维,树立全球发展视野、对标国际领先水平,努力利用开放创新、集成创新实现真正的自主创新。江苏需要按照互信互利、安全平衡、有效管理的原则,开展高水平、高起点的国际科研合作,倡导常态化、多元化的科技创新对话,主动融入全球创新共同体。以坦荡的合作心态,与科技发达国家、联合国教科文组织等保持并拓展合作,积极扩大与共建"一带一路"国家的科技交流,充分发挥外向型大省的优势,进行全球创新资源的吸纳与整合,分享世界科技发展的最新成果。吸引国际科技组织、行业联盟、外资研发机构、跨国公司、国际科技服务机构等在江苏布局,共建科技园区,共同开展技术转移。积极参与国际性技术创新联盟建设,主导或发起国际大科学计划,确保多领域、交叉学科、差异化团队共同参与,促进跨境创新要素自由流动及价值创造。

在全球生产网络中,跨国公司掌握着极为丰富的科创资源(全球 6.5 万家跨国公司控制着世界 80% 的技术研发及技术转移),因而,江苏还需要重视与跨国公司的知识交换和技术互动,建立科学的外资机构评价体系,实现从"引资"向"引智"的转变,从单纯引进技术向"基地—项目—人才"一体化集成演变。鼓励江苏企业从封闭式创新走向开放式创新,实施开放包容、互惠共享的国际科技合作战略,在全球范围内进行顶级人才的汇聚。"以我为主"地选择技术合作领域,努力参与全球技术标准与行业规范的制定。积极扶持企业建设海外创新平台,培育具有全球资源整合能力的科技领军企业,鼓励企业通过战略研发合作、技术交叉许可、投资并购重组等方式,进行全球优质创新资源的配置,争取催生出若干国际合作研发中心。在"走出去"的过程中,江苏需要积累国际化经营经验,探索研发资金跨境双向流通机制,警惕知识产权风险,防范坠入"专利陷阱"。针对外企的技术垄断与技术封锁,要以足够的利益吸引其在苏投资和技术扩散,同时,要通过增强自身的科技实力,增加谈判筹码,争取合理的利益份额,把创新主动权掌握在自己手中。

七、江苏实现科技自立自强的政策措施

作为全国首个创新型省份建设试点省,江苏近年来先后出台了一系列促进科技创新的政策措施,如表2.6所示,这些举措为江苏以创新驱动引领高质量发展提供了有力支持。但是,面对科技发展的日新月异,江苏需要严格遵循科技创新规律,提高政策供给的精准度与协同度、突破性与前瞻性。特别是,针对加快实现科技自立自强这一更高要求,江苏还需要发挥好社会主义市场经济条件下的新型举国体制优势,通过政府规划、顶层设计引导各类创新要素紧密聚合,形成合力,为江苏成为经济增长的"稳定盘"、自主创新的"发动机"、新兴领域的"探路者"奠定牢固的创新制度基础。

表2.6 江苏促进科技创新与科技自立自强的政策文件

文件名称	发文字号
关于印发《贯彻落实〈科技部办公厅关于营造更好环境支持科技型中小企业研发的通知〉的工作方案》的通知	苏科高发〔2022〕52号
省政府办公厅关于改革完善江苏省省级财政科研经费管理的实施意见	苏政办发〔2022〕13号

(续表)

文件名称	发文字号
省科学技术厅 省发展改革委关于印发苏南国家自主创新示范区发展规划纲要(2021—2025年)的通知	苏科发〔2021〕290号
关于印发江苏省"十四五"科技人才发展规划的通知	苏科专发〔2021〕292号
江苏省科学技术厅 江苏省财政厅 江苏省民政厅 南京海关 江苏省税务局关于印发江苏省"十四五"期间享受科技创新进口税收政策的科研机构名单核定操作细则的通知	苏科技规〔2021〕1号
省政府关于促进全省高新技术产业开发区高质量发展的实施意见	苏政发〔2020〕101号
省政府办公厅关于印发江苏省"产业强链"三年行动计划(2021—2023年)的通知	苏政办发〔2020〕82号
省政府关于印发苏南国家自主创新示范区一体化发展实施方案(2020—2022年)的通知	苏政发〔2020〕38号
省科技厅 省教育厅关于印发《江苏省大学科技园管理办法》的通知	苏科技规〔2019〕341号
省科技厅关于印发《江苏省科技企业孵化器管理办法》的通知	苏科技规〔2019〕206号
省政府办公厅关于推进农业高新技术产业示范区建设发展的实施意见	苏政办发〔2019〕46号
关于印发《江苏省研发型企业培育管理暂行办法》的通知	苏科技规〔2018〕363号
中共江苏省委 江苏省人民政府印发《关于深化科技体制机制改革推动高质量发展若干政策》的通知	苏发〔2018〕18号
江苏省科学技术厅 江苏省财政厅关于印发《江苏省重点研发计划项目管理办法(试行)》的通知	苏科技规〔2018〕360号
江苏省科学技术厅 江苏省财政厅关于印发《江苏省创新能力建设计划项目管理办法(试行)》的通知	苏科技规〔2018〕355号
江苏省科学技术厅 江苏省财政厅关于印发《江苏省科技成果转化专项资金项目管理办法(试行)》的通知	苏科技规〔2018〕353号
江苏省科学技术厅 江苏省财政厅关于印发《江苏省基础研究计划(自然科学基金)项目管理办法(试行)》的通知	苏科技规〔2018〕354号

(续表)

文件名称	发文字号
江苏省政府印发关于知识产权强省建设若干政策措施的通知①	苏政发〔2017〕32号
关于印发江苏省专精特新产品和科技小巨人企业培育实施意见(2017—2020年)的通知	苏中小科技〔2017〕185号
省政府印发关于加快推进产业科技创新中心和创新型省份建设若干政策措施的通知	苏政发〔2016〕107号
省政府办公厅关于印发江苏省促进科技成果转移转化行动方案的通知	苏政办发〔2016〕76号
省政府办公厅关于印发2016年苏南国家自主创新示范区建设工作要点的通知	苏政办发〔2016〕35号
省政府办公厅关于印发江苏省知识产权区域布局试点工作推进方案的通知	苏政办发〔2016〕15号
江苏省政府办公厅关于印发加快科技服务业发展实施方案的通知	苏政办发〔2015〕126号
省政府关于重大科研基础设施和大型科研仪器向社会开放的实施意见	苏政发〔2015〕106号
江苏省政府关于加快全省集成电路产业发展的意见	苏政发〔2015〕71号
省政府办公厅关于支持江苏省产业技术研究院改革发展若干政策措施的通知②	苏政办发〔2015〕49号
中共江苏省委、江苏省人民政府关于建设苏南国家自主创新示范区的实施意见	苏发〔2015〕5号
江苏省政府关于加快互联网平台经济发展的指导意见	苏政发〔2015〕40号
省人民政府关于更大力度实施技术改造推进制造业向中高端迈进的意见	苏政发〔2015〕29号
省科技厅关于印发《大中型企业研发机构建设推进方案》的通知	苏科条〔2012〕49号

---

① 该文件已失效。
② 该文件已失效。

1. 加大基础研究投入力度

在经济起飞阶段,后发国家以"引进、消化、吸收、再创新"为创新模式,通过"市场换技术"分享发达国家基础研究和应用研究的知识外溢效应。而在实现科技自立自强的征程中,后发国家必须完成从"技术引进"向"自主创新"的转变,而这必定无法绕过踏实的基础研究。基础研究是科学之本、技术之源。江苏需要充分发挥院校林立、人才济济的科教资源优势,加强在苏一流高校的学科建设,支持科研人员选择基础理论、公认难题和非共识路线作为主攻方向,聚焦量子力学、纳米科学、生命科学、合成生物、发育编程、大科学装置等前沿领域,深耕"从0到1"的原始创新,以期突破关键理论瓶颈。由于前沿、边缘领域的基础研究具有高度不确定性,加之中国在一些领域已由"跟跑"向"并跑""领跑"演进,"唯论文"的评价标准不再适用于超前性成果,因此需要探索构建长周期、包容性的考评制度。对颠覆性、交叉性创新项目可采取非常规评审,扭转科研经费安排"重设备轻智力"的倾向,推广全年项目申报"常态制"和科研经费"包干制"。基础研究投入具有战略价值与"远期"偏好,应是政府财政资金投入的重点,未来江苏需要进一步增加战略性、公益性、基础性研究的财政投入,提高基础研究经费占社会研发总经费的比重,力争在五年内使基础研究投入占比实现翻一番。同时,发挥好江苏省自然科学基金的引导作用,积极支持周期长、风险大、难度高、前景好的科学计划和科学工程,利用好国家高新技术产业化基金、技术创新项目基金等优惠政策,积极争取国家层面的基础研究支持。

江苏的原始创新能力不足、创新成果比较少,一方面是因为科学技术方面的积累还不丰厚,另一方面也与科技创新理念认识不足、对基础研究重视不够、科技体制存在问题、创新文化缺位缺失等有关。因此,江苏需要打破农耕文化所形成的因循守旧、墨守成规的思维方式,锤炼敢于质疑、尊重知识、随机应变的创新创业精神,构筑追求卓越、质量极限的工匠精神和创新文化,营造鼓励成功、包容失败的创新生态,树立质疑批判、敢于突破、知重负重、永不言弃的科学精神,强化精神指引和创新能动性。

同时,基于全球知识生产集体性、主体多元性、组织多样性的特征,可以借鉴美国的"前沿研究制度",推动难度高、前景好的定向性基础研究采取多类别科研机构联合攻关的形式,强化各类科学计划的协调性与集成性。

2. 形成人才竞争比较优势

党的二十大报告高瞻远瞩地提出:"教育、科技、人才是全面建设社会主义现代化国家的基础性、战略性支撑。"诚然,人才是实施科技创新的"生力军",也是经济社会发展的第一资源。作为科教资源非常丰富的人才大省,江苏需要进一步健全创新人才培养、引进、使用、评价、激励、流动的机制,发挥人才对科技进步和经济发展的驱动作用,形成引才聚才的"强磁场",铸就新时代的"人才高地"。积极实施人才国际化战略,深入推进国家外国专家项目、江苏外专百人计划、江苏省外国专家工作室等国家和省级引进外国人才项目,支持高层次外国专家领衔开展科技创新研发活动。充分尊重创新人才的物质需求和精神需求,努力提升外国人才工作便利化水平,支持各地在有需求的地区或外国人才较为集中的园区设立外国人工作许可受理服务窗口,推行外国人工作许可和工作类居留许可"一窗式"办理。大力引进生物医药、半导体、人工智能等前沿领域国内外高端科技人才,实施人才贡献奖励制度。继续开展"科技镇长团""科技副总"选派工作,鼓励和支持省内外高校院所高层次人才到科技型中小企业任职或兼职。探索建立职称评审绿色通道,将业绩贡献突出的急需紧缺人才和经营管理人才纳入高级职称考核认定范围。

对于"高精尖特需缺"领域人才以及青年人才等"潜力股",江苏需要提高政策的关注度,灵活供给公共租赁房、经济适用房以及人才公寓,注意顶尖人才思维特异化、需求高阶化、成果产出峰值年轻化、积累持续化的特征规律,结合人才发展的需求,形成激励与扶持并重的保障体系。建立有效的人才激励机制,特别是要优化科研人员考核体系,突破"四唯"导向,实施以创新产出、能力、贡献为导向的绩效评价和充分体现知识、技术等要素价值的收益分配。建立多元化高校考核体系,改革现有的重学术、轻开发的科研考评体系,在高等院校中制定教学、科研、科技成果转化等考核考评机制,采用责任激励与发展激励相结合、学术激励与市场激励相结合的方式,调动科研人员面向市场进行研发的积极性。科研人员通过科技成果交易获得财产应受到尊重,利用高校院所的科技成果创办的科技企业,应属独立法人。通过重大项目、工程实践,发现和培育人才,利用企业在产学研资源联通、科技成果产业化、科技创新全链条的"直通车"功能,培养更多领军型、复合型、创新型人才。

3. 培育高品质的知识产权

科技自立自强对知识产权具有高度的依赖性,知识产权是保护和激励创新的制度基石。为了实现"专利数量"向"专利质量"的转变,江苏必须聚焦高价值知识产权的产出,构建责任清晰、运行高效的知识产权行政管理体系,营造尊重和保护知识产权的法治环境。针对新兴优势产业链,推进高价值专利培育示范中心建设,在高新技术开发区成立知识产权综合服务中心,采取点对点方式,为企业提供"一站式"知识产权服务。积极实施面向中小企业的知识产权转化专项计划,探索知识产权融资模式的创新。加大对专利申请大户和首次发明专利申请的扶持力度,建设国际化的知识产权交易中心,完善校企知识产权转化合作机制,共同推动高校建立知识产权全流程管理制度,搭建高校知识产权转化机构,推动高校优秀专利技术就地转化。积极建设国际化的知识产权交易中心,推进知识产权质押融资和专利许可收益权证券化。

加强知识产权保护是完善产权保护制度最重要的内容,今后,江苏需要强化知识产权保护的法治环境,推进专利法、商标法、著作权法等法律制度的衔接与统一,推进知识产权民事、刑事、行政案件"三合一"工作。拓展现代知识产权的保护内容,将保护范围从传统的专利、商标、版权扩大到计算机软件、集成电路、商业秘密、生物技术等对象。加强网络市场知识产权保护,将侵权行为信息纳入社会信用记录。同时,强化对明显不具备新颖性的实用新型专利申请和明显属于现有设计的外观设计专利申请的审查,以提升专利的含金量。

4. 优化整合创新园区建设

基于科技自立自强的需求，江苏必须以特色建设和功能建设为重点，进一步完善科技创新载体建设，聚焦信息技术、生命科学、高端装备等领域，构建一批创新要素高效配置、科技成果高效转化、创新价值高效体现的产业园区。加强高新技术产业开发区等产业化基地建设，强化大学科技园、科技企业孵化器、生产力促进中心、技术转移中心等创新平台的功能，发挥自贸区、苏南国家自主创新示范区及长三角G60科创走廊、长三角生态绿色一体化发展示范区等区域的综合政策优势，推动江苏全域创新。推动苏南有条件的地方或国家高新园区，面向科技型中小企业，围绕人工智能、量子力学、区块链、元宇宙等未来产业领域，加强适应研发的应用场景供给，积极探索新模式、新产业和新业态。

在全面建设社会主义现代化国家的新征程上，产业园区发展已经进入"增量与存量并举"的时代，产业园区的粗放式招商运营模式，已然不能满足市场的需求。为此，江苏需要探索更加适应科技自立自强研发需要的新型园区治理模式，与时俱进地更新高新区、科技企业孵化器的评价指标体系，注重园区精细化运营管理与跨界合作共赢。加强具有空间邻近性、功能互补性创新园区的交流合作、强强联手、协同创新，推进创新资源数据共享、创新资源有效配置。积极探索"总部＋智造""研发＋转化""孵化＋成长"等产业协同发展新模式，建立跨区域的产业链协同招商机制。鼓励园区通过一区多园、南北共建、飞地经济、异地孵化等方式，进行区域间的"产业转移"与"技术扩散"。以成果转让、技术转移、科技金融为重点，以标准、协议、技术规范为手段，按照"一站式、全链条"的要求，建设科技公共服务平台，重点设立一批开放式经营的中试基地和共性技术研发平台。

5. 推进科技创新、科学治理

随着科技创新范式由个体独立创新向多元共生创新转变，科技治理主体也逐步由一元主体向多元共治转变。在科技治理体系中，既包括从中央到地方的各级政府主体，也包括企业、高校、科研机构、科技服务机构等市场主体,还包括各类科技社会组织、社会团体等社会主体。科技自立自强迫切需要形成政府、市场、社会三方主体共同参与的协同治理格局。为此,江苏需要以科技创新为导向,打破传统的以科技部门为主的科技管理体系,推进统筹的集成与持续的互动,鼓励各类创新主体间的协调与合作,构建突出政府制度供给主体地位、企业技术创新主体地位和政产学研用协同创新的科技治理结构。

新一轮的产业革命技术轨道变化更为频繁,为此,江苏需要继续推进科技管理从直接干预向规划引领、从事前审批向事后信用管理演进,建立健全科学普及、表彰奖励、科研诚信、科研伦理等方面的相关制度,以应对科技发展日新月异的要求。改革科学研究领域的管理模式,建立以创新产出、能力、贡献为导向的科技人才评价体系和充分体现知识、技术等要素价值的收益分配机制。引导科研人员以新时代"科技报国"的使命感与责任感,发扬学术民主、强化学术自律、坚守诚信底线。基础研究和原始创新具有更高的风险属性,因此,需要构建科技创新的容错机制,建立包容失败、鼓励试错的制度文化,增强科技管理与科技评价对科研风险的适配性与包容度,大力保护科研的探索性。在实施供给导向的科技资源配置方式的同时,加大创新技术和产品在市场培育方面的支持力度。给予科研单位更多自主权,赋予科技人员技术路线决定权和经费使用权,进一步激发科技人员的创新动力。

相对于此前对社会治理体系的提法,党的十九届四中全会首次增加了"科技支撑社会治理体系"的表述,诚然,互联网、大数据、人工智能、云计算等新技术正在不断推动社会治理的创新,科技在社会治理中发挥着举足轻重的作用。当前,江苏积极利用先进技术手段提高政府服务效率和透明度,深化"不见面审批服务"的改革,实现了"四个全国第一":第一个按照国家"互联网+政务服务"技术建设标准建成;第一个实现政府权力清单"三级四同"全覆盖;第一个引入"淘宝"概念开设综合旗舰店;第一个开展审批服务、公共资源交易、12345在线同网服务。今后,在充分发挥科技对政务支撑作用的同时,江苏还需要更加注重科技支撑与法治保障、公众参与、社会协同的互动与整合,完善共建共治共享的社会治理体系,实现科技创新支撑能力更充分、更平衡发展。积极推动科技包容性创新,利用科学、技术和创新诀窍来满足公众内在需求,激发公众创新主动性,强化科技创新满足人民群众美好生活需要的能力。

6. 促进中小科技企业成长

科技型中小企业是培育发展新动能、推动高水平科技自立自强的重要力量。江苏需要以培育壮大科技型中小企业主体规模、提升科技型中小企业创新能力为主攻方向,充分激发科技型中小企业创新创业创造的活力。持续巩固企业创新决策主体、投入主体、利益主体、风险承担主体的地位,通过政府采购、金融支持、税收减免、平台布局等扶持措施,吸引科技资源进一步向企业聚拢。同时,努力改善生产要素的收益率信号,减少不正当市场竞争,提升中小型企业对于科技创新的预期价值。鼓励科技型中小企业制定企业科技创新战略,完善内部研发管理制度,引导中小企业专注于细分领域,走"专精特新"发展道路,打造企业"雁阵"梯队。针对中小企业自主创新能力薄弱的状况,可建立"中小企业技术联盟",将企业的个性化产品需求集中转化为行业共性技术需求。加大研发费用加计扣除政策力度,针对技术应用周期短、迭代快的特点,有针对性地放宽高新技术企业认定条件。持续完善覆盖科技型中小企业成长全周期的"众创空间—孵化器—加速器—产业园"孵化链条。引导科研院所与企业开展科研合作、难题对接、决策咨询,支持重点实验室、工程实验室、工程研究中心等向科技型中小企业开放,给予企业技术创新以源头支持。积极成立工作专班和专家服务团,开展面向基层和企业的政策业务培训,对科技型中小企业开展调研和"把脉问诊"辅导服务,促进科技型中小企业加速成长为高新技术企业。

深入实施企业研发机构建设"百企示范、千企试点、万企行动"计划,支持有条件的科技型中小企业建设工程技术研究中心、企业重点实验室、企业技术中心等研发机构,科技创新型企业也可以牵头组织科研力量进行同行业基础性关键技术的集体攻关。深化"揭榜挂帅""赛马"项目组织方式,积极探索"企业出榜"的项目形成机制,吸纳更多科技型中小企业参与科技计划项目指南的编制。完善高新技术企业认定管理操作流程,实行高新技术企业"一网"申报,精简申报材料、延长申报时间、加快审批进度,为高新技术企业申报提供便利化服务。鼓励各地对获得高新技术企业认定的科技型中小企业给予资金奖补。深入挖掘各类产业发展面临的共性问题,实行专题调研、打包解决、一体推进。

7. 推进全周期的金融支持

江苏需要提升金融支持科技创新的力度与效度,使金融服务贯穿于从理论到实践、从构想到实现、从实验室到市场的科技创新全周期。在科技创新前期,江苏需要强化以政府为主导的财政支持,为科学发现提供稳定性的经费保障,鼓励政产学研金用协同创新,引导企业介入前期研发。通过风险补偿、增量奖励、费用补贴等手段,激励科技型企业、行业行会以及公益捐赠的投入。金融机构可通过建立基金、开展联合资助等方式,与科研院所建立战略性资源投入与利益分享机制,利用科技创新联盟,将"融资"与"融智"有机结合。

在科技创新中期,江苏需要创新科技金融产品供给,优化金融风险收益结构,健全信贷活动的风险补偿机制,加强产业共性技术研发的中介服务,构建"创、投、贷、融"科技金融生态圈。积极探索建立数字金融服务体系,推动数字资产登记结算平台、数字普惠金融一体化服务平台建设,推进"科贷通"一行一品牌科技金融产品创新和服务创新,提升企业科技信贷服务精准度。通过提升资本市场的包容性与稳定性,畅通科技、资本的高效循环,将长期资金引入科技创新活动。规范发展私募股权基金行业,将"资本活水"精准滴灌至创新创业型企业。

在科技创新后期,江苏需要健全天使投资、创投基金、私募基金,推动金融服务模式向"商行+投行"转型;构建多层次资本市场,发挥股权市场功能,提升投资失败容忍度,开发企业风险投资基金与衍生品市场,让更有耐心的资金进入科技领域,推进科技与资本的良性循环。积极构建以业务发展和优化管理为中心的科技信贷风控体系,鼓励科技银行信贷产品创新与审批流程再造。支持符合条件的科技企业在科创板挂牌上市，发行公司债、短期融资券和中期票据，扩大直接融资。加强引导基金、风险投资、科技贷款、科技保险、融资租赁及政策性风险补偿资金池等多平台联动协作。设置多元化上市条件，支持与鼓励一大批"硬核"科技企业上市发展、做优做强，提升科创板、创业板的科技产业集聚效应。引导银行和专营机构加大科技金融产品创新力度，在依法合规、风险可控、商业自愿的前提下，支持商业银行具有投资功能的子公司、保险机构、信托公司等出资创业投资基金、政府产业投资基金等，为科技企业发展提供股权融资。做大创投引导资金规模，做实股权投资母基金，发挥好私募股权投资基金的风险投资功能，支持投早、投小、投科技。在多层次资本市场体系中，重点做优服务科技创新的板块，实现错位发展、合作竞争，为处于不同发展阶段的科创企业提供相得益彰的投融资支持。

第三章　在建设自主可控的现代化产业体系上走在前列

现代化产业体系作为现代化经济体系的核心内容,是现代化国家的根基,也是实现高质量发展的必要条件。党的二十大报告明确提出了建设现代化产业体系的要求,明确了我国实体经济高质量发展的总体目标和主要方向。作为实体经济大省,江苏理应在建设现代化产业体系上发挥先行示范作用,从而更好地推动江苏在率先实现社会主义现代化上走在前列。江苏在建设现代化产业体系方面,既拥有显著的产业基础优势,也面临突出的发展难题。为此,本书试图在阐释建设现代化产业体系的内生动力逻辑的基础上,通过对江苏建设自主可控现代化产业体系的现状、难题及制约因素的论证和剖析,着重阐明江苏建设自主可控现代化产业体系的战略目标、关键任务及重点工程,不仅从制度创新层面提出基于"三位一体"协同机制的路径方略,而且从政策应用层面设计相应的破题思路及对策举措,从而为江苏加快构建新发展格局、推动高质量发展以及推动中国式产业现代化发展提供科学的实践依据和有益的政策参考。

一、建设现代化产业体系的动力逻辑[①]

任何一个国家或区域的经济发展都是以特定的产业体系为基础的,其由社会分工状况所决定,表现为特定的产业结构及其为社会提供产品或服务的特定方式,从而在一定程度上决定了经济增长的速度和效益。所谓传统产业体系,顾名思义,是与传统产业活动中各经济主体的结构、行为和绩效相适应的产业体系。从产业活动中各经济主体之间的关联性来看,传统产业体系的最基本特征是技术变动相对缓慢,从而导致了产业间、企业间的生产和技术连接相对固定;其服务对象是工业化的生产体系,产业中企业竞争行为主要表现为数量扩张和数量竞争。[②] 从产业活动所在经济体系形态来看,传统产业体系是指产业结构以工业为主导、产业内部结构以低端化为主的产业体系,对应于改革开放以来逐步形成的、适应高速增长的经济体系形态。[③] 根据这一标准可以推断,现代化产业体系是以服务业为主导、产业内部结构以高端化为主的产业体系,对应于适应新时代高质量发展的经济体系形态。产业体系的演进与重构,也就意味着传统经济体系的产业体系要向现代化经济体系的产业体系转变,即从经济高速增长目标下的传统产业体系向高质量发展目标下的现代化产业体系转变。逻辑上,这种转变需要具备两种内生动力,一方面来源于传统产业体系下经济发展所面临的矛盾问题,这是建设现代化产业体系的现实逻辑;另一方面来源于现代化产业体系对上述矛盾的化解,也就是对高质量发展的促进功能,这是建设现代化产业体系的理论逻辑。

(一) 传统产业体系下面临的发展矛盾与困境

从我国实践来看,主要是沿用"扬长避短"式的非均衡发展战略思维,

[①] 本节观点参见杜宇玮:《高质量发展视域下的产业体系重构:一个逻辑框架》,《现代经济探讨》2019年第12期。
[②] 张耀辉:《传统产业体系蜕变与现代产业体系形成机制》,《产经评论》2010年第1期。
[③] 高培勇、杜创、刘霞辉、袁富华、汤铎铎:《高质量发展背景下的现代化经济体系建设:一个逻辑框架》,《经济研究》2019年第4期。

立足于静态比较优势，形成了以国际代工和加工贸易制造业为主的传统产业体系。特别是以江苏为代表的东部沿海地区，正是基于这种产业体系的形成和发展，成为我国经济发展快、经济总量大、综合实力强的代表性地区。但与此同时，这种依赖外需以及高投入、高能耗、高污染、低效益的"三高一低"粗放型增长方式，除在要素成本全面上升趋势下表现出增长乏力之外，也不可避免地带来并凸显了在产业结构、收入分配、区域发展和生态环境等方面的问题和矛盾，从而不适应高质量发展的目标要求。

一是在产业结构方面，表现为工业制造业"大而不强"和现代服务业发展比较滞后。一方面，我国工业制造业的生产与贸易组织形式是以基于学习模仿的代工制造和加工贸易为主，产业缺乏关键核心技术和自主品牌，自主创新能力不足。另一方面，具有高知识、高技术含量及高附加值的先进制造业发展水平不高，导致对生产性服务业内生需求不足。而开放条件下国外生产性服务业的进入，进一步制约了本土现代服务业的发展空间。

二是在收入分配方面，表现为居民收入增长与国民经济增长不太同步，且居民收入差距日益显著。在传统产业体系的低成本竞争条件下，制造业工人的工资收入水平难以显著提高。由于居民收入的主要来源是工资性收入，因此制造业领域的"低工资"现象反映到宏观层面，导致居民实际收入增速低于经济发展增速，表现为居民可支配收入占 GDP 的比重偏低。

三是在区域发展方面，表现为东部沿海地区与中西部内陆地区之间、南方地区与北方地区之间的区域发展不平衡问题沉疴难破。东中西部地区的发展差异现象，事实上是由传统产业体系下的"虹吸效应"和"极化效应"所导致的。一方面，东部地区的外向型产业发展，是建立在"虹吸"和集聚中西部地区所输送的自然资源和廉价劳动力等初级生产要素基础之上的。另一方面，东部地区"两头在外"的加工贸易产业体系，割裂了东中西区域之间的产业关联，抑制了中西部地区发展劳动密集型产业的空间和可能性。因此，中西部内陆地区沦为纯粹的生产要素供给者，无法充分享受国际分工所带来的全球化红利和发展机遇。与中西部地区类似,北方地区由于其产业结构以自然资源依赖型的重化工业为主,基本上也只能通过能源、资源和劳动力的输出间接参与全球价值链分工。① 自2008年全球金融危机特别是2013年以来,来自东部地区的投资锐减也间接地影响了高度依赖投资拉动的重化工业,导致北方经济大幅下滑且难以恢复。② 因此,南北差距不断拉大也与传统产业体系的惯性有关。

四是在生态环境方面,表现为能源资源供需矛盾和环境污染问题日益突出。根据产业生态学理论,产业结构不合理会导致产业发展对环境资源要素的配置和利用效率低下,从而影响经济增长质量,同时也会对生态环境系统产生直接的负面作用。传统产业体系是工业文明的产物,是一种"资源—生产—消费—废弃物排放"的线性发展模式,即在生产、流通、消费的过程中,排放大量废弃物到自然环境中。在以加工生产为基础、以产量规模增长为内涵的传统产业体系下,产业附加值水平和资源利用率较低,导致了大量的能源消耗和污染排放,人口、资源、环境与经济发展之间的矛盾突出。

(二) 现代化产业体系的内涵特征与机理

自党的十七大正式提出构建现代产业体系的战略部署以来,国内政府和学术界对现代产业体系的定义作出了不同的阐释。2008年中共广东省委、广东省人民政府《关于加快建设现代产业体系的决定》将现代产业体系定义为,以高科技含量、高附加值、低能耗、低污染、有自主创新性的有机产业群为核心,以技术、人才、资本、信息等高效运转的产业辅助系统为支撑,以环境优美、基础设施完备、社会保障有力、市场秩序良好的产业发展环境为依托,并具有创新性、开放性、融合性、集聚性和可持续性特

---

① 李善同、何建武、唐泽地:《从价值链分工看中国经济发展南北差距的扩大》,《中国经济报告》2019年第2期。
② 杜宇玮:《新发展格局下中国区域现代化战略转型:逻辑机制与推进路径》,《现代经济探讨》2021年第9期。

征的新型产业体系。① 该定义突出了现代产业体系的基本特征,体现了地方经济发展方式从粗放型向集约型转变的时代进步和发展要求。

许多理论研究描述了现代产业体系的基本特征,界定了现代产业体系的核心内容。比如,田家欣认为现代产业体系是指以高科技含量、高附加值、低能耗、低污染、自主创新能力强为特征,以高新技术产业为先导,以先进制造业、现代服务业、现代农业为核心内容,产业间关联紧密、协调有序,对经济可持续发展具有显著引领作用的新型产业体系。② 刘钊认为现代产业体系是在产业创新的推动下,由新型工业、现代服务业、现代农业等相互融合、协调发展的以产业集群为载体的产业网络系统,是我国转变经济发展方式的产业载体。③ 这些定义明确了现代产业体系的核心内容是具有较强创新能力的现代服务业、先进制造业和现代农业及其融合产业。因此,从产业形式上来说,现代产业体系就是以现代农业为支撑、以先进制造业和现代服务业为核心、以高新技术产业和战略性新兴产业为先导的产业门类齐全、结构合理、功能完备的有机产业系统。

也有一些研究从价值链和产业链角度明确了现代产业体系所应具备的功能及目标指向。比如,詹懿认为现代产业体系是以第一、二、三次产业互动发展为基础,在产业纵向发展上形成完整的产业链,并逐步提高对产业链的高端环节和关键环节的控制能力,引领我国产业结构向高度化发展;在产业横向发展上能够实现市场的有效竞争,具有较强的均衡性和协调性;东、中、西部地区之间通过区域合作和破除地方保护主义实现产业的合理分工和优势互补;利用加入WTO的契机及时主动吸收世界先进科技成果并形成先进的生产能力,具有很强的自主创新能力和自我协调能力。④ 芮明杰认为现代产业体系是指具有当代领先、具有竞争优势

---

① 中共广东省委、广东省人民政府:《关于加快建设现代产业体系的决定》,《南方日报》2008年7月28日。
② 田家欣:《构建区域现代产业体系的路径与政策选择——以绍兴市为例》,《商业经济与管理》2010年第7期。
③ 刘钊:《现代产业体系的内涵与特征》,《山东社会科学》2011年第5期。
④ 詹懿:《中国现代产业体系:症结及其治理》,《财经问题研究》2012年第12期。

又面向未来产业与技术发展趋势的产业体系,一定是全球资源有效配置的体系,其表现在部分核心产业在全球分工条件下,具有产业链、价值链的控制力,自我创新能力强,附加价值高;具备关键领域的核心技术与竞争力,能作为"链主"掌握产业链并关联带动其他产业协同发展。①

党的十九大报告着眼于建设现代化经济体系的战略目标,提出要构建实体经济、科技创新、现代金融、人力资源协同发展的产业体系,故而从要素层面对现代产业体系的内涵进行了界定。这一概念本质上就是强调技术、资本、人才等生产要素与实体经济发展的协同,通过要素资源的结构升级、质量提高、配置优化来促进产业均衡发展和竞争力提升,使实体经济增长真正依靠科技进步、资本配置优化和劳动者素质提高,从而为经济高质量发展提供坚实的生产力基础。因此,强调生产要素特别是创新要素与实体经济协同发展的产业体系,正是现代化产业体系的根本要义。这种协同发展的产业体系是以实体经济为核心,在一定机制作用下,实现要素资源优化组合、互动作用和经济效率最大化的发展状态;实质上是实体经济发展的驱动要素关联互动及其对经济发展的作用机制,体现了内生经济增长的基本思路。②从基本特征来看,我国现代化产业体系是注重发挥实体经济重要作用、实现科技创新、现代金融和人力资本协同作用的产业体系,是充分利用新一轮科技革命与产业变革物质技术成果的产业体系,也是实现产业融合、绿色低碳、开放共享的产业体系。③

党的二十大报告中进一步明确了"现代化产业体系"的新提法,使其更符合中国式现代化的话语体系。在中国式现代化语境下,现代化产业体系的构建内容包括三个方面:一是调整产业结构,培育发展动力;二是

---

① 芮明杰:《构建现代产业体系的战略思路、目标与路径》,《中国工业经济》2018年第9期。
② 付保宗、盛朝迅、徐建伟等:《加快建设实体经济、科技创新、现代金融、人力资源协同发展的产业体系研究》,《宏观经济研究》2019年第4期。
③ 杜传忠:《我国现代化产业体系的特征及建设路径》,《人民论坛》2022年第24期。

调动产业要素资源,完善市场机制;三是明确产业功能,满足发展需要。①中国特色现代化产业体系包括五个构成要素:一是以高端化、智能化、绿色化和战略安全性为特征的现代化产业结构体系;二是以各类企业及其衍生的现代化产业链和产业集群为主体承担直接优化配置资源并创造价值职能的产业组织体系;三是推动产业体系整体素质和效率向更高层次演进的现代化创新生态体系;四是具有高度适应性、竞争力和普惠性特征的现代化金融体系;五是引导产业良性运行的产业政策体系。②

根据以上定义,我们可以总结出现代化产业体系显著不同于传统产业体系的基本特征(如表3.1所示),以及现代化产业体系运行的内在机理。

表3.1 传统产业体系与现代化产业体系的比较

	传统产业体系	现代化产业体系
战略导向	快速增长偏向	高质量发展导向
发展方式	要素驱动、"扬长避短"的非均衡发展	创新驱动、"扬长补短"的均衡发展
产业内容	以低技术含量、低附加值和弱创新能力的传统工业制造业为主	以高技术含量、高附加值和强创新能力的现代服务业、先进制造业和高新技术产业为主
产业间关系	分散孤立,关联程度低,片面工业化	互动融合,关联程度高,四化协同
产业分工地位	处于价值链中低端,产业链供应链的竞争力和控制力弱	处于价值链中高端,产业链供应链的竞争力和控制力强
集群形态	工厂集聚的产业集群	创新要素集聚的创新集群
支配资本	物质资本	人力资本
资源配置方式	政府主导	市场主导

---

① 李勇坚、张海汝:《中国式现代化视域下的现代产业体系构建研究》,《企业经济》2022年第12期。
② 孙智君、安睿哲、常懿心:《中国特色现代化产业体系构成要素研究——对中共二十大报告精神学习阐释》,《金融经济学研究》2023年第1期。

(续表)

	传统产业体系	现代化产业体系
要素配置效率	较低	较高
市场需求类型	满足同质化、规模化需求	满足多样化、个性化需求
市场竞争手段	数量竞争、价格竞争	创新竞争
产业政策	选择性产业政策，行政命令手段	功能性产业政策，制度性引导手段

1. 现代化产业体系的基本特征

一是在战略导向和发展方式上，传统产业体系具有强烈的经济快速增长目标偏向，注重要素驱动下的"扬长避短"，即立足外生的静态要素禀赋优势，回避在土地、资源、环境、内需等方面的约束以及空间均衡发展的要求。而现代化产业体系则是强调以高质量发展为导向，注重创新驱动下的"扬长补短"，即塑造和培育基于创新要素的内生动态比较优势，补齐增长动力、产业结构、区域发展、收入分配、资源环境等方面的短板，从而实现均衡发展。

二是在产业内容和产业间关系上，传统产业体系以低技术含量、低附加值和弱创新能力的传统工业制造业为主，产业之间关联程度低，这种片面工业化的发展模式不仅使得城镇化严重滞后于工业化，加剧了二元经济结构下"三农"问题矛盾，而且还带来地区重复建设、工业产能过剩、内需不足的问题，导致陷入经济"外向化"和产业"低端化"的发展困境。相比而言，现代化产业体系则是以高技术含量、高附加值和强创新能力的现代服务业、先进制造业和高新技术产业为主，产业之间互动融合，关联程度高，从而具有较为完整的产业链，同时强调新型工业化、信息化、城镇化、农业现代化同步发展。

三是在产业的分工地位和集群形态上，传统产业体系中的产业往往处于价值链中低端，产业链供应链的竞争力和控制力弱，集群形态主要体现为一批从事加工生产制造的工厂在某一地理空间内集聚的产业集群。而现代化产业体系的产业则处于价值链中高端，具有较强的产业链供应链竞争力和控制力,集群形态主要表现为创新要素集聚的创新集群。

四是在要素资源的配置方式和效率上,传统产业体系是由物质资本支配的,资源配置通常由政府主导,要素配置效率较低。而在现代化产业体系中,人力资本起到支配作用,市场主导下的资源要素配置效率较高。

五是在市场需求类型和竞争手段上,传统产业体系主要是为了满足同质化、规模化需求,市场竞争手段主要是数量竞争和价格竞争。而现代化产业体系则是为了满足多样化、个性化需求,创新竞争成为市场竞争的主要手段。

六是在产业政策上,传统产业体系一般是偏好选择性产业政策,即政府直接干预微观经济,选择并主导特定产业和企业发展的政策模式。这类政策往往过度依靠财政补贴、市场准入、项目审批等行政命令手段,导致市场竞争机制扭曲,注重产业规模扩张和产出数量增长,而忽视产业附加值提升和产出效率优化。现代化产业体系则主要采取功能性产业政策,主张以环保、安全等标准实施负面清单管理的中性竞争政策,以及采用知识产权市场发展、科技创新服务体系建设等制度性引导手段,构建有利于维护市场公平竞争、促进企业自主创新和提高产业竞争力的创新政策体系。

2. 现代化产业体系的运行机理

根据党的十九大报告中的相关界定,现代化产业体系的核心在于科技创新、现代金融、人力资源这三种要素及其与实体经济之间的协同发展,而且国民经济体系中的各种投入要素最终必须落实到壮大实体经济上。也就是说,在现代化产业体系中,实体经济发展是目标变量;科技创新、现代金融与人力资源这三种生产要素互补互促,是决定实体经济发展的充分条件。

第一,科技创新与实体经济的协同发展。实体经济发展是一国经济增长的长期动力,而创新驱动发展是实体经济发展的根本路径。当今世界上创新型国家的一个共同特征是,综合创新能力明显高于其他国家,科技进步贡献率大多数在70%以上。创新对于实体经济发展的刺激作用,不是简单的倍数增长和数量叠加,而是具有"乘数效应",会呈现出几何级数的爆发式增长和质变。在所有创新类型中,最重要的是科技创新。科技创新是原创性科学研究和技术创新的总称,是指创造新知识,开发新技术、新工艺、新产品,进而提升产品质量、提高生产效率和优化服务的过程。科技创新涉及政府、企业、高校、科研院所、国际组织、中介服务机构、社会公众等多个主体,包括人才、资金、技术、知识、创新制度、创新氛围等多个要素,是各个创新主体和创新要素交互复杂作用下的一种复杂现象。在生产函数的讨论框架中,科技创新的作用是推高生产可能性曲线,而模式创新、金融创新等其他创新类型则是使经济运行从生产可能性曲线的内部提高到曲线之上。[1] 因此,科技创新是实体经济发展的根本动力,也是其他创新推动实体经济发展作用发挥的基础和前提。实体经济发展必须依靠科技创新,科技创新对实体经济发展进而对长期经济增长具有决定性作用。

第二,现代金融与实体经济的协同发展。金融是现代经济的核心和实体经济的血液,服务实体经济是金融的本质要求。高质量发展目标下,现代金融服务实体经济的内在机理体现在现代金融对经济发展方式转变、经济结构优化和经济增长动力转换的促进作用方面。首先,现代金融服务的创新导向,有助于促进全要素生产率增长。不同于经济高速增长阶段传统金融服务的要素集聚和经济增长导向,现代金融的创新导向通过支撑和服务科技创新创业,可以促使金融资源向关键创新领域和重要创新载体集聚,进而促进全要素生产率增长,最终推动经济发展方式从要素驱动、投资驱动向创新驱动转变。其次,现代金融服务的资源配置功能,有助于推动经济结构调整和产业优化升级。现代金融作为经济运行的关键环节和资源流动配置的重要枢纽,具有筛选优质投资、引导和优化要素资源配置以及激励创新创业活动等多方面的功能。以商业银行为例,其可以通过盘活沉淀在低效产业部门的信贷资源,转向更有效率、更

---

[1] 龙小宁:《科技创新与实体经济发展》,《中国经济问题》2018年第6期。

有发展潜力的实体经济部门,减少和矫正要素资源的错配和扭曲,从而有助于提高金融服务实体经济的质量和效率。最后,面向人工智能、绿色低碳、共享经济、现代供应链、人力资本服务等新经济领域的现代金融服务供给,则可以为培育经济增长新动能提供坚实的支撑和保障。

第三,人力资源与实体经济的协同发展。人力资源作为一种高级生产要素,是现代经济增长的重要源泉。内生增长理论认为,技术进步以及全要素生产率提高在很大程度上都来源于人力资本(人力资源)的积累。一方面,人力资本是经济增长的直接生产要素,与劳动力、资本共同促进了经济增长。正是人力资本的数量和质量差异导致了世界各国的收入和经济增长存在差异,即一个国家的人力资本存量越丰富,其经济增长率就越高。① 另一方面,人力资本可以通过影响一国的国内创新和对国外技术溢出的吸收能力,促进全要素生产率增长,从而间接促进经济增长。② 从产业角度来看,现代化产业体系的重要内容是构建具有高技术含量、高知识密集型的先进制造业、高新技术产业和现代服务业,其发展更是离不开人力资源特别是高端人才的支撑。从这个意义上来说,创新驱动实质上是人才驱动即人力资源驱动。不可否认,相对于发达国家而言,发展中国家普遍面临人才短缺现象,人力资本水平总体较低。但是对于中国这样的发展中大国来说,仍然可以利用人力资本异质性特征,通过增强人力资本与产业结构、物质资本、技术水平的匹配效率,充分发挥现有人力资本对实体经济增长的促进作用。③

第四,科技创新、现代金融与人力资源的协同发展。一是科技创新与现代金融的关系。一方面,科技创新是现代金融发展的基础和前提,因为

---

① Robert E. Lucas Jr, "On the Mechanics of Economic Development," *Journal of Monetary Economics*, 1988, 22(1): 3-42.
② Richard R. Nelson and Edmund S. Phelps, "Investment in Humans, Technological Diffusion, and Economic Growth," *The American Economic Review*, 1966, 56(1/2): 69-75.
③ 欧阳峣、刘智勇:《发展中大国人力资本综合优势与经济增长——基于异质性与适应性视角的研究》,《中国工业经济》2010年第11期。

现代金融所注重的金融创新需要依托科技创新下的技术,如计算机、互联网技术、智能技术等来实现。而且,现代金融发展对实体经济增长的影响作用也需要通过科技创新渠道来实现。另一方面,科技创新需要大量的资金投入,因而科技创新离不开现代金融体系的支撑。科技创新具有复杂性、风险性和不确定性,因此所需资金往往比其他投资活动更多,需要现代金融体系给予足够的融资支持。诸多研究表明,融资约束在很大程度上限制了科技创新活动的实施及其效果。[①] 需要指出的是,科技创新的不同阶段,所需要的金融支持方式不同:一般来说,在技术研发创新的早期阶段,比较适合设立风险基金等直接融资方式进行支持;而在大规模创新产出阶段,则比较适合设立以银行融资为主的间接金融来支持。二是人力资源与科技创新、现代金融的关系。人才是科学发展的第一资源,人力资源对于科技创新的重要性不言而喻,科技创新活动比一般的投资经营活动需要更多、更高水平的人力资源支撑。而且,现代金融业作为现代服务业的重要组成部分,知识含量密集度较高,需要大量专业人才。在开放条件下,科技创新与现代金融的发展都需要一大批具有全球化视野和强烈的创新意识、掌握本专业的国际前沿知识、熟悉国际法律惯例、具有较强的跨文化沟通能力以及具备健康的心理素质的国际化创新型人才。

(三) 现代化产业体系对高质量发展的促进机制

与传统产业体系的"扬长避短"功能及"增长"偏向相比,现代化产业体系具有显著的"扬长补短"功能及"发展"导向,因而可为经济高质量发展提供强大的动力来源和重要支撑。从具体机制来看,现代化产业体系对高质量发展的促进功能,主要体现在其对经济结构、收入分配、区域协

---

① 解维敏、方红星:《金融发展、融资约束与企业研发投入》,《金融研究》2011 年第 5 期; Gorodnichenko Y. and M. Schnitzer, "Financial Constraints and Innovation: Why Poor Countries Don't Catch Up," *Journal of the European Economic Association*, 2013, 11(5): 1115 - 1152;周开国、卢允之、杨海生:《融资约束、创新能力与企业协同创新》,《经济研究》2017 年第 7 期。

调和生态环境等方面的优化、调节和改善作用上,从而可以促进更高质量、更有效率、更加公平、更加平衡以及更可持续的经济发展(如图 3.1 所示)。

1. 现代化产业体系对经济结构优化的促进机制

在传统产业体系下,以传统工业制造业为主的产能扩张是以廉价劳动力、厂房和机器设备的大量投入为基础的。这种依赖要素投入和生产规模扩大而非依靠先进技术、产品质量和品牌取胜的粗放型发展模式,在内外需求不振的情况下形成了严重的低端产能过剩。[①] 除此之外,传统产业体系下的二元经济结构还会导致广大农民和城市中低阶层的收入和需求不足,难以消化制造业的巨大产能,从而间接导致严重的制造业产能过剩。因此,很难有高质量和高效率的经济增长。以现代农业为支撑、先进制造业和现代服务业为核心、高新技术产业和战略性新兴产业为先导的现代化产业体系,本身包含了高产品质量、高技术含量、高产品附加值、强创新能力的先进产业,代表了产业结构优化升级的方向;同时也适应了消费需求多样化、高级化的要求,并进一步引导消费结构升级,从而可以从供需两方面促进经济高质量发展。因此,现代化产业体系具有促进产业结构和消费结构升级的经济结构优化功能,从而提升经济增长的质量和效率以促进高质量发展。

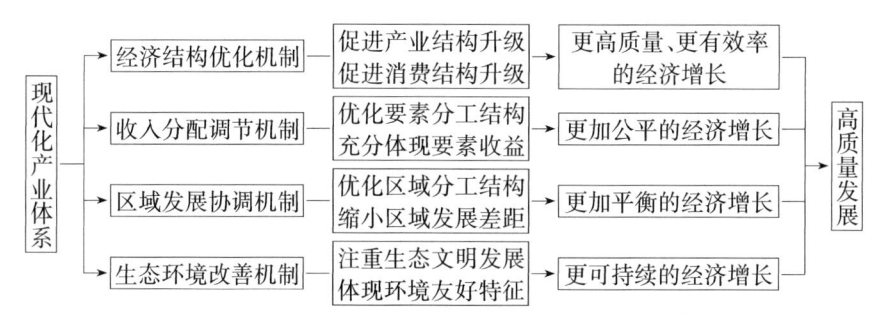

图 3.1 现代化产业体系对高质量发展的促进功能及其机制

[①] 杜宇玮:《中国何以跨越"中等收入陷阱"——基于创新驱动视角的考察》,《江海学刊》2018 年第 4 期。

2. 现代化产业体系对收入分配调节的促进机制

从国际收入分配来看,在传统产业体系下,国际产业分工主要表现为由发达国家跨国公司主导和治理的价值链上的垂直分工。在这种分工格局下,国际分工和贸易利益存在"中心"和"外围"国家之间的不公平分配:贸易利益分配更多地倾向于拥有高级生产要素的发达国家,而具有低级生产要素禀赋的发展中国家获得的贸易利益较少。相对地,在现代化产业体系下,国际分工则主要表现为利益均等化的水平分工,这种分工格局立足于差异化竞争和规模经济等内生比较优势,国际贸易可以实现更多种类的产品生产、降低生产成本,从而提升社会福利。对于发展中国家来说,这种分工模式有利于增加国民收入的本土化比重,使得居民收入与经济规模水平相匹配。

从国内收入分配来看,现代化产业体系的内容及其制度设计都有利于缩小城乡差距和保障普通劳动者的利益。在产业内容方面,现代化产业体系的主要特征之一是现代服务业比较发达,具有巨大的增加值贡献能力和就业吸纳能力。对于拥有庞大农业农村人口规模的我国而言,大力发展现代服务业有助于解决城乡就业问题,从而促进城市化和农村人口市民化,这对于缩小城乡发展差距、促进城乡协调发展具有重要意义。在分配结构方面,劳动者报酬和营业盈余在国民收入结构中占有主导地位,从而充分体现了劳动、资本以及专业化人力资本(普通劳动力、智力资本和企业家人力资本)的收益,因而现代化产业体系的收入分配机制可以起到对居民和行业收入的调节作用。综上,现代化产业体系具有优化要素分工结构、充分体现要素收益的收入分配调节功能,从而提升经济增长的公平性以促进高质量发展。

3. 现代化产业体系对区域协调发展的促进机制

高质量发展还需要区域结构调整,优化产业区域布局和提升区域分工合理度,形成相互促进、优势互补、共同发展的区域发展格局。① 现代

---

① 周文、李思思:《高质量发展的政治经济学阐释》,《政治经济学评论》2019年第4期。

化产业体系对区域间产业分工的科学性要求使得产业必须适时在区域之间进行布局调整。在20世纪末以来掀起的基于全球价值链模式的第三次国际产业转移中,发达国家跨国公司为了获得全球竞争力,在全球范围内实施产业链配置,将包含成熟技术、低附加值的劳动密集型生产工序外包或转移给中国这样的发展中国家,从而带动了后者的经济快速增长。近些年来,随着我国东部沿海地区综合要素成本不断攀升和国际经济环境不断变化,以及国内区域一体化水平在"一带一路"倡议、长江经济带发展战略等叠加实施影响下不断提升,部分劳动密集型产业开始向中西部地区转移,既有的产业分工格局逐渐被打破,而逐渐形成区域间的产业梯度分工。如果说我国东部地区利用外生比较优势率先承接国际产业转移加入全球价值链而形成传统产业体系,那么东、中、西三大地带协调联动的效应就大大降低了,从而导致了我国区域间巨大的发展差距。在东部先发地区利用内生比较优势和动态竞争优势进行产业体系重构的过程中,广大中西部后发地区若能吸引和承接东部地区劳动密集型产业和生产环节的转移,形成国内价值链,则不仅可以解决大量剩余劳动力的就业问题,提高能源资源和基础设施的利用效率,而且可以提高当地居民的收入水平,从而扩大内需,这样必然会缩小区域间经济发展差距,最终形成区域协调联动发展的一体化局面。因此,现代化产业体系具有优化区域分工结构、缩小区域差距的区域发展协调功能,有助于提升经济增长的空间平衡性以促进高质量发展。

4. 现代化产业体系对生态环境改善的促进机制

产业结构或产业体系是环境资源的消耗和污染物产生的种类和数量的"控制体",是联结人类经济系统与生态环境系统的重要纽带,会对区域生态环境产生显著的影响。现代化产业体系是注重生态文明的、可持续发展的产业体系,具有高质量、高效益和低消耗、低污染的环境友好特征。显然,这是一种强调经济社会与自然界和谐发展并实现良性循环的新型产业模式,是产业发展的高级形态。根据"环境库兹涅茨曲线",随着产业结构的高级化,一旦经济规模超过了一定值即拐点后,经济的增长将伴随着污染物排放量的不断减少,从而有助于改善生态环境质量,促进经济可持续发展。因此,现代化产业体系具有注重生态文明发展、体现环境友好特征的生态环境改善功能,进而提升经济增长的可持续性以促进高质量发展。

二、江苏建设自主可控现代化产业体系的现状及制约因素

党的十八大以来,江苏加快构建自主可控的现代化产业体系。2024年,江苏省制造业高质量发展指数连续4年全国第一,两化融合发展水平连续10年全国第一,高新技术产业产值占规上工业比重首次超过50%,工业战略性新兴产业产值占规上工业比重达41.8%。推进"1650"产业体系建设,新获批国家先进制造业集群4个,累计14个,总数居全国第一;国家专精特新"小巨人"企业新增711家,累计达2 215家,居全国第一。[①]

然而,一些重点领域"卡脖子"问题亟待解决,故而产业链自主可控能力有待增强,产业体系现代化水平有待提高。以集成电路产业、生物医药产业、高端装备制造业为代表的战略性新兴产业,其发展水平代表了一国或地区的科技创新实力和产业竞争力,同时这些战略性新兴产业也是容易被"卡脖子"的关键产业,因而其产业链发展水平可以在较大程度上反映出产业体系的自主可控能力。因此,本书以战略性新兴产业为例,分析揭示江苏建设自主可控现代化产业体系的现状及制约因素,进而从现代化产业体系的要素协同机理角度对上述痛点难点的成因进行剖析。

(一)江苏典型战略性新兴产业发展的现状及难题

1. 集成电路产业

江苏作为我国集成电路第一大省,目前已经率先形成了包括芯片

---

① 许昆林:《2025年江苏省政府工作报告》,江苏省人民政府网站,http://www.jiangsu.gov.cn/art/2025/1/26/art_60095_11480322.html。

(IC)设计、晶圆制造、封装测试三个分支产业和专用设备、关键材料等支撑产业在内的较为完整的全产业链格局。工业和信息化部数据显示,2024年江苏集成电路产量达1 403.5亿块,同比增长33.05%,占全国总产量的三成以上;其中无锡、苏州、南京和南通的产业规模居全省前列。从三个分支产业来看,江苏集成电路产业主要集中在封测业,入围2024年全球封装测试(OSAT)市场规模前10厂商的4家中国大陆企业中有3家是江苏企业(长电科技、通富微电、华天科技)。相对而言,江苏在技术要求较高的基础软件、芯片设计和制造领域较为薄弱,诸如高纯度单晶硅、高端光刻胶、高纯度电子气体、抛光材料等用于高端集成电路制造的关键材料,光刻机、沉积设备、热处理设备等高精度集成电路设备仍严重依赖进口。受制于有限的研发投入,SiC晶体生长等第三代半导体核心技术仍然被美、德、日的少数几家跨国公司所掌控。此外,虽然目前江苏封测业已具备较强的国际市场竞争力,但是尚未形成"人无我有"的足以制衡其他国家或地区的独特优势。而且,它作为技术门槛较低、劳动密集型的产业链环节,随着要素成本的不断上涨、技术变革及市场的不确定性增大,也可能面临一定程度的被替代风险。总而言之,江苏集成电路产业链条基本完整,但半导体材料、关键设备、芯片设计等上中游环节对外依赖度较高,中下游的封装测试及产品应用等优势环节也存在被替代风险。

2. 生物医药产业

我国是全球最大的原料药生产国和出口国,而江苏是我国医药生产重镇。近十年来,江苏生物医药产业规模全国领先、创新能力优势明显、骨干企业竞争力强、区域特色集群初步形成。"十三五"期间,江苏省共获批创新药15个,占全国近四成,药品注册申报和批准数量均居全国第一。[1] 2023年,江苏生物医药实现产值近5 000亿元,占全国比重1/8左右,位居全国首位。《2024中国生物医药产业园区竞争力评价及分析报告》显示,江苏共有13个园区上榜2023年国家生物医药产业园区综合竞

---

[1] 数据来源:https://www.jiangsu.gov.cn/art/2021/9/24/art_46548_213.html。

争力评价前50名,前10名中江苏就独占3席,分别是苏州工业园区、南京生物医药谷、泰州医药高新技术产业开发区。其中,苏州工业园区的生物医药产业竞争力、人才竞争力、合作竞争力3项位列全国第一。[1] 以上数据充分显示了江苏在生物制药领域的产业链竞争优势。但是,研发投入不足、科技成果转化率不高、创新资源的空间不均衡等短板仍然制约着江苏省生物医药产业的自主创新水平。虽然医学影像诊断和先进治疗的前沿产品等研发环节还严重依赖进口,但是随着南京、苏州、无锡、泰州、连云港等多地生物医药产业集群的多元崛起,长三角生物医药科创集群新布局正在形成,新型成像、细胞治疗和一体化诊疗等颠覆性技术不断突破,数字诊疗装备、体外诊断产品、高值耗材等重大产品攻关不断加强,从而有望逐步实现进口替代。总体而言,江苏省生物医药产业链上游的原料药生产环节优势明显,中游的生物药生产设备及耗材、高精度实验仪器等医药研发环节的产品竞争力较弱,对外依赖度较高,但这种情况有望逐步得到改善。

3. 高端装备制造业

江苏是装备制造大省,江苏省统计局数据显示,2024年规模以上装备制造业对规模以上工业增加值增长贡献率达61.2%,占规模以上工业增加值的54.3%。截至2024年年底,江苏已有新型电力(智能电网)装备、工程机械等14个集群入围国家先进制造业集群,数量列全国第一。重点打造的30条优势产业链中,特高压设备及智能电网、风电装备等7条产业链基本达到中高端水平,智能制造装备产业、航空装备产业和海洋工程装备产业的科创实力位列全国前茅,新一代轨道交通装备的整车制造环节也具有较强的市场竞争力。但是在涉及核心零部件、功能性材料、高精度伺服系统、智能数控系统等装备核心技术基础领域,仍然还有明显短板,对外依赖度较高,导致在国际环境发生趋势性转变时装备制造业的

---

[1] 孙秦旺:《新春首场调研,江苏为何对这个产业强调"十年磨一剑"》,中国江苏网,https://jsnews.jschina.com.cn/zjyh/202502/t20250215_s67b55e97e4b0970096637cce.shtml。

产业脆弱性问题将进一步凸显。总体而言,江苏省在高端装备制造业最终产品生产供应环节中具有一定市场竞争力,但可替代性强,在设计、发动机、芯片等核心部件及部分功能的材料、软件硬件系统配合等环节则存在明显短板。

(二)江苏建设自主可控现代化产业体系的制约因素

从以上江苏省三大战略性新兴产业的发展现状来看,建设自主可控的现代化产业体系所面临的难题,主要是一些关键领域的"卡脖子"问题。从现代化产业体系的要素协同机理角度来看,主要表现为科技创新、现代金融、人力资源等先进生产要素与实体经济之间的协同性不足,从而导致其未能充分发挥对实体经济发展的支撑作用,这也成为制约江苏建设自主可控的现代化产业体系的根源所在。

1. 科技创新对实体经济的贡献仍显不足

首先,创新对经济增长的贡献有限。《2021年江苏省科技经费投入统计公报》显示,2021年,江苏省R&D经费投入强度(与全省地区生产总值之比)为2.95%,[1]虽然已超过部分OECD先进国家水平,[2]但与美国、日本、德国、英国、韩国等发达国家仍有差距,而且低于同年北京(6.53%)、上海(4.21%)、天津(3.66%)和广东(3.22%)等国内地区水平。2022年,江苏省科技进步贡献率为67%左右,但是仍低于高收入发达国家70%的普遍水平,而美国、日本等发达国家早已为80%左右。

其次,企业自主创新能力仍然不足。[3] 从创新产出来看,2019年江苏规上工业企业新产品销售收入占营业收入比重为25.4%,低于浙江(34.3%)、广东(29.3%)、安徽(26%),位居全国第四。从创新效率来看,江苏规上工业企业新产品销售收入与新产品开发经费支出之比仅为11.14,位列全国第23位。从创新模式来看,江苏企业创新仍是以模仿创

---

[1] 《2024年江苏省国民经济和社会发展统计公报》显示,2024年全社会研究与试验发展(R&D)活动经费支出与地区生产总值之比已超过3.3%。
[2] OECD即经济合作与发展组织。
[3] 本部分数据主要根据《中国科技统计年鉴2020》计算整理。

新为主,自主创新能力还有待进一步提升。2019年江苏规上工业企业专利申请数和发明专利绝对数量均位列全国第二(仅次于广东),但专利申请中发明专利数占比仅为32.6%,在全国位次靠后,远不及北京(51.2%)、广东(44.5%)、上海(43.1%)等东部发达地区,甚至不及西藏(62.7%)、湖北(46.6%)、陕西(43.7%)、贵州(43.1%)等中西部地区。

最后,科技成果转化率不高。① 从创新产出来看,江苏高新技术产业新产品销售收入占营业收入比重为36.7%,低于浙江(55.2%)、广东(47.1%)、北京(37.4%)等东部发达地区,也低于宁夏(62%)、安徽(47.2%)等中西部地区,甚至不及全国、东部、中部地区平均水平(分别为37.2%、40.1%、37.3%)。从创新效率来看,高新技术产业新产品销售收入与新产品开发经费支出之比为11.76,不及河南(30.43)的一半,与广西(20.9)、山西(17.23)、重庆(17.13)、宁夏(17.05)等中西部地区相比,差距也较大。

2. 现代金融与实体经济发展存在一定程度的脱节

长期以来,我国金融发展普遍存在与实体经济脱轨现象,社会中的大量流动性资金在金融系统内空转或流向房地产,导致金融、房地产业快速膨胀和过度投机行为。② 作为经济大省,江苏金融资源不少,但是向实体经济流动的渠道还不够畅通,导致金融结构与实体经济发展不够匹配。2023年江苏制造业贷款余额增速高于各项贷款增速6.78个百分点,但制造业贷款占各项贷款比重仅为17.26%,显然难以满足制造业高质量发展的需求。

中小微企业作为江苏经济增长、对外贸易和技术创新的重要主体,融资困难问题仍然比较突出。从江苏企业结构来看,小微企业占98.5%,制造业行业内小微企业占98.8%,批发业行业内小微企业占98.9%。2018年江苏省统计局通过抽样对全省小微企业进行的专题调查发现,有

---

① 本部分数据主要根据《中国科技统计年鉴2020》计算整理。
② 黄汉权:《建设支撑高质量发展的现代产业体系》,《智慧中国》2018年第5期。

156家表示存在"融资难"问题;有105家企业认为融资成本高,是"融资难"的首要表现。近年来在国际贸易摩擦等外部冲击下,原本就处在价值链中低端的加工制造型中小微企业更是步履维艰,而劳动力流失、供应链断裂、市场需求萎缩等因素都使得资金实力不足的中小微企业获取稳定资金流、维持生产的压力倍增,从而进一步加剧了"融资难"问题。

3. 人力资源水平未能充分适应实体经济发展的需求

随着江苏经济转向高质量发展阶段,实体经济中的企业急需转型升级,但现有人力资源基础未能满足企业创新的需求,人才供需结构性矛盾日益突出。主要表现在以下三大类人才的匮乏上:

一是掌握前沿科技的"高精尖"人才。根据江苏省人社厅2025年1月提供的数据,江苏省技能人才和高技能人才总量分别达1494万人和494万人,技能人才占就业人员总量的30.9%,高技能人才占技能人才总量的33.1%,人才总量保持全国领先地位。但具备突出技术创新能力、善于解决复杂工程问题、堪称卓越的工程师还不够多,在人才质量方面与北京、上海、广东等科技领先地区存在差距。高精尖缺人才供给不足,正日益成为制约现代化经济体系建设和高质量发展的突出问题。二是擅长企业经营管理的高级人才。这主要包括:能够充当"领军人物"的高级经营管理人才;精通外语、法律、计算机的复合型人才;法律、咨询、中介和会计等方面的高级专业人才;有国际金融经营理念和从业经验的专业人才,特别是发展壮大地方法人机构所需的总部型管理人才和高端专业人才。比如,苏南金融中高端人才严重匮乏,制约了金融对实体经济的支撑作用。世界上的国际金融中心城市,10%以上的人口从事金融业,而苏南地区不足1%。三是"工匠型"工程技术人才和熟练技术工人。近年来我们对江苏进行调研发现,60%以上的企业认为有研发管理能力的技术人才和掌握关键技术的人才是企业转型升级中最急需的人才,30%~40%的企业很需要有技术背景的中高层管理人才,还有部分企业认为能够贯彻研发方向、完成大量研发活动的中级技术人才以及专业对口的大学毕业生也是企业创新升级所需要的人才。苏南某些三、四线城市吸引力相对差,个税高导致员工的收入水平降低,使得一些高级技术人员和管理人才宁愿去实际收入相当的大城市。

三、江苏建设自主可控现代化产业体系的战略重点

坚决扛起和认真履行习近平总书记赋予的"在率先实现社会主义现代化上走在前列"的光荣使命,是江苏开启现代化建设新征程、谱写"强富美高"新江苏现代化建设新篇章的根本要求。党的十九大以来,中共江苏省委根据我国及江苏面临的复杂国内外形势,提出要充分发挥科技创新的强引擎作用,着力构建自主可控、具有国际竞争力的现代产业体系,并指出未来江苏产业发展的着力点要放在控制力和竞争力上,把丰富的产业、科技、人才资源整合起来,这是对党的十九大提出的构建现代化产业体系的江苏贡献。江苏省第十四次党代会报告进一步明确指出要"加快科技自立自强,更大力度建设自主可控的现代产业体系",并将其列为奋力开创"强富美高"新江苏现代化建设新局面的九大重点工作之首。党的二十大以来,建设现代化产业体系成为我国加快构建新发展格局、着力推动高质量发展的重要内容,近年来江苏省政府工作报告也将加快构建现代化产业体系作为年度重点工作之一。可见,在建设自主可控的现代化产业体系上走在前列,作为"经济强"的标志性特征,无疑是江苏在率先实现社会主义现代化上走在前列的重要目标、核心任务和先行步骤。

(一)建设自主可控现代化产业体系的目标任务

1. 战略目标

党的二十大报告指出,建设现代化产业体系,要坚持把发展经济的着力点放在实体经济上。要加快实施创新驱动发展战略,加快实现高水平科技自立自强。加快发展创新型经济,已成为我国开辟发展新领域新赛道、不断塑造发展新动能新优势的重要途径。围绕党的二十大确定的大政方针,《2023年江苏省政府工作报告》提出未来五年经济社会发展的主要目标任务是:加快建设现代化产业体系,深入推进新型工业化,推动传

统产业加快转型升级,大力发展战略性新兴产业,培育有国际竞争力的自主品牌,抢占数字经济这一关键赛道,努力建设制造强省、质量强省、"数实融合第一省",不断巩固扩大实体经济领先优势。

因此,从发展导向及战略目标来看,在开启全面社会主义现代化建设新征程的新发展阶段,产业基础雄厚和区域创新能力突出的江苏,理应坚持创新在区域现代化建设全局中的核心地位,把振兴实体经济作为高质量发展的核心内容,把高水平自立自强作为区域发展的本质特征,同步推进科技创新和产业创新,构建与新发展格局相适应、与高质量发展相符合的区域创新体系和产业创新模式,在全球科技革命和产业变革中赢得主动权,勇当科技和产业创新的开路先锋。一方面,强化国家战略科技力量,全面增强自主创新能力,力争在科技创新方面形成新的突破,显著提升在国家创新体系和全球创新链中的地位,加快建设成为科技强省;另一方面,加强创新链与产业链匹配融合,促成创新要素对实体经济转型升级的有效支撑,加快构建实体经济、科技创新、现代金融和人力资源协同发展的自主可控现代化产业体系,不断提升江苏在全球产业链、供应链、价值链中的位势和能级,奋力建设成为制造强省。

2. 关键任务

现代化产业体系的关键特征在于自主可控。所谓自主可控,就是在顺应经济全球化发展趋势、积极参与国际产业分工的前提下,产业在发展上可以自己作主,不受制于人;在整个产业体系中,可以根据自身发展的意志和需要在一定的范围内布局、调整与整合,自主可控能力的核心就是事关产业发展大局的关键技术和价值链上的自主性、可控性。[①] 总体而言,自主可控是指在全球产业分工条件下,本土产业特别是一些关键产业具有核心技术自主权、产业链控制权和价值链收益支配权。根据此内涵,建设自主可控的现代化产业体系需要聚焦四个方面的关键任务。

第一,在技术创新方面,加强"卡脖子"关键核心技术和共性技术的自

---

① 徐康宁:《构建自主可控、具有国际竞争力的现代产业体系》,《群众》2018年第15期。

主研发。2018年以来发生的"中兴事件""华为事件"表明,关键核心技术是买不来的,必须自力更生、自主研发,把关键核心技术掌握在自己手中,否则容易受制于人。这不仅是电子信息产业,其他制造业也普遍存在类似问题。江苏制造业发展,规模优势显著,但仍普遍处于全球价值链的中低端,关键核心技术受制于人的局面尚未根本改变。产业共性技术是指在很多领域内已经或未来可能被普遍应用,其研发成果可共享并对整个产业或多个产业产生深度影响的一类技术,其对于产业升级的意义重大。共性技术是产业公地(Industrial Commons)①的核心要素之一,是否掌握共性技术决定了一个国家或企业是否在该领域具有主导地位。在数字化、智能化和网络化趋势下,制造业共性技术成为世界各国纷纷争抢的技术高地,以获取长期的竞争优势。因此,必须集中资源加强关键核心技术和共性技术的自主研发。

第二,在产业发展方面,加强产业集聚、融合与品牌建设,占据价值链的高端环节。新一轮科技革命和产业变革是信息技术与制造业的深度融合,是以制造业数字化、网络化、智能化为核心,建立在物联网和务(服务)联网基础上,同时叠加新能源、新材料等方面的突破而引发的新一轮变革,将给世界范围内的制造业带来深刻影响。坚持走新型工业化道路,实施"突破关键环节、提升价值链"战略,做大做强"江苏制造"。一是立足两化融合良好基础,大力发展数字经济以及面向制造业的工业设计、节能环保、互联网金融、电子商务、第三方物流等高端生产性服务业,推动数字经济与实体经济深度融合,促进现代服务业同先进制造业、现代农业深度融合发展,通过技术创新、产品创新、市场创新、管理创新和商业模式创新,加快传统产业向全球价值链中高端攀升。二是加快新兴产业的前瞻布

---

① 产业公地,是指由各种专有技术、产业运作能力和专业化技能的网络交织而成,这些能力和要素嵌入在劳动者、竞争者、供应商、消费者、合作型的研发项目以及大学之中,并且通常向多个产业部门提供支持。产业公地被认为是一个国家或地区竞争力的源泉。参见加里·皮萨诺、威利·史:《制造繁荣:美国为什么需要制造业复兴》,战略与规划研究所译,机械工业出版社,2014。

局,重点发展新一代信息技术、高档数控机床和机器人、先进轨道交通装备、海洋工程装备及高技术船舶、节能与新能源汽车、新材料、生物医药及高性能医疗器械等战略性新兴产业领域,着力培育具有国际竞争力的战略性新兴产业、先进制造业等龙头企业和先进制造业集群。三是要以极致的高尚追求、恒久的"工匠"精神、长远的战略谋划,不断提升企业品牌价值,塑造本土品牌形象,打造一批国内一流、国际知名的自主品牌,构筑以技术、品牌、质量、服务为主体的竞争新优势,以质量和品牌提升增强有效供给能力。

第三,在企业发展方面,积极培育本土跨国公司,提升本土企业的价值链控制和支配能力。一方面,培育具有较强科技实力和潜力的本土创新型企业。以自主知识产权和自主品牌培育为重点,遴选培育一批在特定产业链环节中具有绝对竞争优势的专精特新企业和隐形冠军企业。探索符合科技型中小企业成长规律的支持政策、金融产品和服务模式,制定落实高新技术企业引育政策、目标和计划,借用资本力量定位、培育有潜力成为"独角兽""瞪羚"的创新企业。另一方面,积极培育有较强国际竞争力的本土跨国公司。首先,利用国内快速成长的巨大市场规模,通过竞争和大规模的资产重组来创建本土品牌企业。其次,引导和鼓励具有较强实力的本土企业加快"走出去"步伐,发展对外直接投资,开展国际化经营。通过全球布局寻找低成本的要素资源,并注重获取关键技术、工艺流程和商业模式,全面提升本土跨国企业的核心竞争力。

第四,在空间布局方面,塑造特色产业地标,形成功能互补的区域产业布局。产品差别是形成不完全竞争市场的基础,企业市场势力的重要决定因素在于企业的经营特色和各自的比较优势,提升区域竞争优势也需要建立在差别竞争、错位发展的条件上。江苏应当立足自身区位特点、资源禀赋和创新条件的基础,发挥自贸片区和苏南自主创新示范区的突出作用,在省域范围内谋划、布局和发展特色地标产业。比如,苏南地区重点发展电子信息、高端装备制造、纳米技术、光电新能源、生物医药、融合通信、软件动漫游戏、生态环保、集成电路设计、物联网等优势产业,推进重大科技成果转化,开发战略性目标产品,培育形成特色产业集群。同时将那些以加工生产制造为主但仍然具有一定发展潜力的新兴产业,比如光伏产业,向苏中、苏北地区进行梯度转移。此外,也需要整合区域创新资源、互补共享,优化区域创新体系和产业发展的空间布局,切实发挥区域创新潜力的规模优势,降低区域内部创新资源的重复利用、低效利用。各市县应进行差异化产业定位、错位发展、功能互补,培育独特县域竞争力,合力打造具有国际竞争力的产业链集群。

(二)建设自主可控现代化产业体系的重点工程

针对以上战略目标和关键任务,结合江苏"十四五"规划纲要相关要求,本书提出应以八个重点工程为着力点来加快建设自主可控现代化产业体系。

1. 关键核心技术攻关工程

聚焦重点产业集群和标志性产业链,瞄准高端装备制造、集成电路、生物医药、人工智能、移动通信、航空航天、软件、新材料、新能源等重点领域,组织实施关键核心技术攻关工程,力争形成一批具有自主知识产权的原创性标志性技术成果。强化目标导向和需求导向,深化产学研协同攻关,综合运用定向择优、联合招标、"揭榜挂帅"、股份合作等方式,进一步提高产业科技创新的组织水平。鼓励和支持民营企业开展关键核心技术攻关。[1]

2. 高端装备研制赶超工程

按照制造强省建设战略部署,坚持市场导向、企业主体、重点突破、自主创新原则,以抢占全球装备发展制高点、补齐产业基础短板、支撑企业装备升级和智能转型为目标,引导企业对标国际先进水平加快高端装备研制步伐,实现一批重点领域关键装备的技术突破和水平赶超,提升高端装备自主供给和保障能力。聚焦重点产业领域及短板装备领域,在高档数控机床、先进机器人、增材制造装备、智能成套装备、航空航天装备、先

---

[1] 引自《江苏省国民经济和社会发展第十四个五年规划和二〇三五年远景目标纲要》。

进轨道交通装备、海工装备及高技术船舶、新型农机装备、工程机械、先进电子装备、智能电网与新型电力装备、高性能医疗器械以及其他高端专用装备、关键基础零部件等行业领域分批组织实施关键装备的技术攻关。

3. 产业链分类递进培育工程

以率先建成全国制造业高质量发展示范区为目标，以打造世界级先进制造业集群为导向，聚焦集成电路、生物医药、人工智能等前沿领域，积极发展新一代信息技术、新材料、节能环保、新能源、新能源汽车等战略性新兴产业，推动化工、钢铁、纺织、机械等优势传统产业转型升级。重点培育50条具有较高集聚性、根植性、先进性和具有较强协同创新力、智造发展力和品牌影响力的重点产业链，做强其中30条优势产业链，促进其中特高压设备、起重机、车联网等10条产业链实现卓越提升。推动先进制造业与现代服务业深度融合发展。引导制造企业发挥数据、渠道、品牌、创意、市场等优势，与现代服务业耦合共生、相融相长，实现链条式组合、网络型对接、联盟化发展，向两业融合的新型制造模式转变。加大知识密集型服务业在生产制造环节的投入力度，推动制造业深刻变革，重点发展总集成总承包、现代供应链管理、融资租赁、电子商务、服务外包等生产性服务业，加快打造高效协同的现代供应链服务体系。

4. 品牌强省示范工程

以自主品牌建设为目标导向，深化知名品牌示范区建设，鼓励企业围绕研发创新、设计创意、生产制造、质量管理和营销服务全过程制定品牌发展战略，不断提升产品质量、优化品牌定位、完善产品服务，打造更多的"江苏精品""苏地优品"等区域品牌。完善资金投入、人才引进、能源供给、数据应用等要素条件，以提高居民收入水平、拓宽居民消费渠道、优化居民消费环境、政府优先采购自主品牌、自主品牌产品消费税减免等举措强化市场需求激励，加强对知识产权保护、专利商标认定、标准化和质量监督管理、企业并购等地方立法，以及支持行业协会为品牌建设提供专业服务等制度保障，为企业创建自主品牌提供有利环境。

5. 壮企强企工程

实施"链主"领军企业助推工程，鼓励创新型龙头企业整合创新资源、协同社会创新力量，充分发挥创新型龙头企业对创新型产业集群和产业链集群的带动作用，推进创新链与产业链、资金链整合，形成一批技术引领型、市场主导型的"链主"企业，打造具有生态主导力和全球竞争力的世界一流企业。实施高新技术企业提升工程，瞄准重点产业发展需求，增加高新技术企业数量，做大高新技术产业规模。深入推进科技小巨人领军企业成长工程，完善"创业孵化、创新支撑、融资服务"的科技型企业培育机制，遴选一批创新基础好、有发展潜力的科技型企业纳入"小升高"培育库，不断培育科技小巨人领军企业成长为高新技术企业和创新型龙头企业。实施科技型中小企业孵化工程，持续推进大众创业、万众创新，引导创业投资机构和社会资本投资创新型企业，形成以大带小、以小促大的协同发展格局。

6. 人才发展现代化先行区建设工程

集中力量支持南京、苏州、无锡等具备条件的城市建设国家级人才平台，支持有条件的区域打造各具特色的人才集聚区，持续推进 G42 沪宁沿线人才创新走廊、太湖湾人才创新带、淮海人才创新赋能先行区等建设，加快形成战略协同、错位发展的雁阵格局。聚焦重点平台打造高能级创新载体，优化整合高水平研究型大学、科研机构和科技领军企业力量，推进项目、基地、人才、资金一体化配置。依托人才服务云平台、人才"苏畅卡"，持续优化对人才的精准服务、集成服务，多渠道帮助解决人才安居、就医、子女教育等现实问题，为人才创新创业提供全链条、全周期、全方位服务。

7. 数字技术创新突破工程

聚焦智能制造态势下的数据驱动创新，着眼新一代信息技术与制造业深度融合发展需求，以核心工业领域整体数字化建设为引领，突破一批核心数字技术、系统、部件和数字基础设施难题，提高数字赋能产业基础能力，通过联合攻关、产业合作、并购重组等方式，加快攻克核心电子元器件、高端芯片、高端传感器、基础数据库软件与操作系统、核心工业软件等关键技术短板。围绕企业实际应用场景，加速突破先进传感、大数据分析等数字化共性技术及5G、人工智能、区块链、数字孪生等前沿技术，打造国际先进、安全可控的数字化技术体系。实施数字经济核心产业加速和制造业数字化转型升级行动，推进智能化、数字化技术在企业研发设计、生产制造、物流仓储、经营管理、售后服务等关键环节的深度应用，加快推进产业转型升级。

8. 重大科技创新平台建设工程

聚焦战略性、引领性、重大基础共性需求，加大对基础前沿科学研究和大科学装置建设的支持力度，加快建设综合性国家科学中心、重大科技基础设施、重大科技平台、国家实验室和建成一批关键领域重大产业创新载体，鼓励地方建设机制灵活、面向市场的新型研发机构。重点支持紫金山实验室、姑苏实验室、太湖实验室等建设，积极争取国家级科研创新平台布局，梯次建设一批具有江苏特色的新型研发机构。加强科技开放合作，加快建设重大国际科技开放合作平台和高水平科技开放合作载体。

四、江苏建设自主可控现代化产业体系的思路及对策

建设自主可控现代化产业体系需要有相应的体制机制和政策创新及保障。为此，本书不仅从制度创新层面提出基于"三位一体"协同机制的路径方略，而且从政策应用层面提出五个维度的破题思路，最后从加强顶层设计、重视基础研究、推动产业链跨区整合、深化产业链国际合作、加强创新平台载体建设等五个方面提出具体对策举措。

（一）建设自主可控现代化产业体系的路径方略

以上关于现代化产业体系构建动力逻辑的理论分析表明，在高质量发展目标约束下的现代化产业体系中，实体经济发展是目标变量，而科技创新、现代金融与人力资源这三种生产要素互补互促，是决定实体经济发展的充分条件。基于此，我们认为建设现代化产业体系的关键在于，以实

体经济发展为导向,不断完善优化科技创新、现代金融与人力资源促进实体经济发展的"三位一体"协同机制,这也成为建设现代化产业体系的重要路径方略。①

1. 加强科技创新对实体经济发展的驱动作用

释放科技创新活力,体现科技创新效果,是实施创新驱动发展战略的重要标准。关键是通过深化科技体制机制改革,构建以企业为主体、以市场为导向、产学研紧密结合的科技创新体系。第一,强化企业在科技创新中的主体地位。鼓励企业主动进行研发创新投入,支持其主导开展基础性和前沿性的技术创新研究、制定技术标准及品牌建设,培育拥有核心技术、自主知识产权和自主品牌的创新型企业。第二,充分运用市场机制来促进科技创新。充分利用国内巨大市场规模,迅速实现研发成果的产业化,发挥"需求引致创新"机制来诱导和激励企业开展科技创新活动,做大做强创新型产业。第三,推进产学研协同创新。以推动产业转型升级和提高产业竞争力为导向,以国际先进技术前沿为方向,以解决产业行业共性技术和关键核心技术为重点,鼓励引导企业与高等院校、科研单位合作创建工程技术研究中心、工程实验室、企业技术中心和产业技术创新战略联盟,整合产业科技创新资源,形成资源互补、价值整合、开放创新和规模经济效应,从而实现协同创新。第四,构建和完善科技创新服务平台体系。通过构建科技基础条件平台和公共技术服务平台,集聚、整合、共享优质创新资源;同时促成以传统产业集群形态为主的现有开发区向创新集群转型升级,注重培育、完善和发挥其创新创业的平台载体功能。此外,还要积极转变政府职能,推动政府从主导科技创新资源配置向注重市场监管、平台建设、政策普惠转变,营造优质高效的创新环境。

2. 加强现代金融对实体经济发展的服务作用

金融的本质是服务业,既服务于实体经济发展,又依赖于实体经济发

---

① 本节观点参见杜宇玮:《高质量发展视域下的产业体系重构:一个逻辑框架》,《现代经济探讨》2019年第12期。

展。金融发展的关键是通过构建有效的金融体系,降低隐性交易成本和风险,提高实体经济的资本要素配置效率,从而推动实体经济的健康有序发展。[①] 第一,以现代金融服务促进制造业转型升级。降低"两高一低"行业企业和产能过剩行业中"僵尸企业"的贷款比重,充分发挥金融服务对降耗治污和化解产能过剩的重要作用。加大对制造业企业技术创新,以及传统产业向新模式、新业态升级的金融信贷和社会融资支持。同时,围绕世界级先进制造业集群培育方向,加大对符合国家重大发展战略规划的重点和前瞻性产业领域的信贷资金投入,以及对一些技术领先、具有高成长性的科技型企业给予积极和优惠的信贷资金扶持。第二,以现代金融服务促进新经济发展。金融机构需要把信贷资源向新经济领域倾斜,重点支持以智能制造、物联网、大数据为重点的智能经济,以高级生产性服务业为重点的枢纽经济,以新能源和节能环保产业为重点的绿色经济,以及以创意设计、影视动漫为重点的创意经济等新兴产业发展。第三,以双重供给侧结构性改革促进现代金融与实体经济协同发展。在金融供给侧结构性改革方面,除优化融资结构、创新金融产品之外,更重要的是改革金融体系,需将服务实体经济的成效作为评价地方金融机构经营绩效的关键指标;引导更多金融资源配置到经济社会发展的重点领域和薄弱环节,提高金融服务的针对性和有效性。在实体经济供给侧结构性改革方面,主要是鼓励企业并购重组,优化产业组织和产业结构,提升产品质量和附加值;同时,建立现代企业制度,完善公司治理结构,提升企业管理水平,提高实体经济回报率。

3. 加强人力资源对实体经济发展的支撑作用

要突破传统产业体系生产环节的"比较利益陷阱",关键在于创造源

[①] Levine R, "Financial Development and Economic Growth: Views and Agenda," *Journal of Economic Literature*, 1997, 35(2): 688-726;李青原、李江冰、江春等:《金融发展与地区实体经济资本配置效率——来自省级工业行业数据的证据》,《经济学(季刊)》2013年第2期。

自专业化分工的人力资本和知识等高级生产要素。① 发挥人力资源对实体经济的支撑作用,关键是要根据实体经济发展需求,构建完备的人力资源培育体系,营造优质的人才发展环境,培育和集聚创新人才;同时,通过推进教育国际化提升本土人才的全球化素质,促进人力资源结构和产业结构调整的良性互动。第一,注重多层次、高层次人才的引进与培育。强化全民终身教育,提高居民素质,为产业和企业发展提供更多的优质劳动力。围绕科技前沿、区域主导产业和战略性新兴产业发展领域,吸引和汇聚高学历人才、掌握高精尖前沿技术的科技领军人才、具有全球战略眼光和开拓创新精神的优秀企业家人才以及创新创业团队。同时,加大人力资源开发投入,增强职业经理人、高层管理人员、专业服务顾问等"管家型"人才,以及技术研发人员、高级技工等"工匠型"人才的供给能力和集聚水平。第二,注重产业界与科技界之间的人才交流与合作。既要鼓励专业科技人员离岗创业成立科技公司,也要鼓励具有创新实践经验的企业家、管理人才和技术人才到高校和科研院所兼职,促成科研与产业的有效衔接。第三,完善创新人才招引体制机制建设。不仅要通过制定具有国际竞争力的薪酬制度、规范有效的知识产权保护制度把创新人才"引进来",更要通过提供优质的居住、教育、医疗、休闲等生活服务让创新人才"留得住"。

(二) 江苏建设自主可控现代化产业体系的破题思路

由以上现状问题分析发现,从集成电路、生物医药、高端装备制造等典型战略性新兴产业来看,江苏产业自主可控的突出难题主要表现为产业链部分关键环节的产品竞争力较弱、对外依赖度较高以及优势环节存在被替代风险。为此,我们提出"补短板""锻长板""强组织""集要素""优生态"的破题思路。

1. 补短板:加快关键核心技术攻坚,推进产业基础高级化

加快实现产业的自主可控,关键在于摸清"卡脖子"关键技术和共性

---

① 张伟、胡剑波:《产品内分工、产业体系演变与现代产业体系形成》,《产经评论》2014年第4期。

技术情况。围绕核心基础零部件(元器件)、关键基础材料、先进基础工艺、产业技术基础和工业基础软件等"五基",加强重点产业"卡脖子"关键技术和共性技术的自主研发,构建高标准的产业基础体系。首先,梳理出相关产业重点领域中急需攻关的技术及产品清单,积极对接联络未来两三年内可能产生短缺的产品进口替代商,将其列为"主攻部队"。其次,分析各类"卡脖子"原因并分类实施突破计划。对于那些尚未介入的空白领域,引导和支持省内企业特别是"专精特新"民营企业和科技型企业积极进行产品和技术攻关;对于那些科技含量和进入门槛高、基础研发和人才依赖性强的领域,制订中长期产业链短板补齐计划,明确责任单位、攻关目标、任务分工、完成周期和成果形式,鼓励产学研协同攻关,创新组织模式,分领域、分重点、分阶段实施技术攻关。另外,支持跨国公司在苏建立研发机构,鼓励本地企业加强与美、日、欧发达经济体在集成电路、生物医药、高端装备制造等关键领域的国际技术合作。

2. 锻长板:筑牢产业链局部优势,提高产业链现代化水平

充分发挥制造业在位优势,以制造环节为突破口,引导社会资本进入,顺势向重点、优势和卓越产业链的上下游关键环节延伸和布局。比如,集成电路产业依托封装测试规模优势,积极向封测关键装备和仪器设备研发、晶圆制造环节延伸,从而形成在产业链中游制造的局部优势;生物医药产业可以依托原料药生产规模优势,积极加入供应链联盟,稳固并创新上下游合作模式,借此提升创新药和生物药的研发能力。同时,推进先进制造业与现代服务业深度融合,支持引导大中型制造企业协同各类供应商将成熟的智能生产体系及系统方案标准化,实现从产品供应商向系统集成总承包商转型,面向全行业提供市场调研、研发设计、检验检测、智能化改造整体解决方案等专业化服务。最终,在产业链上下游关键节点形成一批国产化替代的原创成果,切实增强产业链供应链韧性,进而创建一批具有标杆示范意义的国家级先进制造业集群。

3. 强组织:强化企业创新主体地位,培育"链主"领军企业和隐形冠军企业

一方面,积极发现、培育和保护现有或具有"链主"潜质的头部企业和龙头枢纽企业,围绕"链主"企业拉长、延伸、扩展和巩固产业链,营造良性发展的产业生态环境。比如,通过加强知识产权保护和推进产学研协同创新,促使企业主动增加研发创新投入,积极主导开展基础性和前沿性的技术研发、品牌建设及制定技术标准,培育拥有核心技术、自主知识产权和自主品牌的创新型企业。同时,鼓励同一条产业链上的企业兼并重组或业务整合,打造纵向一体化大型企业或纵向非一体化的发包企业。另一方面,重视科技型隐形冠军企业的培育。发挥江苏产业链配套完备以及在某些细分产品领域、产业链环节和商业模式上的创新优势,借用资本力量厚植一些新兴领域的技术先进优势,遴选培育一批创新能力强、市场占有率高、质量效益优的行业"小巨人""单打冠军"和"隐形冠军",孵化培育一批有潜力成为"独角兽""瞪羚"的专精特新"小巨人"企业。

4. 集要素:集聚全球创新资源要素,有效提高要素配置效率

充分发挥国内超大规模市场优势,加大对内对外双向开放力度,以开放包容的环境和广阔的下游应用场景虹吸全球先进技术、高端人才、优质资本、数据信息等创新资源要素集聚,强化科技创新和现代化产业体系的要素支撑。充分利用各种创新平台载体优势,不断深化人才发展体制机制改革,优化人才培养开发体系,完善人才价值实现机制,大力引育一批"高精尖缺"的战略科技人才、科技领军人才、高技能人才和创新团队,深度激发人才创新创造活力。充分发挥数据资源丰富、物联网发展先行和应用场景多元优势,加快构建数据驱动发展新模式,完善信息通信、软件服务等数字产业链,推动大数据、云计算、工业互联网、人工智能、区块链等新兴技术发展,推进智能化、数字化技术在企业研发设计、生产制造、物流仓储、经营管理、售后服务等关键环节的深度应用,促进数字产业化和产业数字化。充分发挥金融科技基础优势,加快建设国家级金融科技重大项目和平台,引育一批知名金融科技企业,积极推动金融科技基础设施

和产业集聚区建设,不断提升金融服务科技创新创业的效能。

5.优生态:营造更好创新生态,优化完善产业链发展的外部环境

通过加快基础设施和创新创业平台等硬件建设,以及科技创新体制机制、汇聚创新要素的制度环境等软件建设,全面营造有利于创新的外部生态环境,充分激发全社会创新活力。从硬环境来看,就是要加快建设一批支撑高水平创新的基础设施和重大平台,既包括交通、通信、能源、环境等传统基础设施,也包括大数据、工业互联网、物联网、区块链等新一代信息技术基础设施,还包括面向国家战略需求的重大前沿尖端领域技术、"卡脖子"关键技术和共性技术的科技基础设施和创新创业平台,以及计量、标准、认证认可、检验检测等质量基础设施体系。从软环境来看,就是要加快建设能汇聚创新创业人才的教育、医疗、文化和生活环境,有利于科技成果创新和转移的知识产权保护和转化环境,以及能吸引社会资金支持战略性新兴产业的投融资政策和制度环境。

(三)江苏加快建设自主可控现代化产业体系的对策举措

1.加强顶层设计,深入实施产业链"链长制",发挥链长对产业资源分配和产业布局的统筹协调功能

"链长制"的本质是要求地方政府不应主动干预企业的人财物、产供销以及技术研发和创新等微观经济活动,而是要更好地发挥行政机制在产业链协调和产业政策创新方面的服务功能。在产业资源的分配上,要从过去偏重于产业链的生产环节和创新链中端的中试环节,转向专注于产业链的创新环节和创新链两端的基础研究、创新成果产业化和市场化环节。在每一个产业链环节聚焦培育1~2个"链主",针对性地制定发展战略和实施方案,支持其做大做强。在产业布局规划上,要从过去基于GDP锦标赛和地区小循环的各自为政和恶性竞争,转向基于产业链分工和省内大循环的统筹协调和合作互补,以培育世界级先进制造业集群为共同目标,以"链主"为中心,在"链长"的统筹协调下进行规划和治理。

2. 加大基础研究支持力度，推动共性技术和关键核心技术的协同攻关，突破"卡脖子"难题

对于关键核心技术，要以国际先进技术前沿为方向，围绕前瞻性产业的关键技术领域，比如重点突破节能环保与信息技术领域的核心与高端技术，大力组织"政产学研"联合技术攻关。支持区域内大型骨干企业普遍设立产业技术研究院，鼓励重点企业普遍建立工程技术研究中心、工程实验室、企业技术中心等创新平台。政府要超前部署，加快制订电子信息、节能环保、装备制造等本地主导产业，以及纳米技术、石墨烯、物联网、未来网络、人工智能、大数据等一些前瞻性战略性新兴产业的关键技术提升指南与行动计划，力争若干年内能解决一批重要产业的部分关键技术问题或推动产业技术明显升级。对于共性技术，要注重基础科学研究。政府应当加大对那些能够支撑一系列潜在商业产品的共性技术能力（如新材料、纳米技术、生物制造）的基础科学研究的投资和资助，而不是仅仅设法确立具体的、特定的某种技术解决方案。江苏应以大力创建综合性国家科学中心为契机，瞄准国际技术前沿，加大共性技术平台、大企业、高校、科研机构的基础研究支持力度，强化底层技术知识供给。可借鉴美国的先进制造创新研究所模式、日本的产学官合作事业模式、德国的弗劳恩霍夫模式等产业基础发展模式的成功经验，推动颠覆性前沿技术、共性技术和"卡脖子"关键技术的协同攻关。

3. 推动跨区域产业链垂直整合，组建全产业链战略联盟，打造具有国际竞争力的产业链集群

坚持系统化、高端化和全球化思维，围绕产业链的主体培育、技术能力、市场势力、组织形态和空间布局，以全产业链视野打造和提升产业链集群。由省级政府牵头帮助组建全产业链战略联盟，打破上下游壁垒，政府兜底推动关键零部件、关键设备、关键材料等国产化替代，实现产业链垂直整合，建立自主可控的产业生态链。根据省内各地的资源禀赋优势和产业基础，推动国家实验室、国家重点实验室、国家工程研究中心等重大科技基础设施和重点先进制造业集群的布局优化调整。推动各地产业

集群加强在关键核心技术攻关、研发团队培育组建、创新创业平台建设等方面的相互交流和合作共享，实现互利共赢、联动发展，推动江苏形成若干个具有较强国际竞争力和影响力的产业链集群品牌。

4. 深化产业链国际合作，积极鼓励本土企业"走出去"，扶持培育本土跨国公司

立足江苏优良的对外开放基础，充分利用国际国内两种资源，鼓励本地企业积极开展与国内外科研院所和高校的合作，合力攻关产业关键核心技术及其产品研发。设立专项资金，鼓励和支持江苏企业通过参与国际并购、参股国外先进的研发制造等方式，集聚整合优质的技术、人才、品牌、渠道等创新资源，快速提升江苏重大装备关键技术、制造工艺和标准。同时，以本土国际化企业为载体，借助区域全面经济伙伴关系协定（RCEP）和沿"一带一路"大规模"走出去"，加强与日、韩及东欧国家和地区的创新合作，以及与东南亚、中亚、中东、非洲等具有潜在市场需求的国家和地区的产能合作，利用国外先进技术、人才和市场扶持培育本土跨国公司。

5. 推进科技基础设施和创新载体建设，优化有利于创新创业和人才发展的制度环境，加速全球创新要素在江苏集聚

以市场需求为导向，采用开放式创新模式，依托"互联网＋"和大数据，根据各地区域资源禀赋，因地制宜地构建完善科技创新服务平台体系、科技创业孵化平台体系和研发创新合作平台体系。支持龙头企业牵头组建创新联合体和重大科技创新平台。对认定为国家级、省级企业技术中心、工程研究中心、国防科工创新中心、国防科工协同创新示范平台（企业）给予相应的物质奖励。同时，根据省内各地的资源禀赋优势和产业基础，推动国家实验室、国家重点实验室、国家工程研究中心等重大科技基础设施的布局优化调整。完善招才引才政策，对紧缺的领军人才、高技术人才引进可采取"专事专办、一事一议"原则，同时借鉴德国职业教育"双元制"理念，完善工程师培养和发展体系。推动创新创业政策制定、收入分配制度改革、营商环境建设向有利于"卡脖子"技术攻关的方向调整，吸引全球创新资源和人才在苏集聚。

第四章　全面推进中国式现代化江苏新实践的人才战略路径研究

党的二十大吹响了"以中国式现代化全面推进中华民族伟大复兴"的号角,并且明确指出"教育、科技、人才是全面建设社会主义现代化国家的基础性、战略性支撑",强调"实施科教兴国战略,强化现代化建设人才支撑"。中共江苏省委深入学习贯彻党的二十大精神,发出了"在新征程上全面推进中国式现代化江苏新实践"的动员令,并且在《中共江苏省委关于深入学习贯彻党的二十大精神在新征程上全面推进中国式现代化江苏新实践的决定》中明确提出,着力强化教育、科技、人才战略支撑,加快建设人才强省,着力打造人才发展现代化先行区。如果从国家层面来说,人才强国战略是中国式现代化的坚实战略支撑,那么从江苏省级层面来说,人才强省建设无疑是全面推进中国式现代化江苏新实践的根本战略路径。作为经济发展水平较高、科教人才资源丰富的省份,江苏在人才强省建设方面进行了积极探索,取得了显著成就,但也面临一些问题和制约因素。因此,必须深入剖析人才支撑中国式现代化的理论机理,辩证分析江苏人才强省建设的成就与不足,科学把握中国式现代化背景下江苏人才需求特征和供给形势,紧扣"扛起新使命、谱写新篇章"的任务要求,系统探讨高质量推动人才强省建设的战略路径与政策体系,为全面推进中国式现代化江苏新实践提供坚实的人才支撑。

一、人才支撑中国式现代化的理论机理

(一) 人才:现代化建设的能动主体和高端要素

1. 广泛培养人才是全面推动人的现代化的题中之义

现代化是人类社会从传统状态向现代状态转型发展的过程,而人作为社会的主体,既是现代化活动的实际承担者,又是现代化活动的目标和归宿。人类实施现代化活动的目的乃是实现自身的现代化,从这个意义上说,人的现代化是现代化的前提和归宿。美国社会学家英格尔斯在《人的现代化:心理·思想·态度·行为》一书中对人的现代化问题作出了系统论述,他认为:"国家的现代化首先是人的现代化;如果一个国家的人民在心理、思想、态度和行为上没有经历一个向现代化的转变,国家现代化的失败就不可避免。"[1]"一个国家,只有当它的人民是现代人,它的国民从心理和行为上都转变为现代的人格,它的现代政治、经济和文化管理机构中的工作人员都获得了某种与现代化发展相适应的现代性,这样的国家才真正称之为现代化的国家。"[2]那么,如何才能实现人的现代化呢?英格尔斯进一步总结了现代人的特征,包括准备和乐于接受他未经历过的新的生活经验、新的思想观念、新的行为方式;准备接受社会的改革和变化;思路广阔,头脑开放,尊重并愿意考虑各方面不同的意见、看法;注重现在与未来,守时惜时;强烈的个人效能感,对人和社会的能力充满信心,办事讲求效率;有计划;有知识;可依赖感和信任感;重视专门技术,有愿意根据技术水平高低来领取不同报酬的心理基础;乐于让自己和他的后代选择离开传统所尊敬的职业,对教育的内容和传统智慧敢于挑战;相

---

[1] [美]阿历克斯·英格尔斯等:《人的现代化:心理·思想·态度·行为》,殷陆君编译,四川人民出版社,1985,第4页。

[2] [美]阿历克斯·英格尔斯等:《人的现代化:心理·思想·态度·行为》,殷陆君编译,四川人民出版社,1985,第7—8页。

互了解、尊重和自尊;了解生产及过程。① 根据人才的一般定义,人才是指拥有一定的专业知识或技能、能够进行创造性劳动并对社会作出贡献的人,这与英格尔斯笔下现代化人的基本特征最为接近。因此,从这个意义上说,不断提升人口素质,培养大批高素质人才,是实现人的现代化的题中之义。

2. 培养和用好人才是实现人的自由而全面发展的必由之路

实现人的自由而全面的发展是共产主义社会的根本特征,是马克思主义追求的根本价值目标,是人类在推动现代化进程中为自身设定的终极目标。马克思和恩格斯认为,实现"人的自由而全面发展"的社会条件包括生产力充分发达、以生产资料公有制代替私有制、实现无产阶级统治和教育培养新人,而教育的基本使命就是"改变一般的人的本性,使它获得一定劳动部门的技能和技巧,成为发达的和专门的劳动力"。② 马克思、恩格斯进一步描述了"人的自由而全面发展"的现实特征,即"社会的每一个成员都能完全自由地发展和发挥他的全部才能和力量,并且不会因此而危及这个社会的基本条件"③,"他们的体力和智力获得充分的自由的发展和运用"④。可见,人的自由而全面发展是以人的才能的全面提升和充分发挥为核心内容的,而运用所具备的知识和技能开展创造性劳动,为经济建设、政治建设、文化建设、社会建设和生态文明建设作出积极贡献的人,正是建设中国特色社会主义伟大事业所需要的人才。从这个意义上说,通过教育培养高素质人才,并且充分发挥人才效能,是实现人的自由而全面发展的必由之路。

---

① [美]阿历克斯·英格尔斯等:《人的现代化:心理·思想·态度·行为》,殷陆君编译,四川人民出版社,1985,第22—32页。
② 中共中央马克思恩格斯列宁斯大林著作编译局:《马克思恩格斯全集(第二十三卷)》,人民出版社,1972,第195页。
③ 中共中央马克思恩格斯列宁斯大林著作编译局:《马克思恩格斯全集(第四十二卷)》,人民出版社,1979,第373页。
④ 中共中央马克思恩格斯列宁斯大林著作编译局:《马克思恩格斯选集(第三卷)》,人民出版社,1995,第633页。

3. 人才资源是推动现代化建设的"第一资源"

人才作为人力资源体系中能力较强和素质较高的组成部分,具备开展创造性劳动所需的专业知识或专门技能,能够对经济社会发展作出积极贡献。① 随着知识和技术在现代社会财富创造中的地位不断攀升,掌握知识和技术的人才成为最具能动性和创造性的资源要素,成为推动现代化建设的"第一资源"。现代化是经济社会的全面转型,除了人的现代化,还包括经济现代化、政治现代化、社会现代化、文化传承与创新、生态文明和科学技术现代化以及国防现代化,每一项内容的推进、每一项任务的完成、每一项目标的实现,都离不开人才的创造性劳动和创新性贡献。发达国家和地区的经验已经表明,合理配置人才资源是完成现代化建设目标任务的根本保障,只有充分发挥人才红利效应,才能在现代化进程中不断构筑新的竞争优势。对于后发现代化国家和地区而言,完成赶超现代化阶段各项任务的关键是利用好后发优势和人口红利,而顺利迈进并跑现代化乃至领跑现代化阶段的根本出路是构筑人才资源优势,变人口红利为人才红利,消除与发达国家和地区在人才资源上的差距。

(二)人才强国:现代化强国的本质特征和内在要求

人才在现代化建设进程中无可替代的特征,决定了人才强国在现代化强国战略体系中举足轻重的地位。人才强国是一个复合型的概念,其核心要义是通过构筑强大的人才实力实现强国富民的宏伟目标,其外显特征是一个国家拥有能够支撑自身持续健康发展的强大人才实力。纵观世界主要发达国家现代化建设的历史进程,可以发现其引领世界现代化潮流的根基在于持续累积的强大的人才资源优势,人才强是国家强的十足底气和鲜明特征,没有强大的人才实力就不可能成为真正的人才强国。

我国早在 2002 年就明确提出了人才强国战略②,2003 年,第一次全

---

① 崔建民:《"十四五"期间深入实施人才强国战略研究》,《青海社会科学》2021 年第 1 期。
② 2002 年 5 月中共中央办公厅、国务院办公厅印发的《2002—2005 年全国人才队伍建设规划纲要》。

国人才工作会议后出台的《中共中央、国务院关于进一步加强人才工作的决定》强调"实施人才强国战略是党和国家一项重大而紧迫的任务",并将实施人才强国战略确立为新世纪新阶段人才工作的根本任务。2007年,党的十七大将人才强国战略同科教兴国战略、可持续发展战略一起确立为科学发展的三大战略。2012年,党的十八大进一步将"进入人才强国和人力资源强国行列"纳入全面建成小康社会的目标要求。2017年,党的十九大报告正式全面系统谋划了我国的新时代强国战略体系,将"分两步走在本世纪中叶建成富强民主文明和谐美丽的社会主义现代化强国"确立为坚持和发展中国特色社会主义的总任务,其中全面建成小康社会决胜期的七大战略包括科教兴国战略、人才强国战略、创新驱动发展战略、乡村振兴战略、区域协调发展战略、可持续发展战略、军民融合发展战略。2020年,党的十九届五中全会将人才强国同文化强国、教育强国、体育强国、健康中国一起纳入2035年基本实现社会主义现代化远景目标。2022年,党的二十大提出,"从现在起,中国共产党的中心任务就是团结带领全国各族人民全面建成社会主义现代化强国、实现第二个百年奋斗目标,以中国式现代化全面推进中华民族伟大复兴",并进一步将"建成教育强国、科技强国、人才强国、文化强国、体育强国、健康中国"确立为2035年我国发展的总体目标,强调"深入实施科教兴国战略、人才强国战略、创新驱动发展战略""加快建设教育强国、科技强国、人才强国"。2023年2月7日,习近平总书记在新进中央委员会的委员、候补委员和省部级主要领导干部学习贯彻习近平新时代中国特色社会主义思想和党的二十大精神研讨班开班式上发表的重要讲话指出:"我们在战略上不断完善,深入实施科教兴国战略、人才强国战略、乡村振兴战略等一系列重大战略,为中国式现代化提供坚实战略支撑。"这进一步凸显了人才强国战略在中国式现代化战略体系中的特殊重要地位。

(三) 人才强省:人才强国战略的省域延伸与实现路径

人才强国战略是指一国依靠人才队伍建设实现国家强盛目标的总体谋划。[①] 人才强国战略是一个国家层面的宏观战略,其具体实践必然要落实到相应的区域。当前,我国的诸多国家战略实行的是一种从中央到地方沿着行政区划层级自上而下层层分解的建设思路,如备受关注的创新型省份、创新型区县(市)、创新型乡镇以及创新型城市试点就是这种建设思路的体现。这种建设模式看似是一种自上而下的强制性制度变迁过程,其实蕴含着三种不同层次的逻辑关系。其一,从一种简单的系统分解逻辑来看,如果一个国家的每一个细分区域的人才实力都较强,那么加总之后的整个国家的人才实力必然也是强的。其二,从一种复杂的系统集成逻辑来看,每个区域都可以看成一个子系统,每个子系统都以人才创新为导向进行自我完善,不同子系统之间可以进行不同层次、不同方向的能量交换,既在合作互补中完成子系统的自我完善,又在竞争博弈中保持子系统的活力,从而在国家层面达到系统整体功效大于各子系统之和的集成效应。其三,从一种动态的系统控制逻辑来看,不同子系统所产生能量的规模和方向存在显著差异,任其无序运行可能会对整个系统产生严重的负面作用,而这种由点到面的试点式推进方式,显然有助于控制系统整体的风险,也能够为列入试点的区域提供一定的外在压力。这对于中国这样一个国土辽阔、人口众多、区域差异显著的大国而言,有着特殊的重要意义。

鉴于省级行政区在我国行政区划体系中的特殊重要地位,建设人才强省对于建设人才强国具有举足轻重的支撑作用,是如期实现人才强国建设阶段性目标的根本路径和必然要求。从人才强国的建设进程来看,将省级行政区作为重要抓手,着力建设人才强省,至少有如下三个优势。

其一,人才开发活动覆盖范围优势。省级行政区的土地面积普遍较大,除四个直辖市和港澳台之外,只有宁夏和海南面积较小,其他省份均

[①] 孙锐:《新时代新阶段人才强国战略的新内涵》,《中国人才》2021年第6期。

在 10 万平方公里以上,在如此广阔的地域上,既能够更便捷地开展各种人才开发实践,也更有利于在加总逻辑下实现人才强国的目标。综合分析我国各省级行政区的"十四五"规划纲要,可以发现,二十多个省份都明确提出了建设人才强省的目标。随着人才强省建设的不断推进,人才开发活动在我国的覆盖范围也将不断扩大,进而为人才强国建设提供坚实的支撑。

其二,人才资源动员能力优势。省级行政区在我国地方行政区划体系中属于最高级别,在科技、教育、人事、财税、金融等方面享有高等级且相对完备的地方行政管理权限,能够比较充分地调动辖区内的各种资源,从而真正确立人才在资源配置中的优先地位。特别是在长期的行政主导的科技和教育体制下,我国省级层面累积形成了大量的科教资源和人才资源,部分科教大省的人才资源存量相当巨大,能够为全省乃至全国的高质量发展提供重要支撑。同时,作为中央与地方之间最为直接的联系纽带,省级行政区对上能够更准确领会中央意图,把握人才强国建设的重要性和紧迫性,成为人才强国战略的重要实施主体和实践单元;对下能够更充分了解地方实情,掌握市县乃至乡村在人才方面的优势与劣势、成绩与不足,更容易因地制宜地制定、完善人才政策,探索高效率的人才发展路径、培育特色化的人才发展模式,从而使人才强省战略在不同地区落地生根。因此,一方面,省级行政区可以从中央争取获得更多的政策支持,更好地利用国家层面的资源优势来推动本地区的人才发展,另一方面,省级行政区可以更好地整合本地区的人才资源,形成人才发展的合力。

其三,竞合互动效应和示范带动效应优势。在我国长期形成的行政区经济体制下,省级行政区之间的分割界限最为清晰,竞争也最为激烈,这种区域之间的竞争与比较能够有效激发各省份的人才发展热情,各省份层出不穷的吸引人才资源的政策竞争和不断攀升的人才投入指标竞赛就是最好的证据。在多个省份开展人才强省建设试点,可以形成百舸争流、你追我赶的格局,使相关省份均不遗余力地开展人才工作。竞争有利于激发人才活力,但是,那些具有显著正向外溢效应的重大人才平台和项目,更需要区域之间的合作。而在省级层面开展跨区域人才合作也有一定优势,除在省内可以便利地推动不同市县乡镇之间的人才合作之外,在省外也可以凭借在产业、商贸、文化等领域长期累积形成的多层次、多类型的合作关系推动人才合作,特别是在省级层面能够更理性地达成合作共识、建立更高层次的合作磋商机制。

(四) 相关文献述评

随着中国特色社会主义进入新时代,学界围绕如何实施面向新时代的人才强国战略进行了深入探讨。汪怿基于全球人才发展的新趋势和国内人才发展的阶段、任务、格局变化,从党的领导、战略定位、人才供给、人才开放、人才治理、人才生态等维度探讨了深入实施新时代人才强国战略的对策思路。[1] 薄贵利、刘国福探讨了新时代人才强国战略的使命、挑战及应对举措,认为面对全面建成社会主义现代化强国的新使命,人才强国战略应对新挑战的根本路径在于,围绕培养造就杰出人才、引进凝聚外国高端人才、充分发挥各级各类人才作用等任务构建具有国际竞争力的人才制度体系。[2] 崔建民从壮大人才队伍规模、优化人才队伍结构、加强人才高地建设、深化人才发展体制机制改革等方面探讨了"十四五"期间人才强国战略的实施路径。[3] 孙锐认为,我国人才强国战略内涵的变化与国家总体战略任务转换紧密关联,先后经历了"追赶型"战略、"攀登型"战略、"夺标型"战略,新时代人才强国战略"要求中国在高水平人才集聚、培养、使用和创新创造方面进入世界中心位置",必须从理论创新、制度改革、高地建设、平台构建、监测评估体系等方面协同推进。[4] 徐明认为,"人才强国战略内涵于人才治理现代化框架,国家人才战略是对人才治理

---

[1] 汪怿:《新时代人才强国战略:格局、变局、布局》,《南京社会科学》2021年第12期。
[2] 薄贵利、刘国福:《新时代人才强国战略的新使命、新挑战与应对挑战的新举措》,《政治学研究》2021年第5期。
[3] 崔建民:《"十四五"期间深入实施人才强国战略研究》,《青海社会科学》2021年第1期。
[4] 孙锐:《实施新时代人才强国战略:演化脉络、理论意涵与工作重点》,《人民论坛·学术前沿》2022年第18期。

现代化愿景的长远谋划和分步执行",其关键内容包括建设世界重要人才中心和创新高地、构建和塑造国家战略人才力量、深化人才发展体制机制改革、全方位培养引进用好人才。① 孙锐基于新时代人才强国战略的新背景与新需求,构建了功能贡献框架模型和 IPO（Input-Process-Output）框架模型,瞄准存在的突出问题,从人才工作导向、人才工作能级、人才制度体系、人才涵养发展生态等方面,探讨了实施人才强国战略的主要突破点。② 何云峰从全面建设社会主义现代化国家的视角探讨了人才强国战略的实施路径,包括坚持党对人才工作的全面领导、完善人才工作机制、加强人才队伍建设、优化人才发展环境、完善人才评价体系等。③

随着党的二十大报告明确提出教育、科技、人才是全面建设社会主义现代化国家的基础性、战略性支撑,部分学者开始从中国式现代化视角讨论人才发展问题,但其成果以理论阐释为主。其一,部分学者从中国式现代化视角讨论如何认识和处理人才与教育、科技之间的关系。段从宇从中国式现代化的视角探讨了教育、科技、人才三者之间的关系,认为在三者的辩证统一关系中,教育是基础、科技是动力、人才是主体,只有形成三位一体的"三角协调"关系才能有效服务于社会主义现代化国家建设,必须坚持走教育优先发展、人才引领驱动、科技自立自强之路。④ 陈宇学、陆九天概括了改革开放以来我国形成的以"教育、科技、人才"为核心要素的创新发展生态体系,认为面向新征程,要强化三者的协同支撑能力,提升三位一体的整体效能,加快建设教育强国、科技强国和人才强国。⑤ 裴哲认为,教育、科技、人才三个要素在中国式现代化进程中发挥着动力塑

---

① 徐明:《新时代人才强国战略的总体框架、时代内涵与实现路径》,《河海大学学报（哲学社会科学版）》2022 年第 6 期。
② 孙锐:《新时代人才强国战略实施若干问题研究》,《中国软科学》2022 年第 8 期。
③ 何云峰:《全面建设社会主义现代化国家视域下人才强国战略实施路径研究》,《河南大学学报》2023 年第 2 期。
④ 段从宇:《中国式现代化进程中教育、科技、人才一体推进的理论逻辑与实施路径》,《学术探索》2023 年第 3 期。
⑤ 陈宇学、陆九天:《强化现代化建设的教育、科技、人才支撑》,《科学社会主义》2022 年第 6 期。

造、力量凝聚、安全保障、文明协调的"集成"功能,功能发挥的关键路径在于"整体把握科教兴国战略的政治方向、体制效能、价值立场、实践导向与精神品格,推动建设教育强国、科技强国、人才强国"。① 陈涛、刘鉴漪从教育、科技、人才三合一的视角分析中国式现代化强国战略的科学含义与战略定位,认为处理好教育、科技、人才之间的关系,关键是要"加强党的领导,突出创新引领,坚持人民至上,深化自主培养,夯实教育、科技、人才战略的系统性支撑路径"。② 其二,部分学者集中探讨如何强化中国式现代化的人才支撑。陈宇学从育才、用才、聚才三个维度探讨了如何强化中国式现代化的人才支撑,包括强化教育为现代化建设提供人才支撑的战略导向,完善相关体系为人才引领驱动提供广阔舞台,依托人才强国战略实现聚天下英才而用之。③ 宁国良、沈昊飞系统分析了中国式现代化人才支撑的科学内涵及理论逻辑、历史逻辑、现实逻辑,并从完善人才战略布局、建设世界重要人才中心和创新高地、建设国家战略人才力量、深化人才发展体制机制改革等方面探讨了其实践路径。④

二、江苏人才强省建设的探索成就与制约因素:中国式现代化的视角

江苏一直高度重视人才工作,立足自身科教人才资源丰裕的优势,较早响应人才强国战略,提出了人才强省战略,不断完善相关政策体系并取得良好成效,人才队伍规模不断扩大,人才结构持续优化,人才效能显著提升。然而,必须看到,江苏人才强省建设仍然面临诸多问题和制约因

---

① 裴哲:《中国式现代化进程中教育、科技、人才的集成功能探析》,《思想理论教育》2023年第2期。
② 陈涛、刘鉴漪:《中国式现代化强国战略:政策特征、逻辑关系及支撑路径——基于教育、科技、人才三合一体系的政策分析》,《重庆高教研究》2023年第2期。
③ 陈宇学:《强化现代化建设人才支撑》,《理论视野》2022年第11期。
④ 宁国良、沈昊飞:《中国式现代化的人才支撑:内涵、逻辑与路径》,《湖南社会科学》2023年第1期。

素，与全面推进中国式现代化江苏新实践的要求还有一定差距。

（一）江苏人才强省建设的政策演进

江苏经济发展水平较高，科教资源丰裕，区域创新能力领先，在人才强省建设方面一直走在全国前列。2003年5月14日发布的《中共江苏省委、江苏省人民政府关于进一步加强人才队伍建设的决定》（苏发〔2003〕11号）正式提出人才强省战略命题，强调"大力推进人才大省向人才强省的跨越"，到2010年，"基本建成以'环境一流、机制灵活、素质优良、结构合理、产出高效'为标志的人才强省"。此后，人才强省作为重大战略频频出现在江苏省政府工作报告中，人才也成为江苏省政府工作报告和重要文件中的高频词，不仅是成绩总结中必不可少的重要亮点，而且是重点任务部署中浓墨重彩的关键内容，既有集中专题部署，又有分散具体举措。

《2004年江苏省政府工作报告》在深入实施科教兴省主体战略的基础上，明确提出"认真实施人才强省战略"。

《2005年江苏省政府工作报告》要求"推进人才强省，提高科技创新能力"，强调"建设富有创新创业能力的各类人才队伍""努力开创人才辈出、人尽其才、才尽其用的新局面"。

《2006年江苏省政府工作报告》从建设创新型省份的维度提出，要"更加重视人力资源和人才队伍建设，努力形成人才辈出、人尽其才、才尽其用的体制环境，以一流环境造就一流人才、吸引一流人才，以高层次人才推动高水平发展，加快建设人才强省"。

《2007年江苏省政府工作报告》强调，要"在建设创新人才高地上下更大功夫。……建设富有创新创业能力的各类人才队伍，加快人口大省向人才资源强省转变"。

《2008年江苏省政府工作报告》在总结过去五年的成就时指出，"人才高地建设成效显著，……人才对经济社会发展的支撑作用明显增强"，并围绕"推进创新型省份建设，增强自主创新能力"强调，要"进一步壮大高层次人才队伍。加大高层次创新创业人才引进培养力度。重点引进和培养拥有创新成果、通晓国际先进管理、善于运作科技资源的领军人才，引进世界级工程技术人才，以高素质人才推动高水平发展。继续实施千人赴港培训计划、千名苏商出国培训计划、长江工程师计划等培训工程，加快培养一批经济社会发展急需的高层次人才。完善人才激励政策，以一流环境吸引一流人才，使江苏成为高层次人才创新创业的首选之地"。

《2009年江苏省政府工作报告》强调，要"深入实施人才强省战略，加大创新创业人才培养力度，抓住有利时机更多更好地引进急需的高层次人才特别是创新创业领军人才和技术团队"。

《2010年江苏省政府工作报告》围绕"切实增强自主创新能力"提出，"加快人才资源开发。突出培养创新型人才，积极引进大批海内外高层次技术领军人才、经营管理人才和创新团队。进一步完善创新创业政策，充分激发各类人才的创新活力，努力营造人才辈出、人尽其才的制度环境"。

2010年8月，中共江苏省委江苏省人民政府印发《江苏省中长期人才发展规划纲要（2010—2020年）》（苏发〔2010〕10号），确立了到2015年率先建成人才强省、到2020年建成优秀人才集聚高地的战略目标，并且部署了"双创"人才工程、高层次人才引进工程、青年人才工程、"三支队伍"培训工程、新兴产业人才工程、高层次文化人才工程、现代服务业人才工程、教育卫生人才工程、高技能人才工程、现代农业人才工程等重点人才工程。

《2011年江苏省政府工作报告》在阐述"十二五"时期的目标任务时指出，要"把科教与人才强省战略作为经济社会发展的基础战略，统筹推进科技强省、教育强省与人才强省建设"；同时，围绕"大力推进自主创新"强调，要"着力构建创新创业人才高地。全面实施人才规划纲要。设立人才引进、培养、使用和奖励专项资金。深入推进'十大人才工程'建设，加快培养和集聚高层次科技人才、高素质管理人才、高技能实用人才，加强企业家队伍建设"。

《2012年江苏省政府工作报告》从自主创新和经济转型升级的维度

提出,"践行科学人才观,坚持把人才作为创新发展的第一资源,加快推进人才国际化。深入实施'十大人才工程',……加快创建'人才特区'"。

《2013年江苏省政府工作报告》从深入实施创新驱动战略的维度提出,要"更大力度推进人才队伍建设。……以人才强促进科技强,带动产业强、经济强"。

《2014年江苏省政府工作报告》重点围绕"强化创新驱动发展,加快建设创新型省份"提出,"引导创新政策、创新资源和创新人才向企业集聚""切实加强技术服务、成果交易、科技金融、人才支撑等创新和服务载体建设""实施重大人才工程,加快培养高层次创新创业人才、高水平管理人才、高技能实用人才,引进集聚更多领军型人才,优化人才发展体制机制,充分激发各类人才创造活力"。同时,围绕文化强省建设要求"多出优秀人才,多出精品力作",围绕发展社会事业要求"加强基层卫生人才队伍和信息化建设"。

《2015年江苏省政府工作报告》重点围绕"强化创新驱动发展"提出,"发挥江苏科教、人才和开发开放优势,大力推进以科技创新为核心的全面创新,加快推进创新型省份建设""加大人才培养引进力度,突出创新人才的支撑作用,大力培养集聚科技领军人才、高技能人才、复合型人才和创新创业团队。用好用活各类人才,完善激励机制,营造有利于人才辈出、人尽其才、才尽其用的环境,激发全社会创新创造活力"。同时,在区域协调发展方面,要求"促进科教人才资源向苏北集聚",在文化建设方面,要求"实施文艺精品工程,培养优秀人才"。

《2016年江苏省政府工作报告》在规划"十三五"时期江苏省经济社会发展的主要目标任务时提出,"企业、城市、人才国际化水平进一步提高""突出人才优先发展""加强文化人才培养";在部署年度重点工作任务时,围绕"实施创新驱动发展战略"要求"深入实施重点人才工程,加大人才培养开发力度",围绕"建设文化强省"要求"加强文化人才培养"。

《2017年江苏省政府工作报告》围绕"深入实施创新驱动发展战略,加快构建区域创新体系"提出,"加强人才服务平台建设,完善人才培育、引进和使用的体制机制,加快培育本土人才,大力引进海内外高端人才。通过提供人才公寓、薪酬补贴、创业空间等方式,不断降低人才创新创业和居住生活成本"。

《2018年江苏省政府工作报告》在部署六个高质量发展目标时有两个提及人才,在"推动城乡建设高质量"方面,要"推动资本、技术、人才等各类要素向乡村流动";在"推动文化建设高质量"方面,要"加强文艺队伍建设,推出名家大师培养计划,努力造就一批有影响力的各领域领军人物"。同时,在布置的9项年度重点工作中有6项提及人才,例如,在推进供给侧结构性改革方面,要求"进一步配套跟进和细化实化'创新40条'、'人才26条'等政策措施";在实施乡村振兴战略方面,要求"加快建立城乡统一的人才、土地、科技、资本等要素市场""培养一批能带富、善治理的乡村治理工作带头人";在推动重点领域改革落地见效方面,要求"破除信贷、上市、税收、创新、招投标、人才等方面的隐性障碍";在构建全面开放新格局方面,要求"进一步提升引进外资质量,着力引进拥有核心竞争力的优秀企业和人才团队";在保障和改善民生方面,要求"推动科技人员、海外留学归国人员等高层次人才创新创业";在推动社会主义文化繁荣兴盛方面,要求"加强文艺队伍建设,大力培育高水平创作人才"。

《2019年江苏省政府工作报告》围绕"加快培育壮大发展新动能"提出,"支持企业培育和引进高层次、高技能、急需紧缺人才""完善聚才用才体制机制,进一步调动各类人才的积极性和创造力"。

《2020年江苏省政府工作报告》围绕"深入实施创新驱动发展战略"提出,"坚持把创新作为第一动力、人才作为第一资源,充分发挥我省科教人才和实体经济双重优势,全面提升科技实力、创新能力和产业核心竞争力""着力构建一流的创新生态""认真落实'人才新政26条'等政策措施,深入实施科技企业家支持计划,以人才高地支撑创新高地。加快完善'双创'服务体系,大力培育创新文化,切实为科研主体简除烦苛、让科研人员放开手脚,让全社会创新创造活力充分迸发",并且在部署"大力推进乡村振兴"时要求,"实施高素质职业农民培育工程,壮大引领农村发展的实用人才队伍"。

《2021年江苏省政府工作报告》确定的首个重点工作是"着力强化科技创新，加快突破关键核心技术"，提出"优化人才培养引进体系，持续优化科技创新生态，让更多战略科技人才、科技领军人才、青年科技人才和高水平科技团队在江苏大展身手、创新创业"。

2021年11月，中共江苏省第十四次党代会提出，"加快新时代人才强省建设，……着力造就一批战略科学家、科技领军人才和创新团队、卓越工程师及青年科技人才。……全力打造人才发展现代化先行区"。2021年12月，江苏省委人才工作会议对新时代人才强省建设作出了系统谋划，进一步明确了打造人才发展现代化先行区的战略目标，绘就了到2030年基本建成人才强省、到2035年全面建成人才强省的宏伟蓝图，清晰阐释了新时代人才强省的科学内涵与本质特征，即"强"在高水平的国际化人才队伍上，"强"在高能级的载体平台上，"强"在高含金量的政策举措上，"强"在高匹配度的人才供给上，"强"在高品质的人才生态上。

2022年1月，江苏省人力资源和社会保障厅配套出台了推进新时代人才工作十大专项行动，包括高能级载体平台人才赋能专项行动、产业链人才托举专项行动、人力资源服务业高质量发展专项行动、人才放权松绑改革攻坚专项行动、博士后青年科技人才腾飞专项行动、海内外英才集萃专项行动、服务企业人才强引擎专项行动、部省共建"技能江苏"专项行动、乡村人才振兴专项行动、人才服务品质优化提升专项行动。

《2022年江苏省政府工作报告》在部署"坚持创新第一动力，加快推进科技自立自强"时重点强调，"用好人才第一资源，聚焦'高精尖缺'，实施更加积极、开放、有效的人才政策，全方位培养引进用好战略科学家、科技领军人才和创新团队、青年科技人才、卓越工程师和大国工匠，纵深推进人才发展体制机制改革，建设国家级人才平台，向用人主体充分授权，不断激发人才创新创造活力，全力打造人才发展现代化先行区"，并且提及了其他人才政策，如，"出台省实验室'人才科研特区'政策""部署实施优化营商环境提升行动，……努力为企业发展和人才成长提供全生命周期保障"等。

《2023年江苏省政府工作报告》在谋划未来五年目标任务时提出,要"着力强化现代化建设人才支撑,更大力度推进科技自立自强""坚持人才引领驱动,实施更加积极、开放、有效的人才政策,纵深推进人才发展体制机制改革,充分发挥两院院士等高端人才作用,造就更多拔尖创新人才,多维度引进培育壮大战略人才力量,积极打造人才发展现代化先行区";同时,在部署年度重点任务时强调,要"高质量推进科教人才强省建设""加快建设人才发展高地""建设一批省级特色产业人才集聚区,实施更高水平的全球引才聚才计划,持续推进海外人才来苏工作便利化,更好激发各类人才创新创业活力"。

2023年3月5日,习近平总书记在参加十四届全国人大一次会议江苏代表团审议时对江苏提出了"在高质量发展上继续走在前列"的期望,强调"推进创新链产业链资金链人才链深度融合""为创新人才脱颖而出、尽展才华创造良好环境"。

表4.1 2010—2023年江苏省政府工作报告中人才出现频次

年份	2010年	2011年	2012年	2013年	2014年	2015年	2016年
频次/次	8	15	23	12	15	13	11
年份	2017年	2018年	2019年	2020年	2021年	2022年	2023年
频次/次	6	7	2	7	5	12	23

(二)江苏人才强省建设的初步成就

经过20年的探索实践,江苏人才强省建设取得显著成效,人才资源总量稳步攀升,高层次人才占比不断提高,人才投入稳定增加,人才效能持续提升。

《2010年江苏省人才发展统计公报》的数据显示,截至2010年末,江苏人才资源总量为810万人,其中高层次人才40万人,占人才资源总量的4.9%;全省拥有院士87人,其中科学院院士40人、工程院院士47人,居全国第3位;全省有从事科技活动的人员73.31万人,从事R&D人员

40.62万人;全省人力资本投资达5 605亿元,人力资本投资占GDP的13.2%;全社会R&D投入858亿元,占GDP的2.10%;财政性教育经费支出865.36亿元,财政性卫生经费支出249.69亿元,财政性科技经费支出150.35亿元;全省人才贡献率达31.4%;全年专利授权总量13.8万件,其中发明专利7 210件。

《2014年江苏省人才发展统计公报》的数据显示,2014年,江苏人才资源总量突破一千万,达1 009.86万人,其中高层次人才72.71万人,占人才资源总量的7.2%;全省拥有院士90人,其中科学院院士41人、工程院院士49人,居全国第3位;全省人力资本投资额达9 267.88亿元,占GDP的14.24%;人才贡献率达35.5%;全年全省专利授权量20万件,其中发明专利授权量2万件。

根据《2023年江苏省政府工作报告》,2022年全省人才资源总量超过1 400万人,研发人员达108.8万人,在苏两院院士达118人。同时,根据《2022年江苏省国民经济和社会发展统计公报》,2022年,全社会R&D活动经费支出与地区生产总值之比突破3.0%;全年全省专利授权量56.0万件,其中发明专利授权量8.9万件,万人发明专利拥有量50.4件。

(三)江苏人才强省建设的制约因素

1. 人才规模增长的内在动力弱化,人才流失风险加剧

江苏一直是人才资源大省,人才资源规模处于全国领先地位,并保持良好增长态势。2020年,江苏省专业技术人才和高技能人才总量分别达到884.2万人和455.1万人,乡土人才近千万人,居全国首位。[①] 但是,江苏省人才规模扩张的动力趋于弱化,《2020年度江苏省人力资源和社会保障事业发展统计公报》显示,2020年新增高技能人才25.77万人,比去年少增了10.24万人,新招收博士后比去年少了11人,技工院校在校学生数量比去年少了0.22万人。同时,江苏丰富的人才存量,正在成为其他地区人才猎取的目标对象,加上本土人才的挤压竞争,导致优秀人才

---

① 数据来源:《江苏专技人才和高技能人才数量全国最多》,《新华月报》2021年3月31日。

"孔雀东南飞"的案例频频发生。

2. 人才队伍总体质量亟待提高,高层次领军人才紧缺

尽管近年来江苏人才队伍建设不断取得新成效,但是人才队伍的总体质量仍有很大提升空间,高层次人才在人才队伍中的比重偏少,特别是各类领军型人才紧缺,在国内外有重要影响力的标志性人才项目和平台偏少,使全省人才发展格局陷入"有高原无高峰"的尴尬境地。尽管江苏国家级人才数量占全国的比重在10%以上,院士数量居各省份之首,但是,相对于巨大的人才资源基数而言,高层次人才的数量仍然偏少,特别是不少重点产业领域都面临着高层次领军人才紧缺的问题。

3. 产才适配和链条融合仍有短板,人才效能有待提升

江苏一直注重产学研人才合作,全国65%的院士、40%的国家重大人才工程入选者在江苏创新创业或开展项目合作。但是,人才资源的配置效率亟待提高,相当一部分的人才集中在高校和科研院所,企业的研发人员数量和比重相对较低。以科创板企业为例,截至2020年年底,江苏科创板企业的研发人员数量为8 903人,占员工总数的比重为17.1%,两项指标均明显低于广东(13 045人和23.2%)。① 人才链与产业链、创新链的融合有待深化,人才资源的结构性错配问题突出,人才瓶颈是诸多重点产业和新兴产业的共性难题。以规模过万亿、位居全国前三的江苏软件产业为例,江苏软件企业不仅在吸引复合型、创新型领军人才方面困难重重,而且自身培养的优秀人才很容易被其他地区挖角。

4. 人才发展现代化体系有待健全,政策集成亟须改进

尽管江苏在人才发展体系建设方面进行了积极探索,并确立了建设人才发展现代化先行区的目标定位,但在人力资本投资、人才政策体系等方面仍有很大提升空间。加大人力资本投资是人才发展的基础,江苏虽然人才基础良好,但是人力资本投资强度与先发地区相比还有一定差距。

---

① 陈佳鑫:《粤苏科创实力大比拼!江苏专利数量占优,广东人才优势明显!》,新浪财经,2021年5月24日。

从公共部门人力资本投资来看,2020年,江苏教育一般公共预算支出的比重为17.59%,而浙江这一指标为18.66%,进一步将教育、科学技术、文旅体育传媒以及卫生健康等人力资本投资属性明显的项目加总,江苏这四类项目支出的占比为31.50%,而浙江为33.94%;从私人部门人力资本投资来看,2020年,江苏居民人均教育文化娱乐消费支出为2 298元,占居民人均生活消费支出的8.76%,而浙江这两个指标分别为2 889元和9.23%。① 另外,各类创新政策和人才政策的系统性、集成性有待加强,存在重物轻人的倾向,2020年,江苏规模以上工业企业研发经费内部支出中,用于人员劳务费的比例仅为33.51%,而同期广东、上海、浙江分别为41.47%、39.78%、37.36%。② 此外,不同系统、不同层级、不同地区的人才工程项目各自为战,缺乏衔接配套,使相关人才政策效果大打折扣。

三、中国式现代化江苏新实践的人才需求与形势分析

(一)中国式现代化江苏新实践的人才需求分析

1. 定性分析:规模、结构与质量的维度

全面推进中国式现代化江苏新实践是一个内容庞杂的复合战略体系,其中"十四五"时期"基本建成具有全球影响力的产业科技创新中心、具有国际竞争力的先进制造业基地、具有世界聚合力的双向开放枢纽",可从发展动力、产业基础和开放空间三个维度为推进中国式现代化江苏新实践提供坚实支撑,其顺利实现离不开规模宏大、结构合理、素质优良的现代化人才队伍。在此以"一中心一基地一枢纽"为例,从规模、结构与质量等维度分析中国式现代化江苏新实践对人才的需求。

从数量规模维度来看,"一中心一基地一枢纽"都以数量众多的创新

---

① 根据江苏省和浙江省2021年统计年鉴中的相关数据计算。
② 根据EPS数据平台"中国科技数据库"相关数据计算。

活动、规模庞大的产业经济、范围广泛的开放交流为基础,其顺利完成既需要规模宏大的优秀人才,支撑产业科技创新和先进制造业的快速扩张,又需要人才规模的稳健增长,以源源不断的人才供给支撑产业科技创新和先进制造业的持续发展。需要指出的是,"一中心一基地一枢纽"对人才规模的需求是巨大的,只有其人才规模达到足够大的量级、跨越相应的门槛值,才能充分支撑产业科技创新、先进制造业扩张、内外开放的需求,使其达到相应的量级,从而不断彰显世界影响力、国际竞争力和世界聚合力。

从结构配置维度来看,"一中心一基地一枢纽"对人才类型结构、人才空间结构等有多元化的需求。一方面,"一中心一基地一枢纽"肩负着不同的功能任务,相应的重点人才需求也存在显著差异,分别对应产业科技创新人才、先进制造业人才和开放型人才;另一方面,"一中心一基地一枢纽"本身属于资源极化配置的产物,直接表现为创新资源和产业活动在特定区域的高度集聚,其对人才资源空间结构的需求也必然体现出极化特征。

从质量层次维度来看,"一中心一基地一枢纽"意味着产业科技创新、先进制造业和双向开放活动均要达到世界领先水平,相应地也对人才质量提出了更高的要求,既需要人才总体质量的全面提升,也需要众多的优秀领军人才和创新团队。

2. 定量分析:以战略性新兴产业为例

全面推进中国式现代化江苏新实践涉及经济社会发展的方方面面,其对人才的需求极大、类型多元,很难进行确切的定量分析。战略性新兴产业作为现代化产业体系中最具成长性的组成部分,是支撑中国式现代化江苏新实践的关键产业门类。本书以南京市战略性新兴产业为例,对中国式现代化江苏新实践的人才需求进行定量预测分析。分别运用Excel中的FORECAST函数和GROWTH函数进行直线回归预测和曲线回归预测,结果详见表4.2。结果显示,两种预测方法的取值相差很小,说明预测结果有一定的稳健性。2020年,南京战略性新兴产业从业人员数量将下降到45.58万~46.64万人,2025年将下降到41.80万~41.82万人。2015年的统计调查结果显示,南京市工业类战略性新兴产业企业拥有从业人员25.44万人,其中拥有科技活动人员3.74万人、研发人员2.78万人,所占比重分别为14.70%和10.93%。假定分别将科技活动人员和研发人员视为高端人才的宽口径和窄口径,那么,2020年战略性新兴产业对高端人才的需求量为4.89万~6.78万人,2025年为4.44万~6.15万人。

表4.2 2019—2025年南京市战略性新兴产业从业人员预测值

年份	直线回归预测值/万人	曲线回归预测值/万人	两种方法均值/万人
2019	47.68	47.66	47.67
2020	46.64	45.58	46.11
2021	45.63	43.92	44.77
2022	44.64	43.54	44.09
2023	43.67	43.55	43.61
2024	42.73	43.36	43.04
2025	41.80	41.82	41.81

(二)中国式现代化江苏新实践的人才供给形势分析

1. 国际形势:全球人才格局深度调整,国际人才流动受阻

一是变局之不确定性增强,全球人才布局面临深度调整。当今世界正在经历百年未有之大变局,加上外部环境的严重冲击,进一步增强了大变局的不确定性,并且直接诱发了世界经济的深度衰退,国际贸易和投资大幅萎缩,引发国际投资贸易规则重构,逆全球化浪潮与贸易保护主义兴起,大国之间的竞争合作与战略博弈日趋复杂,以俄乌冲突为代表的地缘政治形势扑朔迷离。发达经济体为保障产业链、供应链的稳定性与可控性,引导中高端制造环节向本土回流,导致新一轮的国际产业分工格局重塑,这不仅对中国的制造业布局产生深远影响,而且必将引发国际人才布局的深度调整。

二是科技革命引发国际人才竞争，国际人才流动受阻。面对新一轮科技革命的重要窗口期，各国围绕科技制高点展开激烈争夺。发达经济体对中国技术引进的限制明显增加，加上国际市场持续低迷，迫使中国不得不放弃依靠技术引进和外需市场的经济发展模式，转向创新驱动和内需拉动。中国迫切需要通过构建高质量人才队伍，提升自主创新能力，攻克产业共性技术和关键技术难关，构建自主可控的现代化产业体系，稳定扩大内需，带动经济持续稳定增长。人才是应对各种挑战的根本资源。为了在大变局中尽快战胜危机、赢得主动，各个国家和地区围绕高质量人才展开了激烈争夺，国际人才竞争进入白热化阶段。此外，中外经济的对比与再平衡，将进一步彰显中国经济的强大韧性和广阔前景以及中国制度的优势、中国道路的自信，作为经济发达省份，江苏可以进一步凸显自身在国际人才竞争中的优势，立足自身制造业优势和科教资源优势，打造有国际影响力的人才高地。"十四五"时期，全球人才布局进入深度调整阶段，江苏国际高端人才开发战略需要从以引进为主转向引进与培养并重。

2. 国内形势：现代化新征程全面开启，人才发展进入高质量发展阶段

"十四五"时期，我国开启全面建设社会主义现代化国家新征程，经济高质量发展也进入向纵深推进的关键时期，二者的全面联动既为人才发展创造了良好机遇，也对人才发展提出了新的更高的要求。现代化建设目标的实现离不开人才的强力支持，而各领域的现代化也将推动人才的现代化，特别是作为现代化核心内容的人的现代化本身就包含着人才的现代化，并对人才的现代化有重要的推动和支撑作用。人才发展的现代化，意味着人才主体性的全面觉醒，人才资源在整个生产要素资源体系中居于主导地位，成为真正意义上的第一资源；意味着人才发展本身就是经济社会发展的重要目标之一，人才在助力经济、政治、文化、科技、生态等领域现代化目标实现的同时，完成了自身良性累积循环的全面自由发展。

从高速增长转向高质量发展是未来相当长一段时期内我国经济发展的主导任务，需要在保持适度增长速度的基础上，稳步推进结构转型升

级,落实创新驱动发展,提升供给体系的效率和效益。经济高质量发展的各项任务都离不开人才的强力支持,同时,当前稳定经济增长的巨大压力、构建国内国际双循环相互促进的新发展格局的紧迫任务、化解累积的各种矛盾风险和日益硬化的生态环境约束,都迫切需要高质量的人才支撑。因而,高质量发展是"十四五"乃至更长时期内人才发展的主旋律,亟须在高质量发展中应对人才发展不平衡、不充分问题,人才发展进入内涵式高质量发展阶段。

扎实推进国家治理体系和治理能力现代化是"十四五"全面深化改革的重要任务,完成这一任务迫切需要提升人才治理效能、构建高质量的人才队伍。同样,国家治理体系和治理能力现代化水平的不断提升,能够更加高效地化解长期累积的各种矛盾风险、缓解人才发展的各种瓶颈约束,使人才治理体系建设进入系统化效能提升阶段。

3. 省内形势:人才内涵式高质量发展面临新机遇和新挑战

一是政策红利支撑人才一体化发展。 当前江苏有多重国家战略叠加,如"一带一路"倡议、长江经济带发展战略、长江三角洲区域一体化发展战略、苏南国家自主创新示范区、中国(江苏)自由贸易试验区、南京江北国家级新区等,这些重大战略均将人才发展置于特殊重要地位,围绕人才的培养、引进、使用形成了交互联动、各具特色的政策体系,其政策溢出效应所产生的制度红利、改革红利将更加明显,从而为人才发展提供良好的环境支撑,同时,这些重大国家战略的实施都离不开高质量人才队伍的支撑。特别是随着长三角一体化发展上升为国家战略并深度推进,江苏在推进产业创新、基础设施、区域市场、绿色发展、公共服务和省内全域"六个一体化"进程中,迫切需要推动人才发展格局的一体化。

二是创新驱动引领人才质量结构优化。 顺应科技革命和产业变革的潮流,落实创新驱动发展战略,依靠自主创新实现经济高质量发展,是江苏在"十四五"时期的根本任务。江苏具备发达的产业经济基础、丰富的科教文化资源,但关键核心技术过度依赖外部引进,自主创新能力偏弱,产业体系的自主可控性、安全可靠性都亟待提升,迫切需要通过培养和引进高端人才来提升创新效能、攻克各种"卡脖子"技术难题。同时,江苏长期积累的开放型经济优势,在逆全球化浪潮、保护主义抬头、外需持续低迷的背景下,遭遇严峻挑战,亟须通过建设高水平制度型开放平台,优化营商环境,吸引国际高层次人才,全面优化人才队伍结构,以人才优势重塑国际竞争新优势。

三是科技进步推动人才发展工具平台升级。"十四五"时期,新科技革命的浪潮继续孕育发展,人工智能、大数据、区块链、5G 等新兴技术对经济社会生活的颠覆性影响将进一步显现,与之相对应的新兴业态、新型商业模式不断涌现,将对人才数量和质量提出更高层次需求,倒逼人才供给体系效率和质量的提升。同时,新技术的不断涌现、快速迭代,将引致经济社会对人才的需求不断变化,对传统人才培养模式造成严重冲击,必须运用先进技术对人才培养的流程进行再造。各种网络信息平台和智能决策手段的不断涌现,可以大幅提升人才配置决策的科学性、行动的效率性、结果的合理性。因此,要积极推动各种先进技术在人才发展领域的应用,顺应网络化、数字化的主流技术范式,从政策设计到政策实施、从要素支持到服务供给、从平台搭建到载体建设,都要充分运用网络化、数字化的技术手段,更好地满足人才发展的需要。

四是治理体系支撑人才生态优化。江苏一直是人才大省,人才资源总量较大、总体素质较高,但是,顶尖人才紧缺,"有高原无高峰"问题突出,人才贡献率不高,距离高质量发展的要求还有很大差距。特别是近年来人口净流入规模的持续放缓,一定程度上削弱了本土人才供给的基础。因此,亟须以人才治理体系和治理能力现代化的不断推进为契机,对江苏人才生态系统进行优化升级,用"生态化"的思维去审视"十四五"人才发展环境的建设,既要在自然意义上重视利用良好的生态环境来吸引和留住优秀人才,又要在社会意义上关注人才与政府、企业、公众之间的和谐关系,为人才的全面自由发展提供各种要素和服务支持,还要在更广泛的意义上,重视人口发展问题,落实人口生育政策,以稳定的人口增量保障人才的持续稳定增长。

四、强化中国式现代化江苏新实践人才支撑的战略路径与推进机制

(一)中国式现代化江苏新实践人才支撑体系建设的新要求

随着"以中国式现代化全面推进中华民族伟大复兴"成为党的中心任务,人才强国建设的场域全面转向中国式现代化,人才支撑的目标指向也从一般意义上的现代化转向中国式现代化。因此,必须紧扣中国式现代化的基本特征和本质要求,科学把握中国式现代化对人才支撑体系的新要求。

中国式现代化是世界现代化的重要组成部分,具有各国现代化的共同特征,其人才需求也具有现代化国家的共性特征,如相当数量的人才规模、更高水平的人才素质以及更加合理的人才结构等。世界主要发达国家现代化的经验表明,只有人才数量、人才质量、人才结构协同优化,才能构筑现代化的人才支撑体系,从而不断激发创新发展的不竭动力,凝聚跨越各类现代化陷阱的智慧,使经济社会顺利完成从传统向现代的转型。同时,从现代化的内容维度来看,人的现代化是人类社会现代化进程的题中之义,而人才作为人口资源中高素质的组成部分,其数量规模的扩张和质量结构的优化也是人的现代化不可或缺的重要内容和根本路径。

中国式现代化是中国共产党领导的社会主义现代化,具有基于自己国情的中国特色,决定了其人才支撑需求的个性特征。党的二十大报告系统概括了中国式现代化的五大中国特色和九大本质要求,这些特色和要求投射到人才发展场域,形成了中国式现代化人才支撑体系的鲜明特色。

其一,人口规模巨大的现代化不仅在需求侧意味着人的现代化的任务更加迫切、更加艰巨,而且在供给侧意味着丰富的人才资源基础和广阔的人才开发空间。这不仅要求加快构建与现代化建设各项任务相匹配的规模宏大、素质优良、结构合理的人才队伍,而且要求加快形成以人为本

的人才发展体系,推动构建人才资源开发与人的自由全面发展良性互动的格局。

其二,全体人民共同富裕的现代化不仅要求在生产环节以高质量发展创造更多社会财富,而且要求在分配环节将社会财富合理分配给全体人民。这不仅要求加快构建契合高质量发展原则的人才支撑体系,依托人才创新做大做优社会财富"蛋糕",而且要求加快构建充分体现人力资本价值的社会财富分配体系,发挥人才的引领示范作用,实现合理分配社会财富"蛋糕"的目标。

其三,物质文明和精神文明相协调的现代化意味着现代化进程中需要统筹物质生产和精神生产,满足人民群众对美好物质生活和精神生活的需要。这不仅要求人才作为一种重要的生产要素,能够在物质生产领域和精神生产领域合理分配,而且要求人才作为一种具有强大能动性的社会主体,能够实现自身生理素质和心理素质的协同提升。

其四,人与自然和谐共生的现代化意味着现代化进程需要协调好人与自然环境的关系,集约开发利用自然资源,全面保护、修复生态环境,走绿色低碳发展道路。这不仅要求围绕绿色发展的主题构建人才支撑体系,使人才配置服从并服务于绿色发展,而且要求借鉴人与自然和谐共生的思想,加快优化人才发展生态系统,保障人才本身的高质量可持续发展。

其五,走和平发展道路的现代化要求以和平共赢的人类命运共同体破解"文明冲突论"和"国强必霸论"的迷局。这不仅要求加快构建满足保卫和平、促进发展现实需要的开放包容的人才支撑体系,突破制约和平发展的人才瓶颈,而且要求各类人才筑牢共同体意识,加强交流合作与文明互鉴,凝聚支撑中华民族伟大复兴的强大合力。

其六,坚持中国共产党领导的现代化意味着中国共产党是最高政治领导力量,必须始终坚持中国共产党对中国式现代化全局的全面领导。这就要求在人才支撑体系建设过程中必须始终坚持党管人才原则,加强党对人才工作的全面领导,保障人才工作的正确政治方向,充分激发人才的创新创造活力,扎实推动人才治理体系和治理能力现代化。①

(二)中国式现代化江苏新实践人才支撑体系建设的战略体系

2020年,习近平总书记在江苏考察时赋予了江苏"在改革创新、推动高质量发展上争当表率,在服务全国构建新发展格局上争做示范,在率先实现社会主义现代化上走在前列"的使命要求。2023年3月5日,习近平总书记参加十四届全国人大一次会议江苏代表团审议时集中阐释了高质量发展这一建设社会主义现代化强国的首要任务,希望江苏"在高质量发展上继续走在前列,为谱写'强富美高'新江苏现代化建设新篇章实现良好开局,为全国大局作出新的更大贡献"。为全国发展探路是中央对江苏的一贯要求,面对中国式现代化人才支撑体系建设这一崭新命题,江苏同样应责无旁贷地积极探索有效路径,努力创造优异成绩。为此,江苏必须对标"扛起新使命、谱写新篇章"的新要求,在优秀人才数量和质量、顶尖人才高度和广度、人才配置效率和效能、人才生态深度和温度、人才治理体系和能力等方面协同发力,确保人才强省建设始终走在全国前列,为在新征程上全面推进中国式现代化江苏新实践提供强力的人才支撑。②

1. 坚定实施量质并举战略,确保优秀人才数量和质量始终走在全国前列

聚焦人才总量稀缺的短板,开展"扩量提质"行动,加大人力资本投资力度,健全多层次教育培训体系,加强人才发展平台建设,提升人才培养效率和质量,增强人才规模扩张和质量升级的内生动力。加大人才引进力度,完善区域人才政策体系,积极参与国内外人才竞争,探索优秀人才的功能性使用机制,集聚大批优秀人才到江苏创新创业,保持人才规模外源式扩张的稳健步伐。充分发挥江苏科教资源丰富和创新能力领先的优势,顺应人才成长和流动的内在规律,着力建设一批特色化的人才工程和发展平台,增强对优秀人才的吸引力和凝聚力,使江苏成为全国领先的人

---

① 战炤磊:《强化中国式现代化江苏新实践的人才支撑》,《群众》2023年第3期。
② 战炤磊:《强化中国式现代化江苏新实践的人才支撑》,《群众》2023年第3期。

才集聚高地。

2. 加快实施顶峰攀登战略,确保顶尖人才高度和广度始终走在全国前列

聚焦顶尖人才紧缺的短板,开展"高原造峰"行动,坚持内源培养与外源引进有机结合,加快培养和引进经济社会发展急需的顶尖人才,推动顶尖人才的质量高度和数量广度双双迈上新台阶。实施"战略科学家和卓越工程师炼成计划",紧扣战略科学家和卓越工程师的内涵特征和能力胜任模型,从文化理念、政策机制、梯队结构等多维度发力,厚植战略性人才成长的沃土,成熟人才培养与青年人才扶持并举,尽快形成规模适度、素质优良、结构合理的战略科学家和卓越工程师梯队。实施"领军人才培养工程",明确界定领军人才的素质特征,紧扣经济社会发展各个领域的现实需求,加快培养一大批德才兼备、素质优良的领军人才,并且注重优秀领军人才在基础研究与应用研究、城镇与乡村、传统产业与新兴产业之间的均衡配置。

3. 大力实施全链增效战略,确保人才配置效率和效能始终走在全国前列

聚焦人才效能不高的短板,开展"全链增效"行动,促进人才链与创新链、产业链、价值链、服务链、资金链深度融合,使优秀人才在各个创新环节、各个分工环节合理配置,强化对人才创新创业活动的服务支撑和资金支撑,提升人才的创新创业效率和价值创造效率,推动江苏的人才资源优势全面转化为人才效能优势。坚持人才作为第一资源的战略地位,实施以人才为中心的补链、强链、固链路径,围绕人才的全面发展优化创新链、延长产业链、攀升价值链、完善服务链、匹配资金链,依托全链条的集聚优势、合作优势、治理优势,充分激发人才效能优势。

4. 全面实施生态升级战略,确保人才生态深度和温度始终走在全国前列

聚焦人才生态不优的短板,开展"生态优化"行动,集成设计各类人才发展政策,营造"尊重人才、珍惜人才、爱护人才"的文化氛围,探索"识才、

143

爱才、敬才、用才"的科学路径,健全"引、育、用、留、退"全覆盖的有效机制,培育统一开放、竞争有序的人才大市场,建设全国领先的热带雨林式人才生态。完善人才生态系统的监测机制和调节机制,增强人才生态系统的自我革新、自我提升能力,合理增加人才"蓄水池"的深度、人才"磁力场"的强度、人才"服务圈"的温度,以优渥的生态体系吸引人才、用好人才、留住人才,驱动人才与经济社会的协同高质量发展。

5. 坚持以党管人才为引领,确保人才治理体系和能力始终走在全国前列

聚焦人才治理低效的短板,坚决贯彻党管人才原则,强化党对人才工作的全面领导,充分发挥党建对人才发展的引领作用,保障人才发展的正确方向,优化人才培养、吸引、流动、激励机制,引导人才的合理配置,增强人才的凝聚力和战斗力,形成政治方向坚定、运行机制完备、资源配置高效、干事热情高涨的现代化人才发展格局。全面深化人才管理体制改革,以新一轮"放管服"改革为契机,向用人单位充分放权,为人才发展彻底松绑,为人才成长创造保障有力、总体宽松的制度氛围。找准人才在国家治理体系和治理能力现代化中的功能定位,构建共建共享共治的人才发展治理体系,不断优化人才规划引领机制、人才考核评价机制、人才激励约束机制、人才配置贡献机制、人才容错纠错机制,切实提升人才治理效能,为人才强省建设提供坚实的治理支撑。

(三) 中国式现代化江苏新实践人才支撑体系建设的重点任务

1. 以产才融合为主线,瞄准国际竞争力集聚人才

科学把握人才与产业的互动关系,坚持以产才融合为主线,围绕战略性新兴产业和特色产业集群打造层次多样、功能齐备的产才融合平台,紧紧依靠重大项目揽才、引才、育才、用才。扎实推进产业链、创新链、人才链深度融合,加快形成多元要素高效对接、引领汇聚相得益彰、创新活力充分迸发的产才融合生态体系。发掘人才发展潜力,激发人才创新活力,提升人才竞争实力,健全产业发展的人才支撑体系,发挥人才对于产业发展的引领作用,以人才资源优势构筑产业经济高质量发展新优势。扩大

产业规模,优化产业结构,转换产业发展动力,提升产业质量效益,培养特色产业集群,发挥产业发展对于人才的汇聚作用,以产业经济优势构筑人才高质量发展新优势。

2. 以开放互鉴为导向,紧扣世界聚合力汇聚人才

主动顺应优秀人才稀缺程度不断提高、国际人才竞争持续加剧的客观态势,坚持以用为本的基本原则,更加注重人才使用和人才效益等功能性问题,灵活处理人才所有权和编制等形式性问题,以开放的国际化视野审视全球人才配置格局的新变化和新趋势,面向全球市场吸引和配置高素质人才,补齐本土人才供给的结构性短板,拓展本土人才成长的国际化舞台。紧扣国内创新发展和转型升级对人才的需求特征,本土高素质人才培养和国际高层次人才并重,构建国际人才与本土人才交流互动、协同发展的良性格局,探索形成多层次、多样化的"不求所有、但求所用"的人才功能性使用机制,以人才使用的更高效率缓解短期人才供给规模不足的压力。面对逆全球化和单边主义的国际人才实体流动受限的新形势,加强国际人才功能性引进的模式创新,通过建设更高水平的国际人才社区、国际人才飞地、海外研发中心等,更有效地使用国际高层次人才的智慧和创新成果。

3. 以创新策源为核心,面向全球影响力配置人才

明确人才在协同创新体系中的特殊重要作用,围绕重大创新领域和关键创新任务高标准配置优秀人才,建设多层次、多功能的协同创新平台,全面提升基础原创研究综合实力、重大关键共性技术攻关能力、颠覆性创新成果转化能力、高端产业链条控制能力,不断强化创新策源能力,努力推动创新型省份建设继续走在前列。紧扣高效率创新策源对人才的现实需求,强化人才发展领域的协同联动,全力培育、引进高素质的基础原创研究人才、科技研发攻关人才、创新成果转化人才、产业经营管理人才,形成科技创新与人才发展协同共进的良性格局。

4. 以集成服务为依托,建设高品质人才发展生态

遵循人才成长规律,打造高效率的集成服务平台,建立健全覆盖人才

发展全过程的要素支撑体系和政策扶持体系,探索构建指向人才成长各个关键环节的保障机制,营造"尊重人才、崇尚人才""人人渴望成才、人人皆可成才"的良好氛围,努力在各地区、各行业、各系统、各部门全域建设高品质的人才发展生态系统。瞄准人才发展的多维瓶颈,持续完善各类要素供给;瞄准人才发展的现实诉求,集成提供各种专业服务;瞄准人才发展的关键节点,全面优化各项保障机制;瞄准人才发展的长期动力,不断塑造良好环境氛围,着力形成要素供给充裕、集成服务优质、保障机制高效、环境氛围和谐的人才发展生态系统。

(四)中国式现代化江苏新实践人才支撑体系建设的保障机制

1. 顶层设计与规划引领机制

首先,要对标建设科技强国和人才强国等战略的相关要求,尽快制定全省高端人才队伍建设规划,明确全省高端人才队伍建设的基本目标和总体思路,奠定全省高端人才队伍建设的整体框架。其次,各条线高端人才的对口主管部门要牵头制定合乎各自内在规律、体现各自鲜明特色的分类发展规划,各行政区和开发区也要相应制定本地区的高端人才建设规划。最后,相关企业单位也要立足自身实际,制定具体的高端人才建设规划。由此,形成纵向层级思想统一、横向类型协调配合、节点单位特色鲜明的多维度的、立体的高端人才建设规划体系。

2. 理念塑造与文化浸润机制

强化科学知识的通识教育,提高高端人才的社会地位和待遇水平,提升高端人才独特地位和突出贡献的社会认同程度,在全社会营造重视高端人才、尊重高端人才的文化氛围。高校和科研院所要充分认识到高端人才对于学生培养、学术研究以及单位发展的重要价值,在学科建设和科研考核管理中要充分尊重高端人才成长和发展的内在规律,营造包容高端人才、支持高端人才的组织文化氛围。广大高端人才要强化自身责任感和使命感,找准自身在中华民族伟大复兴历史进程中的历史定位,坚定正确的政治立场,树立以人民为中心的工作理念,秉承诚信合作、公平竞争、和谐共生的价值理念,形成鼓励创新、倡导原创、包容分歧、宽容失败的群体文化氛围。

3. 高端人才与成果评价机制

优化高端人才的荣誉体系和奖励体系,满足高端人才对于尊重、声誉和自我实现的需要。从国家层面优化高端人才的学术称号和职称等级,形成高端人才标准体系相互衔接的制度机制。探索适合不同类型高端人才特点的职称评价机制,既要重视显性标准条件,又要重视柔性标准条件。应认真落实"打破唯论文倾向、探索代表作制度"等创新型政策,形成对高端人才的科学评价标准。完善高端人才成果的评价体系,理顺国家级、省级、市级优秀成果的评价体系,对高端人才创新的学术水平和实践价值做出客观公正的评价。只有对创新成果做出科学评价,依据成果获奖情况确定高端人才入选标准的政策才具有合理性。

4. 要素投入与制度建设相结合的机制

综合运用财政投入、社会捐赠、市场资金等多种资金筹措方式,持续加大对高端人才的资金投入力度,形成稳定增长的长效要素投入机制。加大对科研基础设施、网络信息平台、数据库建设的投入力度,不断改善高端人才的物质条件。同时,加强制度建设,为物质要素的投入、使用、分配提供明确的制度依据,并且以制度形式将要素投入固定下来,为高端人才提供稳定的、可预期的要素支撑,减少不可预期的或然性要素投入。围绕高端人才的引进、培养、配置、使用、流动、退出等系统过程,制定完备的配置制度体系,使高端人才队伍建设工作始终运行在制度化、规范化的轨道上。

5. 自主培养与外源引进相结合的机制

坚持以内源式自主培养为主的建设思路,依托高质量的学校教育壮大高端人才的潜在基础,建立科学的人才甄选评价和招聘录用机制,把好人才培养的入口关,紧扣学科发展和队伍建设的长期目标选聘优秀人才;依托高质量的职业培训和在职学习体系不断提升高端人才的综合素质,建立科学的评价机制和晋升机制,把好高端人才培养的过程关,使优秀人才能够不断地成批次地涌现出来;依托高效率的人才管理不断优化高端人才的配置效率，建立合理有序、能上能下的流动机制，把好高端人才培养的出口关，使高端人才队伍形成优胜劣汰、长江后浪推前浪的良性格局。在自主培养高端人才的过程中，应尊重高端人才成长的客观规律，强化大局意识，关注长期利益，既不能全面实行揠苗助长式的部门本位、急功近利的短期培养模式，也不能因担心优秀人才难以留住而因噎废食地消极对待内源人才的培养。

坚持以开放的全球化的视野推动高端人才队伍建设，注重多渠道、多层次地引进高端人才，快速填补高端人才队伍在部分专业领域、部分层次类型的空白。对于外源式人才引进应审慎对待，既要有引进高端人才的魄力和勇气，在全国乃至全球范围内招揽领军人才，又不能跟风攀比，脱离自身学科实际和人才基础去盲目追求高端领军人才。在当前的人才引进竞争热潮中，更要保持必要的理性，对引进人才的德能勤绩进行全面考察，充分考虑长期的学科建设目标，不能只按"帽子"定价格。处理好本土人才与引进人才的关系，既要为引进人才干事创业提供全方位的良好支撑，也要用好、留好自主培养的优秀高端人才，必须摒弃"外来的和尚会念经"的偏见，在晋升机会、薪酬待遇方面对本土人才与引进人才同等对待，形成本土人才和引进人才精诚合作、良性竞争、和谐共生的格局。

6. 合作共享与有序竞争相结合的机制

优秀高端人才是一种高度稀缺的资源，加上培养周期相对较长，相对于不断膨胀的巨大需求而言，优秀高端人才供不应求是一种常态，这也是人才争夺战愈演愈烈的深层症结所在。要在供给总量短期内无法大幅增加的背景下，满足各地区、各系统、各部门对建设优秀高端人才队伍的强烈需求，必须探索优秀高端人才的共享使用机制，通过调优存量的配置效率，来弥补增量的巨大缺口。为此，应引导各地区、各部门树立合作共享理念，打破区域和部门分割，构建优秀高端人才共享的多维平台，建立不求所有、但求所用的高端人才配置机制，将现有高端人才资源的作用发挥到最大，使各地区和部门将竞争的焦点从人才的所有权转向学科发展和学术创新绩效。依托重大项目或课题，集聚各类优秀高端人才合作攻关，在取得重大标志性成果的同时,以多维度的深入合作协调高端人才之间的竞争关系。

必要的竞争压力是高端人才自我完善、自我提升的重要动力源泉,然而,部分地区和单位之间相互挖角的恶性竞争则有百害而无一利,必须从宏观层面对日趋白热化的高端人才竞争予以引导和规范,使人才竞争保持良性有序的状态。在教育科研领域,在学科评估和学术评比中强化成果质量、创新水平的权重,弱化领军人才学术头衔的权重,使人才竞争从"帽子"回归到学术能力和学术成果,促使竞争方式从针锋相对的短期拉锯转向协同共进的长期博弈。在产业经济领域,要紧扣企业发展实际和现实需要,注重对高端人才的配置和使用,持续提高产才匹配度,弱化对于高端人才的盲目追求,避免针对高端人才的恶性竞争。在区域或行业系统层面,出台高端人才竞争的指导意见,对高端人才竞争的一些基本规则加以明确,倡导有序竞争,限制在人才待遇方面的压价竞争,禁止可能导致对方学科塌方或业务覆灭的团队挖角竞争。加强高端人才的职业道德建设,抵制部分高端人才的恶意炒作,在高端人才队伍中形成良性的竞争文化。

7. 奖励激励与惩罚约束相结合的机制

综合运用物质激励和精神激励两种方式,针对不同层次、不同领域、不同年龄的高端人才,制定差异化的激励机制,对于高层次人才和老龄人才要适当提高精神激励的比重,对于普通人才和青年人才要适当提高物质激励的比重。根据赫茨伯格的双因素理论或"激励—保健理论",除关注成长机会、成就感、绩效奖励等满意因素或激励因素之外,还要关注基本工资、工作条件、劳动保护等不满因素或保健因素。对于高端人才而言,要特别注意提高其保障性薪酬水平,稳定其收入预期,保障其能够在所在城市体面地生活,也只有在这个前提下,其他绩效奖励因素才能有效发挥作用,否则必将导致高端人才的大范围流失。当前,一些用人单位试图通过提高绩效工资比例、变相给予课题补贴等方式,来改革高端人才的收入分配机制,从而激发相关人员的工作积极性,但是其效果往往差强人意,因为这种分配方式会异化为学术或创新锦标赛,在经过一段时期的重复博弈后,可能会出现集体懈怠的低水平均衡状态。因此,应稳步提升高端人才的待遇水平,建立与产业发展态势相匹配的稳定的工资增长机制,逐步减小战略性新兴产业领域高端人才与其他领域人才的工资性收入差距,从而不断吸引优秀高端人才进入战略性新兴产业领域。

总体上,对于高端人才应以奖励激励为主、惩罚约束为辅,但是,必须始终坚持奖惩结合的原则,既要对作出重要贡献的高端人才给予必要的奖励,又要对造成不良影响或重大损失的高端人才给予必要的惩罚。从博弈论的角度来看,可置信的威胁是奖勤罚懒机制有效运行的重要前提,因而,每一项正向激励措施,都要对应负向约束条件,达到或超过绩效标准可以获得相应奖励,而达不到绩效标准则要酌情扣减绩效奖金。同时,对于高端人才的考核机制不宜过于呆板,不应将结果作为唯一标准,因为在鼓励创新过程中难免会出现一些不可控的风险因素,还应注意考虑动机、态度、积极性等过程性因素,适时启动容错纠错机制。此外,在高端人才的选拔任用过程中应实行能上能下的双向流动机制,既发挥晋升的激励作用,又发挥降级的约束作用。

8. 规模扩张与结构优化相结合的机制

稳步扩大高层次人才供给总量是强化中国式现代化江苏新实践人才支撑的基础和前提,由于明显的专业壁垒和既定的培养周期,高层次人才供给的规模扩张是一个长期累积的过程。为此,必须着力完善现代化教育体系,让广大青年学生充分认识到科学知识的重要价值,增强自身繁荣科学技术的责任感和使命感,从而吸引更多青年学生选择科学研究工作和高技能工作,这是建设高端人才队伍的基础工作和长效机制。同时,准确认识科学技术在区域高质量发展中的重要地位,持续加大对科学技术研究及其人才建设的投入力度,提高科学研究工作的社会认同度和平均待遇水平,吸引更多优秀人才投身科学研究领域,不断扩大高端人才队伍的规模。充分挖掘经济社会发展对于高端人才的巨大需求,强化对高端人才的倾斜性支持,为高端人才成长创造宽松的政策环境。

中国式现代化江苏新实践需要塑造素质优良、类型多元、结构合理的高水平人才队伍。不断优化的多维度的内在结构是高水平人才队伍的核心特征,而人才结构的动态性与路径依赖特征也决定了人才队伍结构优化升级的复杂性和艰巨性。高端人才队伍的知识结构与初始的专业选择密切相关,从高端人才的专业布局的长远均衡发展角度来看,重点是要在增量层面做好引导工作,通过倾斜性的政策引导更多青年学生关注薄弱学科或冷门专业,或者通过跨学科的通识教育来弱化未来的专业限制,同时,虽然存量层面的可调整空间有限,但应考虑通过跨专业培养或学科交叉,来解部分弱势学科的燃眉之急。高端人才队伍的年龄结构与职称结构存在一个自然演化的过程,对于年龄断档问题,根本出路在于,合理掌握高端人才培养和引进的节奏,一方面,在每个周期持续稳定引进新生力量,不断培养优秀人才,另一方面,用好、留住优秀人才,保持不同年龄层次人才的相对稳定;对于职称倒挂问题,一方面,要注重对新生力量的引进和培养,另一方面,要减少对青年人才晋升职称的非学术性限制,使更多优秀人才顺利进入高级职称的行列。高端人才队伍的空间结构和部门结构有较大的优化配置空间,应重点打破高端人才布局的区域和部门分割局面,扫除高端人才流动和共享的体制壁垒和身份限制,促进高端人才的有序流动和优化配置,使高端人才更多流向战略性新兴产业领域;同时,通过倾斜性的人才扶持政策和优秀人才的功能性使用机制,填补欠发达地区或弱势行业部门的人才洼地。

(五)中国式现代化江苏新实践人才支撑体系建设的推进策略

1. 以国有人才集团为纽带的有为政府与有效市场协同推进策略

全面推进中国式现代化江苏新实践对人才规模、人才质量、人才效能提出了更大、更高、更优的要求,要满足这一战略目标对人才资源的新要求,必须以处理好政府与市场关系为主线,扎实推进科技、产业、开放、人才等各领域的体制机制改革。全面推进中国式现代化江苏新实践是以政府为主导确立的战略目标体系,但是政府所掌握的人才资源极其有限,不可能独立完成全部人才供给任务,必须依靠有为政府与有效市场的协同支撑。人才是一种能够产生巨大收益的高端资源要素，必须确立市场在人才资源配置中的决定性地位，认真落实《中共中央、国务院关于加快建设全国统一大市场的意见》，深化人才市场改革，健全人才市场基础制度规则，优化人才交易信息平台网络，完善人才市场公平竞争制度，强化人才市场监管，构筑有助于人才跨区域顺畅流动的统一规范的人才市场体系。人才是一种具有显著正向外溢效应的资源要素，特别是国家战略人才资源，具有鲜明的公共品属性，仅仅依靠市场手段进行人才资源配置，很容易陷入失灵的困境。因此，必须更好发挥政府在人才资源配置中的重要作用，完善人才政策体系，加强人才宏观调控，弥补人才市场失灵，更好发挥人才配置效能，为经济社会高质量发展和安全稳定提供坚实的人才支撑。

作为有为政府与有效市场协同推进人才资源配置的重要实践模式，国有人才集团应运而生。国有人才集团是指主要由地方政府出资设立的以人才集成服务为主营业务、以支撑人才发展为主要职能的国有企业。从所有制属性来看，国有人才集团是以政府为主导的开展人才相关业务的国有企业组织，主要由政府或国资集团出资，肩负着落实区域人才战略、优化区域人才结构、保障人才发展安全等公益性职能；从组织属性来看，国有人才集团是实行市场化运营的企业组织，实行以产权清晰、权责明确、政企分开、管理科学为基本特征的现代企业制度，以市场化方式平等参与人才竞争，并通过开展人才集成服务和人力资本运营获得可持续发展的业务收入；从业务属性来看，国有人才集团是主要开展人才相关业务的国有企业，是一种全球化、市场化、专业化的人才服务综合体，业务类型覆盖人才引、育、留、用的系统过程，业务范围面向人才发展的全方位需求，服务内容涉及人才发展的全生命周期，核心功能包括人才引进招聘、人才教育培训、人才管理咨询、人才金融服务、人才技术服务、人才生活服务、人才增值服务等。组建区域性国有人才集团是相关地区参与人才竞争的重要策略，旨在综合政府与市场两种资源配置机制的优势，集成开展高效率的人才服务，发挥龙头企业对人才发展链条的控制力，提升人才创新发展的综合效能,从而在日益激烈的人才竞争中占据有利地位。与用人主体以粒子化形式参与人才市场竞争的传统模式相比,区域性国有人才集团依托有为政府与有效市场协同互动的机制优势、人才引育用留一体化的全产业链优势、"全方位服务+全生命周期"的人才服务集成优势、有序竞争与合作共赢相结合的人才配置目标优势、以产才融合引领产才适配的人才创新效能优势,发挥战略人才力量的蓄水池、人才供给增长的稳定器、人才有序竞争的调节器、人才安全风险的控制器、人才创新效能的放大器等角色作用。为了应对日益激烈的人才竞争,深圳早在2017年就组建了政府主导的国有人才集团,随后山东、广东、浙江等地也纷纷组建了不同层级、类型的区域性国有人才集团。2021年8月成立的徐州市淮海人才集团有限公司是江苏省首家国有区域性人才集团,其定位是综合型人力资源服务机构,通过打造"六大平台",建设"赋能型"人才服务体系,为淮海经济区搭建面向全球的招才引智和人才服务平台。2022年2月成立的无锡市人才集团有限公司是隶属于无锡市国联发展(集团)有限公司的一级子企业,旨在以市场化、专业化、精准化和企业化的运营模式,构筑"四梁八柱"的发展架构,打造无锡人才工作的人才开发者、项目孵化器、生态建筑师和数据赋能港。这些国有人才集团在链接政府与市场、优化人才资源配置方面发挥了重要作用,但是,由于数量相对有限、运行时间较短,对于区域人才发展全局的控制力有待加强,业务模式也亟待优化。为此,一是要借鉴先发地区的经验,加快成立国有人才集团的进度,争取尽早成立省级层面的人才集团,同时要呼应"一中心一基地一枢纽"的战略布局,在相关地市和政策功能区域组建相应的国有人才集团,或者区分人才类型组建省级的产业科技创新人才集团、先进制造业人才集团、双向开放型人才集团。二是要以全面深化国有企业改革为契机,理顺国有人才集团的管理体制,在建立健全现代企业制度的基础上,加强组织部门、人社部门以及科技、教育、工信等条线部门对国有人才集团的指导,鼓励人才需求旺盛的国有企业参股,探索物质资本和人力资本双纽带的治理模式。三是优化国有人才集团的业务模式,在做优常规人才服务的基础上，加强人才信息交易平台的建设与运维，沿着人才引育留用全链条拓展定制化、专业化的人才增值服务。四是突出国有人才集团的人力资本运营职能，发挥自身平台优势集聚一批优秀人才，以人力资本参股的方式参与产业创新发展，保障重点产业人才的稳定供给。五是强化国有人才集团的社会责任，以项目制的方式储备部分战略人才力量，优先保障"卡脖子"技术攻关项目的人才需求，同时，对于部分在科研、创业、生活方面遇到重大困难的人才，要给予必要的借款援助或无偿救助，并且通过"对赌协议"约定还款方式。

2. 以人才发展现代化先行区为统领的政策集成与先行试验有机结合策略

全面推进中国式现代化江苏新实践涉及的内容纷繁复杂，其人才需求数量庞大、类型多元且动态变化，因此，其人才政策供给必须首先遵循系统集成原则，对照世界一流、国际领先的标准和条件，沿着补短板、拉长板、筑底板的逻辑思路，综合运用财税、金融、法律等各种政策工具和制度手段，努力构建全方位、全天候、全周期的政策体系。打造人才发展现代化先行区是江苏落实中央人才工作会议关于加快建设世界重要人才中心和创新高地的战略部署而确立的新时代江苏人才工作的战略目标，也是强化中国式现代化江苏新实践人才支撑的战略统领。人才发展现代化先行区以人才队伍现代化、人才效能现代化、人才发展治理现代化为核心内容，以先行先试为功能定位，锐意追求"走在前列"的成果、绩效与经验，与全面推进中国式现代化江苏新实践的内在逻辑完全契合。一方面，从供给侧来看，人才发展现代化先行区可通过聚合人才队伍、人才效能、人才治理的多重优势，为全面推进中国式现代化江苏新实践提供坚实的人才支撑，将人才优势转化为创新优势、产业优势、开放优势和发展优势；另一方面，从需求侧来看，全面推进中国式现代化江苏新实践将以一流的创新平台、产业载体和开放枢纽引领人才布局的深度调整，引致人才政策体系的系统优化，带动人才素质的全面提升，实现人才链与创新链、产业链、价值链、要素链、政策链、流通链的深度融合。以人才发展现代化先行区引领和支撑全面推进中国式现代化江苏新实践，作为一项自上而下的战略设计，人才发展现代化先行区必然需要类型多元、覆盖全面的政策体系，特别是需要以高质量发展为导向集成设计创新政策、产业政策、开放政策和人才政策，并且加强多项重大战略之间的协同配合，使战略叠加释放出更大的政策红利。然而，无论是打造人才发展现代化先行区，还是全面推进中国式现代化江苏新实践，都是江苏对标"三大光荣使命"作出的伟大创举，既无现成理论范式，也无实践参考样板，并且都肩负着先行先试的探路使命。因此，在推进过程中离不开"摸着石头过河"的智慧和"敢为天下先"的勇气。为此，必须在政策集成的基础上，遵循渐进式改革的逻辑范式，选择部分条件较为成熟的地区、行业、领域开展先行先试。一方面，将推进中国式现代化江苏新实践的领先地区列为打造人才发展现代化先行区的优先区域，在13个地市分别选择1~2个高新区或开发区作为人才发展现代化先行区的核心区，启动先行试点；另一方面，呼应中国式现代化江苏新实践的关键人才需求，在南京、苏州等地重点打造产业科技创新人才发展现代化先行区，在苏州、无锡、南通等地重点打造先进制造业人才发展现代化先行区，在南京、苏州、连云港等地重点打造双向开放人才发展现代化先行区。

3. 以高质量协调发展为导向的极化集聚与均衡辐射双向互动策略

中国式现代化江苏新实践更加强调大区域高质量协调发展，这就要求人才资源在相关区域和行业均衡分布。然而，按照"中心—外围"理论的逻辑，在人才资源总量既定的条件下，在推动人才资源向中心城市或地区集聚的同时，必然对腹地或周边地区的人才资源产生明显的虹吸效应，导致腹地或周边地区人才资源供给严重短缺，进而拉大区域发展差距。为此，考量中国式现代化江苏新实践的人才支撑战略，必须以高质量协调发展为导向，打破传统"中心—外围"理论的零和博弈逻辑，确立合作共赢的理念，合理平衡集聚效应与辐射效应，追求中心与外围的共同发展。树立"整体人才观"，从整体区域高质量协调发展的维度优化人才资源配置，合理确定中心、基地、枢纽引进集聚人才的门槛水平，防止人才资源出现拥挤效应,搭建中心地区与外围腹地人才有序流动的联系纽带。树立"共享人才观",完善人才资源的功能性使用机制,以不断改进的人才效能突破人才固定供给的约束,加强中心发达地区对外围欠发达地区的人才帮扶,提高欠发达地区承接辐射效应和产业转移的能力,构建优秀人才编制根基在中心城市、干事创业在外围腹地的发展格局。树立"效能人才观",打破重引育、轻留用的异化思维,以效能改进为核心优化人才资源配置,最大程度发挥人才引领高质量创新发展的作用,实现不同类型人才集聚中心之间的有序竞争、合作共赢。

第五章 江苏推动全体人民共同富裕取得更为明显的实质性进展的难题及对策

"国之称富者,在乎丰民。"中国共产党从成立之日起,就坚持把为中国人民谋幸福、为中华民族谋复兴作为初心使命,并把促进全体人民共同富裕作为为人民谋幸福的着力点。实现全体人民共同富裕,既是中国特色社会主义的本质要求,也是中国式现代化的重要特征。在团结带领全国各族人民全面建成社会主义现代化强国、实现第二个百年奋斗目标,以中国式现代化全面推进中华民族伟大复兴的进程中,要把实现人民对美好生活的向往作为出发点和落脚点,坚持把为民造福作为最大政绩,在共同奋斗中促进共同富裕,不断实现发展为了人民、发展依靠人民、发展成果由人民共享,让现代化建设成果更多更公平地惠及全体人民。

全面建设社会主义现代化国家,是一项伟大而艰巨的事业,前途光明,任重道远。共同富裕也是一个长期的历史过程。习近平总书记指出,共同富裕是一个长远目标,需要一个过程,不可能一蹴而就,对其长期性、艰巨性、复杂性要有充分估计。扎实推动共同富裕取得更为明显成效,是江苏更高水平展现中国式现代化现实模样的重要特征。在经济恢复的基础尚不牢固,需求收缩、供给冲击、预期转弱三重压力持续显现,共同富裕的体制机制和政策体系尚不完善的背景下,需要把握江苏省推进共同富裕的阶段性破题重点及对策,扎实推动全体人民共同富裕取得更为明显的实质性进展,以更好地履行光荣使命、谱写新的篇章。

一、推动全体人民共同富裕取得更为明显的实质性进展的背景及重要意义

财富的创造和分配是各国都会面临的重要问题。在漫长的历史实践中，一些国家生产力发达，但长期存在贫富差距、两极分化问题；一些国家虽然达到中等收入阶段，但也存在显著的收入分配差距，且经济发展停滞不前，难以跃升至高收入等级；一些国家通过高福利政策来缓解社会矛盾，却陷入了高福利陷阱且背负了沉重的财政负担。在我国社会主义制度下，既要不断解放和发展社会生产力，不断创造和积累社会财富，又要防止两极分化，切实推动人的全面发展、全体人民共同富裕取得更为明显的实质性进展。

（一）推动全体人民共同富裕取得更为明显的实质性进展的背景

实现共同富裕不仅是中华民族千百年来的美好期盼，也是中国共产党一百年来领导亿万人民不懈奋斗的美好目标。新民主主义革命时期，我们党实行"耕者有其田"的土地政策，为摆脱贫困创造了根本政治条件。中华人民共和国成立后，毛泽东同志就中国发展富强的目标指出"而这个富，是共同的富，这个强，是共同的强，大家都有份"，完成社会主义革命为摆脱贫困、改善人民生活打下了坚实基础。改革开放以来，邓小平同志指出："社会主义的本质，是解放生产力，发展生产力，消灭剥削，消除两极分化，最终达到共同富裕。"我们党团结带领人民实施一系列"三农"领域的重大改革，并且在国家层面开展大规模、有计划、有组织的扶贫开发。例如，国家层面先后印发《国家八七扶贫攻坚计划（1994—2000年）》《中国农村扶贫开发纲要（2001—2010年）》和《中国农村扶贫开发纲要（2011—2020年）》。

党的十八大以来，以习近平同志为核心的党中央推进决胜全面建成小康社会，把贫困人口全部脱贫作为全面建成小康社会、实现第一个百年奋斗目标的底线任务和标志性指标，明确到2020年现行标准下农村贫困

人口实现脱贫、贫困县全部摘帽、解决区域性整体贫困的目标任务。党的十八大召开后不久,党中央就突出强调"小康不小康,关键看老乡,关键在贫困的老乡能不能脱贫";2013年,习近平总书记赴湖南省花垣县十八洞村考察时,首次提出"精准扶贫"理念,并在2015年扶贫开发工作会议上提出了"六个精准"和"五个一批"等精准扶贫脱贫基本方略;2017年,党的十九大上习近平总书记指出,"让贫困人口和贫困地区同全国一道进入全面小康社会是我们党的庄严承诺",把精准脱贫作为三大攻坚战之一进行全面部署,动员全党全国全社会各方力量决战决胜脱贫攻坚。

2021年2月25日,习近平总书记在全国脱贫攻坚总结表彰大会上指出:"经过全党全国各族人民共同努力,在迎来中国共产党成立一百周年的重要时刻,我国脱贫攻坚战取得了全面胜利,现行标准下9899万农村贫困人口全部脱贫,832个贫困县全部摘帽,12.8万个贫困村全部出列,区域性整体贫困得到解决,完成了消除绝对贫困的艰巨任务。"2021年7月1日,习近平总书记在庆祝中国共产党成立一百周年大会上庄严宣告:"经过全党全国各族人民持续奋斗,我们实现了第一个百年奋斗目标,在中华大地上全面建成了小康社会,历史性地解决了绝对贫困问题,正在意气风发向着全面建成社会主义现代化强国的第二个百年奋斗目标迈进。"全面建成小康社会,我国国力和人民生活水平迈上了新的台阶,人均国内生产总值连续两年超过1万美元,与高收入国家差距进一步缩小。然而,目前我国发展不平衡不充分的问题仍然突出,城乡、区域和收入之间的差距较大,导致不同群体的贫富差距较大。这既与我国社会主义的理念相悖,又与我国的第二个百年奋斗目标相矛盾。于是在新的起点上,共同富裕被摆在更为重要的位置。

中国式现代化,既具有各国现代化的共同特征,又具有基于自己国情的鲜明特色。共同富裕是社会主义的本质要求,是中国式现代化的重要特征。扎实推进共同富裕是我们党领导人民在实现全面建成小康社会后,以中国式现代化全面推进中华民族伟大复兴的必然要求。习近平总书记强调:"在全面建设社会主义现代化国家新征程中,我们必须把促进全体人民共同富裕摆在更加重要的位置,脚踏实地、久久为功,向着这个目标更加积极有为地进行努力,促进人的全面发展和社会全面进步,让广大人民群众获得感、幸福感、安全感更加充实、更有保障、更可持续。"党的十九届六中全会指出,"坚持发展为了人民、发展依靠人民、发展成果由人民共享,坚定不移走全体人民共同富裕道路,就一定能够领导人民夺取中国特色社会主义新的更大胜利"。《中华人民共和国国民经济和社会发展第十四个五年规划和2035年远景目标纲要》提出,"十四五"时期全体人民共同富裕迈出坚实步伐;到2035年,人的全面发展、全体人民共同富裕取得更为明显的实质性进展。党的二十大报告明确,实现全体人民共同富裕是中国式现代化的重要特征,也是中国式现代化的本质要求之一,同时指出到2035年"人的全面发展、全体人民共同富裕取得更为明显的实质性进展"。

(二) 推动全体人民共同富裕取得更为明显的实质性进展的重要意义

1. 全面建成社会主义现代化强国、实现第二个百年奋斗目标的重要任务

党的二十大确定了新时代新征程中国共产党的使命任务,就是团结带领全国各族人民全面建成社会主义现代化强国、实现第二个百年奋斗目标,以中国式现代化全面推进中华民族伟大复兴。党的二十大明确指出:"我们坚持把实现人民对美好生活的向往作为现代化建设的出发点和落脚点,着力维护和促进社会公平正义,着力促进全体人民共同富裕,坚决防止两极分化。"报告从完善分配制度、实施就业优先战略、健全社会保障体系、推进健康中国建设等四个方面,对扎实推进共同富裕作出相应部署。改革开放以来,我们党深刻认识到贫穷不是社会主义,通过体制机制改革解放和发展社会生产力,允许一部分人、一部分地区先富起来,经济社会发展取得了巨大成就。纵观世界历史发展进程,如果一个社会贫富分化严重,不仅会导致社会阶层固化、矛盾激化,而且经济发展也会缓慢乃至停滞,这是社会主义本质所不允许的。改革开放之初,邓小平同志就明确指出:"社会主义不是少数人富起来、大多数人穷,不是那个样子。社

会主义最大的优越性就是共同富裕,这是体现社会主义本质的一个东西。"没有共同富裕,就不可能全面建成社会主义现代化强国。因此,在以中国式现代化全面推进中华民族伟大复兴的进程中,我们必须把促进全体人民共同富裕摆在更加重要的位置,让广大人民群众的获得感、幸福感、安全感更加充实、更有保障、更可持续。

2. 贯彻新发展理念、实现高质量发展、解决新时代社会主要矛盾的必然选择

进入新时代,我国社会主要矛盾已经转化为人民日益增长的美好生活需要和不平衡不充分的发展之间的矛盾。习近平总书记强调:"我们的人民热爱生活,期盼有更好的教育、更稳定的工作、更满意的收入、更可靠的社会保障、更高水平的医疗卫生服务、更舒适的居住条件、更优美的环境,期盼孩子们能成长得更好、工作得更好、生活得更好。"解决新时代社会主要矛盾,必然要求贯彻新发展理念、实现高质量发展,而着眼点在于通过共同富裕实现更平衡更充分的发展。

一方面,共同富裕客观要求贯彻新发展理念、实现高质量发展。实现共同富裕的目标,首先要通过全国人民共同奋斗把"蛋糕"做大做好,而高质量发展是全面建设社会主义现代化国家的首要任务。只有贯彻新发展理念、实现高质量发展,才能为共同富裕提供坚实的物质基础。其次,高质量发展需要高素质劳动力,只有促进共同富裕才能提升人力资本水平,进而提高全要素生产率以夯实高质量发展的动力基础。最后,增加低收入者收入,扩大中等收入群体,是推动全体人民共同富裕取得更为明显成效的客观要求,而扩大中等收入群体,对于形成强大国内市场、推动经济高质量发展,进而构建新发展格局具有重要支撑作用。

另一方面,共同富裕是解决新时代我国社会主要矛盾的内在要求。首先,虽然江苏省通过脱贫致富奔小康工程高水平全面建成小康社会,但是仍面临城乡区域发展不平衡、城乡低收入群体持续增收难度大且应对风险能力弱、不同行业群体之间收入差距和社会保障存在明显差别的困境,通过促进共同富裕缩小区域、城乡、收入三大差距,是缓解不平衡不充

分的关键途径。其次,随着我国生活水平的提高,人们对民生的诉求也在升级,既关心民生保障的覆盖率,也关心民生保障的质量水平。总体上,人民对于民生保障的诉求全面升级,希望在就业、医疗、教育、住房、养老等方面享受更加均等化的保障,然而当前民生保障与人们对美好生活的向往存在差距。坚持在发展中保障和改善民生,扎实推动共同富裕,才能不断实现人民对美好生活的向往。

3. 落实习近平总书记重要指示精神、全面推进中国式现代化江苏新实践的有力举措

江苏是经济大省,处于全国经济社会发展的第一方阵,在全国共同富裕的"大棋"中有着重要作用。江苏较早就开始进行共同富裕的探索,从率先推进农村体制改革、乡镇企业异军突起、集体经济的快速发展,到建立健全城乡融合发展体制机制,省内南北挂钩构建合作体系,以及多轮大规模扶贫开发行动,无论在物质基础方面还是体制机制经验方面,都决定了江苏在促进共同富裕上具有重要的战略地位。

为全国发展探路,是党中央对江苏省的一贯要求。1983年春天,邓小平同志在江苏考察时以苏州发展为例证,勾画了现代化建设"三步走"的战略构想。进入21世纪,党中央对江苏提出了"率先全面建成小康社会、率先基本实现现代化"的要求。党的十八大以来,江苏承载着习近平总书记和党中央的深切关怀、殷切期望,习近平总书记先后四次来到江苏考察调研,两次参加全国人代会江苏代表团审议,多次作出重要指示批示。习近平总书记亲自为我们擘画了建设"经济强、百姓富、环境美、社会文明程度高"新江苏的宏伟蓝图;迈进新征程,又赋予我们"在改革创新、推动高质量发展上争当表率,在服务全国构建新发展格局上争做示范,在率先实现社会主义现代化上走在前列"的光荣使命。

实现全体人民共同富裕是中国式现代化的重要特征,也是中国式现代化的本质要求,推进在率先建设全体人民共同富裕的现代化上走在前列是新时代江苏的使命担当。因此,在《江苏省国民经济和社会发展第十四个五年规划和二〇三五年远景目标纲要》中的"着力在率先实现社会主

义现代化上走在前列"的部分提出,"突出共同富裕的本质特征,始终坚持以人民为中心的发展思想,在缩小城乡差距、区域差距和收入分配差距上下功夫,……逐步实现全体人民共同富裕"。同时,将人的全面发展和全省人民共同富裕走在全国前列作为 2035 年率先基本实现社会主义现代化的目标之一。2021 年召开的江苏省第十四次党代会提出"让共同富裕这一社会主义本质要求在江苏现代化建设中更加充分显现"。

二、江苏推动全体人民共同富裕取得更为明显的实质性进展的现实基础与关键难题[①]

(一)江苏共同富裕取得的成效分析

习近平总书记指出,"共同富裕是全体人民共同富裕,是人民群众物质生活和精神生活都富裕,不是少数人的富裕,也不是整齐划一的平均主义",依据对"共享发展理念"的界定,从全民富裕、全面富裕、共建富裕及渐进富裕四个方面深入理解共同富裕的内涵。现实中,共同富裕既包括收入、财产以及物质生活条件上的"显性"共同富裕,也包括"学有所教、劳有所得、病有所医、老有所养、住有所居"的公共服务与公共产品均等化、生态环境改善和精神文化生活条件上的"隐性"共同富裕。为了进一步衡量江苏共同富裕取得的成效,本书从经济发展、社会结构、居民收入与财产、公共产品、人民生活质量、收入分配公平以及生命健康 7 个维度定量分析江苏共同富裕的成效。

1. 经济发展

发展是硬道理,是实现共同富裕的根本途径。坚持以经济建设为中心,坚持高质量发展,是扎实推进共同富裕的基本遵循。"十三五"期间江苏综合实力显著增强,经济总量连跨三个万亿元台阶,突破 10 万亿元,对全国经济增长贡献超过 10%。人均地区生产总值达到 12.1 万元,位居

---

① 数据来源:《江苏统计年鉴 2021》。

全国各省(区)之首。实体经济优势巩固增强,战略性新兴产业、高新技术产业产值占规模以上工业的比重分别达37.8%和46.5%,全社会研发投入强度达2.82%,专利授权量为499 000项,科技进步贡献率达65%。城乡区域发展更趋协调,常住人口城镇化率达到72%,13个市均进入全国经济百强城市行列,综合实力百强市县数量居全国第一,苏中、苏北经济总量占全省比重提高到43%,区域发展差距不断缩小。

2. 社会结构

扩大中等收入群体,形成两头小中间大的橄榄型社会结构,完善兜底救助体系,是实现全体人民共同富裕的重要路径。2020年城镇居民最低生活保障人数为11万人,农村居民最低生活保障人数为66.6万人,总体呈现不断降低的趋势。

3. 居民收入与财产

居民收入与财产指标是衡量全体人民共同富裕程度最直观的"显性"指标,2020年江苏省居民收入稳定增长,全年全省居民人均可支配收入43 390元,其中,工资性收入24 657元,经营净收入5 703元,财产净收入4 737元,转移净收入8 294元;居民居住条件改善,财产水平显著提高,2020年城镇人均住房建筑面积48.3平方米,城镇每百户拥有家用汽车49.6辆。

4. 公共产品

公共产品及可及性是反映全体人民共同富裕的"隐性"指标,公共产品的优质共享让共同富裕看得见、摸得着。完善的养老和医疗保障体系能够逐步缩小职工与居民、城市与农村的保障待遇差距,提高城乡居民养老水平,2020年江苏省参加基本医疗保险人数3 102.3万人,全省城乡基本养老保险人数5 940.7万人。交通是城市的动脉,关系着发展和民生,发达的交通能够扩大区域商品的生产和交换规模,促进生产方式的转变,也是区域发展的基础支撑,2020年江苏铁路营业里程3 998公里,公路通车里程158 101公里,人均拥有道路面积25.6平方米。生态文明是实现共同富裕的内在要求,生态环境是人较为基本的需求之一,优质、充足、公平的生态产品供给是保障人的全面自由发展不可或缺的重要条件,也是体现社会公平正义、缩小不同阶层收入分配差距的基本保证,良好生态环境是最普惠的民生福祉,2020年江苏省人均公园绿地面积15.3平方米,$PM_{2.5}$平均浓度38微克/立方米,空气质量优良率达81%,水环境国考断面优Ⅲ类比例86.5%、林木覆盖率达24%,累计建成国家生态园林城市9个、国家生态工业示范园区23个、国家生态文明建设示范市县22个。共建城市生活垃圾分类处理是生态环境改善、资源再利用和城市文明提升的内在要求,江苏无害化处理厂日处理能力为83 051吨,生活垃圾清运量为1 871万吨,城市污水日处理能力为1 854.7万吨。教育能够筑牢共同富裕之基,完备的教育体系既能够培育优秀的人才,也能够畅通向上流动通道,2020年普通小学生师比为16.8∶1,初中生师比为12.0∶1。高质量教育体系在人的全面发展和共同富裕之间架起了宽阔、坚固的桥梁,教育公平是社会公平的"稳定器"和"压舱石",公平而有质量的教育有助于推动社会和谐发展,实现共同富裕,江苏普通高等教育本专科招生67.4万人,在校生201.5万人,毕业生51.3万人,研究生教育招生9.0万人,在校生24.4万人,毕业生5.7万人。

5. 人民生活质量

就业是民生之本、发展之基,也是财富创造的源头活水,坚持以人民为中心的发展思想,将就业摆在经济社会发展和宏观政策的优先位置,坚持经济发展就业导向、强化创业带动就业、完善重点群体就业支持体系、提升劳动者技能素质、推进人力资源市场体系建设、优化劳动者就业环境,2020年年末城镇登记失业人数36.67万人,失业率3.2%,城镇新增就业累计达726万人。出口、投资与消费被称为拉动经济的三驾马车,近些年来,随着出口、投资增速趋缓,消费被越来越多地寄予厚望,因此,"消费升级"与国家战略息息相关,是实现经济增长的重要途径,也是实现共同富裕的重要手段,低层次的消费所占比重越高,生活水平越低,2020年江苏居民家庭恩格尔系数为27.7%,人均居住消费支出7 506元,占总支出的28.6%,而人均教育文化娱乐支出2 298元,占比为8.8%,平均每百户家庭年末照相机、中高档乐器、健身器材、计算机以及移动电话机拥有量分别为 13.3 台、6.4 架、7.5 台、62.7 台和 252.3 部,人民高层次消费增加,生活质量不断提高。

6. 收入分配公平

实现共同富裕既能大幅度提高全体人民的富裕水平,也能明显缩小居民收入和财产分配差距。在推进共同富裕的进程中,要把收入分配制度建设与改革作为一个主攻方向,要构建初次分配、再分配、三次分配协调配套的基础性制度安排,切实"分好蛋糕",加快形成"托底、调高、扩中"的有效分配结构和格局。2020 年江苏省城镇居民人均可支配收入 53 102 元,农村居民人均可支配收入 24 198 元,城乡居民人均收入比为 2.19∶1,苏南、苏中、苏北人均可支配收入分别为 65 941 元、50 058 元、37 757 元,区域、城乡差距不断缩小。

7. 生命健康

健康是幸福生活的重要指标,是实现共同富裕的应有之义、重要支撑及基石。在共同富裕的背景下,要着眼于全人群、全生命周期的健康,在生命各阶段提供社会满意和需要的医疗健康和卫生服务,全民健康要共建共享,要从以治病为中心向以人民健康为中心转变,要从依靠医疗卫生系统向全社会整体联动转变。2020 年江苏已经取得一定成绩,每万人拥有病床 58.9 张,每万人拥有医生数 31.6 人,婴儿死亡率为 2.44‰。

(二) 面临的关键难题

1. 高质量发展的动力基础有待加强

实现共同富裕的目标,在高质量发展中把"蛋糕"做大做好是基础。2021 年,江苏省实现地区生产总值约 11.64 万亿元,人均地区生产总值连续 13 年位居全国各省区首位,江苏省经济高质量发展态势明显,创新引领发展能力明显增强。从在改革创新、推动高质量发展上争当表率定位来看,一是创新对培育经济发展新动能的支撑有待提升。2021 年全省 R&D 经费投入占全省 GDP 比重为 2.95%,接近创新型国家和地区中等水平,科技进步贡献率为 66.1%,但是原始创新不足、科技与经济发展

"两张皮"等方面问题亟待解决。二是产业链供应链自主可控能力有待提升。2021年,江苏省高新技术产业、战略性新兴产业产值占规上工业总产值比重分别为47.5%、39.8%,但关键设备、高精度实验仪器、芯片等关键核心技术和重要零部件对外依赖度较高。三是数字经济与实体经济的融合有待提升。2021年江苏省数字经济核心产业增加值占GDP比重为10.3%,但数字经济与实体经济融合发展仍面临"不全""不深""不能""不便""不愿"等五大难题。

2. 区域、城乡差距进一步缩小的难度较大

从区域差距来看,江苏省区域GDP差距低于浙江省,但人均GDP差距明显高于浙江省。2020年浙江省内GDP最高和最低两市的比值为10.65,这一比值不但高于江苏省(6.18),而且纵向上高于其2016年的比值。但是在人均GDP上,浙江省从2016年的2.23下降到2020年的2.21,而江苏省人均GDP最高和最低的比值从2016年的3.01下降到2.53,显著高于浙江省。在经济下行压力较大和面临碳达峰碳中和等多重约束的背景下,相对落后的地区统筹兼顾经济增长和增长方式转型,区域差距进一步缩小的难度较大。从城乡差距来看,2021年江苏省城乡居民收入比为2.16∶1,与浙江省同期的1.94存在明显差距;从下降幅度来看,2016—2021年江苏省城乡居民收入比下降5.49%,低于浙江的6.09%。此外,除苏南部分地区外,江苏省农村基础设施、公共服务、人居环境与城市相比有较大差距,对人才、资本、科技等要素资源的吸引力仍较弱。

3. "扩中"和"提低"的任务艰巨

实现共同富裕的关键在于"提低"。一方面,"提低"是"扩中"的来源,有助于扩大内需、促进经济增长;另一方面,"提低"是共同富裕路上"一个都不能少"的基础。首先,农民持续较快增收难度加大。农业农村导向型的农民稳定增收机制尚不健全,农村"沉睡"资源尚未有效盘活,导致财产性收入增长空间有限。农村低收入人口脱贫基础有待夯实,部分地区、低收入人口内生动力激发仍然不足,对外部支持的依赖度较高。其次,重点

群体稳收增收压力加大。基于纺织行业78家企业、3 000多名职工的调研显示,2020年平均工资与城镇私营单位就业人员年平均工资(63 830元)相近,但这是建立在超时加班的基础上。受外部环境、宏观调控影响,纺织、建筑、服务等行业从业人员对稳收增收信心不足。最后,针对城乡低收入人口走向共同富裕的长效机制尚不健全,弱势群体抵抗负向冲击的能力较弱。

4. 基本公共服务均等化水平亟待提高

基本公共服务均等化是共同富裕的内在要求和应有之义,是实现共同富裕的基本维度与判断标准之一。首先,农村基本公共服务存在短板。虽然江苏城乡一体化发展水平较好,但总体上乡村基本公共服务与城镇相比差距较大,尤其体现在教育、医疗卫生、社会保障等方面,在地域上,苏北等农村地区基本公共服务的质量与苏南农村地区的差距较大。其次,基本公共服务还不能满足人民对美好生活的需要。义务教育的优质均衡发展水平有待提高,面向全体劳动者的终身职业技能培训制度尚不健全,不同群体间的医疗、养老等公共服务差距还很大。最后,社会保障水平有待提升。保险存在结构性失衡的问题,如健康保险对社保目录外的保障不足,城乡居民基础养老金省定标准不高,新产业、新业态群体社会保险权益存在缺失现象。

5. 切好分好蛋糕的体制机制有待完善

实现共同富裕的目标,首先要通过全国人民共同奋斗把"蛋糕"做大做好,然后通过合理的制度安排正确处理增长和分配关系,把"蛋糕"切好分好。首先,初次分配、再分配、三次分配协调配套的基础性制度安排有待完善。初次分配中,提高劳动报酬在初次分配中比重的支持体系有待健全;再分配中,税收、转移支付等调节力度和精准性有待提升;三次分配中,需要提升慈善的透明度、公信力。其次,先富带动后富的机制亟待完善,需要提升先发地区带动后发地区、城镇带动乡村、党建引领和能人带动等的广度、深度和精准度。最后,社会成员流动的制度性障碍依然存在。城乡分割、地区分割的居民户籍制度仍然制约着劳动力和人才等要素流动;有助于城乡低收入群体消除贫困累积、不平等代际传递的公共政策体系有待完善。

6.精神富足的建设体系尚不完备

习近平总书记强调,共同富裕是全体人民的富裕,是人民群众物质生活和精神生活都富裕。首先,社会对精神富足的重视度有待提升。总体而言,部分地区仍存在物质文明建设是"硬要求"、精神文明建设是"软要求"的认知,因而在认识和实践层面一度存在重硬轻软的倾向。其次,公共文化建设不均衡,内涵建设相对滞后。这表现在苏北等发展相对滞后的地区,尤其是农村地区,公共文化供给水平和质量与城市存在明显差距,农民在现有公共文化活动过程中参与度不高。再次,部分先富群体的"道德榜样"能力不足甚至缺失,腐蚀着个人精神生活和社会整体风气。发展滞后地区和低收入群体的内生动力不足,需要增强依靠自身奋斗实现共同富裕的信心和决心。最后,精神文明建设与物质文明建设的协同性有待提升,如何让有德者有得的利益机制有待健全。

(三)具备的先发与领先优势

1.经济实力强为实现共同富裕提供了资金支持

2021年,江苏地区生产总值为11.64万亿元,2013—2021年,全省GDP年均增长7.4%。人均GDP由2012年的6.65万元增加到2021年的13.7万元,连续13年位居全国各省区第一,年均增长6.8%。按平均汇率折算,2012年江苏人均GDP为10 540美元,2021年为21 241美元,超过世界银行制定的高收入国家收入标准。全社会劳动生产率由2012年的11.2万元/人提升至2021年的23.9万元/人。

江苏财力雄厚,财政收支规模稳步扩大,一般公共预算收入由2012年的5 860.7亿元增加至2021年的10 015.2亿元,年均增长6.1%,2021年,税收收入8 171.3亿元,增长10.2%。一般公共预算支出由2012年的7 027.7亿元增加至2021年的14 586亿元,年均增长8.5%。支出结构持续改善,用于民生领域的支出持续增长,为各类人群实现共同富裕提供了财力支撑,为低收入群体的生活起到了兜底、保障作用。

2. 制造业、服务业协调发展,营商环境好,就业质量不断提升

2021年江苏制造业增加值4.17万亿元,规上工业企业实现利润总额9358.1亿元。江苏持续深入推进"放管服"改革,提高了营商环境质量,企业数量不断增加。江苏从业人数由2012年年末的4771万人增加到2021年的4863万人,净增就业92.3万人。2021年,一、二、三产从业人员占比分别为13.0%、40.2%、46.8%。城镇就业总体稳定,2021年城镇新增就业同比增长5.6%。城镇调查失业率控制在预期目标以内。就业渠道拓宽,服务业吸纳就业能力增强,就业质量提高,重点群体就业得到保障,新开发公益性岗位安置就业困难人员5.4万名。推进"创响江苏"系列活动,支持成功自主创业39.7万人。

3. 城乡区域协调发展达到新水平,发展差距不断缩小

区域互补、跨江融合、南北联动发展取得明显成效,地区发展差距缩小,有利于提高经济薄弱地区低收入群体的生活水平。2021年,苏南、苏中、苏北三大区域分别实现生产总值66647.9亿元、23748.6亿元、26731.9亿元,占全省GDP比重分别为56.9%、20.3%和22.8%,苏中苏北经济总量占比较2012年提高1.2个百分点,13个设区市均进入全国经济百强城市行列,为实现低收入人群增收提供了经济基础。

4. 居民收入增长较快,收入渠道不断拓宽,收入分配状况持续改善

居民收入迈上新台阶。江苏居民人均可支配收入从2012年的2.24万元提升至2021年的4.75万元,十年累计增长1.12倍,年均增长8.7%。2021年居民人均可支配收入比全国平均水平高12370元,在全国各省(区)中列第2位。

居民收入来源更加多元,收入结构逐步优化。2021年,江苏居民人均工资性收入26721元,占人均可支配收入的比重为56.3%,比2012年下降1.5个百分点;人均经营净收入6215元,占比为13.1%,下降3.2个百分点。随着投资渠道多样化和转移性支付力度的加大,2021年人均财产净收入5316元,占比为11.2%;人均转移净收入9247元,占比为19.5%;居民财产净收入和转移净收入对居民增收的贡献率分别为

14.1%和23.2%,较2012年提升10.2个和5.9个百分点。

收入分配有所改善,城乡居民收入差距、区域收入差距、居民之间收入差距持续缩小。江苏城镇居民人均可支配收入由2012年的2.88万元提升至2021年的5.77万元,年均增长8%;农村居民人均可支配收入由1.21万元提升至2.68万元,年均增长9.2%,快于城镇居民1.2个百分点;城乡居民收入比由2012年的2.37∶1缩小至2021年的2.16∶1,是全国城乡收入差距较小的地区之一。区域收入结构改善,苏南、苏中、苏北城镇居民收入比由2012年的1.80∶1.33∶1下降到2021年的1.74∶1.32∶1,农村居民收入比由1.68∶1.23∶1下降到1.60∶1.21∶1。中低收入群体收入较快增长。按照收入五等份分组的最低收入组家庭人均可支配收入年均增长11.1%,快于最高收入组家庭3.4个百分点。高低收入组居民收入之比逐步缩小。2020年年底,254.9万农村建档立卡低收入人口全部实现吃穿不愁,全面实现义务教育、基本医疗、住房安全和饮水安全保障,年人均收入为6 000元以上。

5. 居民消费结构优化,生活质量不断改善,低收入群体的幸福感、获得感不断提升

江苏居民人均生活消费支出由2012年的1.65万元增加至2021年的3.15万元,累计增长90.6%,年均增长7.4%。其中城镇居民人均消费支出由2.06万元增加至3.66万元,累计增长77.7%,年均增长6.6%;农村居民人均消费支出由0.99万元增加至2.11万元,累计增长1.13倍,年均增长8.8%,快于城镇居民2.2个百分点。居民恩格尔系数由2012年的30%下降至2021年的27.5%,按照联合国标准,江苏居民生活总体上进入殷实富足阶段。

消费结构优化升级。居民服务性消费较快增长,发展享受型消费比重提高。2021年,居民人均服务性消费支出14 008元,占居民消费支出比重达56.1%。2013—2021年,江苏居民人均交通通信支出、医疗保健支出年均分别增长8.1%、9.7%,占人均消费支出的比重分别比2012年提升0.8个、1.3个百分点。

耐用消费品升级换代,生活质量提升。2021年,江苏居民家庭平均每百户拥有空调器217.6台,电冰箱111.8台,彩电160.4台,热水器100.3台,洗衣机104.1台,比2013年分别增加69.6台、16.5台、3.9台、6.4台、9.7台。2021年,全省城镇、农村每百户家庭拥有家用汽车分别为54.5辆、33.3辆,比2013年分别增长76.8%、3.6倍。

6. 基本公共服务体系加快完善,民生实事扎实推进,低收入群体生活保障水平明显提高

教育事业加快推进。2021年年末,江苏拥有普通高等学校168所,普通中学达到2 895所,比2012年增加235所。教育支出2 562.1亿元,增长6.5%。全省15岁及以上人口的平均受教育年限由2010年的9.3年上升至2020年的10.2年,每10万人中拥有大学文化程度人口由10 820人增加到18 663人。

医疗服务体系逐步完善。2021年年末,江苏卫生机构达3.6万个,比2012年增加5 394个。每万人拥有医师数由2012年的19.5人增加到2021年年末的32.1人,增长64.6%。2021年,江苏省卫生健康支出1 182.7亿元,同比增长17.4%。持续推进健康江苏建设,有力保障了人民群众的身体健康,有效防止了低收入家庭因病致贫、返贫。

全民参保范围持续扩大。2021年,社会保障和就业支出1 895.6亿元,同比增长6.5%。2021年年末,参加城乡基本养老保险人数为5 965万人,比2012年年末增长25%;参加基本医疗保险人数为8 063.8万人,比2012年年末增长9.4%。江苏城乡低保统一标准从每人每月不低于240元提高到803元,年均增速达到14.4%。社会保障有效地发挥了兜底作用。

三、共同富裕的国内外经验与启示

(一) 国际典型做法与经验

全球贫富差距现状为发展中国家收入差距大于发达国家。发达国家

中欧洲居民收入差距普遍较小,其中,以挪威、丹麦、瑞典和芬兰为代表的北欧国家,以及以匈牙利、波兰、斯洛文尼亚、捷克、斯洛伐克等为代表的中东欧国家,收入基尼系数均在0.3以下。根据2020年数据,法国的基尼系数为0.29,德国的基尼系数为0.34,日本的基尼系数为0.32(2019年),而美国全部住户收入的基尼系数已高达0.49(2020年)。

1. 欧洲

芬兰、瑞典、丹麦和挪威北欧四国采取的是典型的高税收高福利模式。它们通过提高劳动生产率和升级产业结构,实现了经济繁荣和社会和谐。在20世纪末,北欧开始进行产业转型升级,通过淘汰产能落后的夕阳产业,大力扶持新兴产业,生产效率得以不断提升。与此同时,北欧还大力发展绿色产业,完善绿色发展的法律体系,注重绿色技术的创新推广。为了缩小贫富差距、支撑高福利政策,北欧各国均实行高额税收和大幅度的累进收入税,并拥有完备的税收管理体系。经过不断的改革与发展,北欧已经建立起覆盖全体公民、从出生到死亡的全生命周期福利制度,如完善的养老和医疗保障体系、公平的教育政策、完善的住房供应和保障体系等。2020年北欧四国平均就业率为62.1%,显著高于欧盟,这得益于完善的就业激励政策。

德国在兼顾效率与公平的基础上,实行市场调节与政府调控相结合的社会市场经济模式。通过鼓励中小企业发展、不断优化创新体系,形成了门类齐全的制造业体系,且占据了全球高端产业链如汽车、电子、航天、精密机械、机械装备等的领先地位。为了缩小贫富差距,德国通过初次分配、二次分配和三次分配调节收入差距,其中,三次分配环节主要是培育慈善理念、注重慈善宣传等。此外,德国在促进公共服务均等方面,采取了一系列公平和保障政策,涉及教育、住房和医疗等领域。例如,推行"双元制教育",学术教育和技术教育并行,培育多元化人才;实行以居住为导向的住房制度设计,扩大保障性住房供给,维护住房租赁市场的稳定;完善医疗卫生体制改革,实行医药分离和药品参考价格制度,促进医疗公平。

2. 日本

第二次世界大战后,日本经历了经济高速增长的恢复阶段,但同时也面临发展不平衡的问题。为了将经济发展与贫富差距缩小相结合,日本实行了"国民收入倍增计划",具体措施包括:产业结构转型、健全国民收入分配体系、建设完善社会保障体系、普及教育公平、缩小城乡差距和调节收入分配等。日本重视科技创新,以科技教育为目标进行人才培养;鼓励制造业发展,推进产业转型升级;为了扩大内需,日本采取了一系列措施提高中低收入群体的收入,从而促进居民消费结构升级。日本政府注重收入分配改革,着力解决"三农"问题,缩小城乡差距;建立了最低工资制度,通过再分配政策缩小收入差距。此外,日本还在教育、医疗和社会保障方面促进公共服务均等化,具体包括:建立有助于教育公平的义务教育体系;建立医药分离的现代化医疗制度;建立国民性质的社会保障机制,以促进全体公民享有优质的社会福利;等等。

然而,自20世纪90年代初泡沫破裂后,日本经济增速大幅放缓,全面的社会保障体系带来较大的财政压力。一方面,伴随着老龄人口增加与新生人口下降,公共年金积累不断减少,日本国民社会保障负担加重;另一方面,日本保险缴费违约率提高,参加后未全额缴纳保险费的人数呈现增加的趋势。针对日本社会保障出现的问题,政府一方面鼓励生育,另一方面在建立以老年人为中心的看护保险制度的同时提高保险金缴纳基数,延后养老年金的领取年龄。在不断修正改革的进程中,日本社会保障问题虽有所缓解,但成效相对有限。

3. 美国

美国两党交替执政导致其贫富差距周期演变。1932年后民主党连续执政20年,20世纪70年代至80年代美国青壮年占劳动力比重达到顶峰,推动物价水平上升,石油危机导致油价大涨,美国经济陷入滞胀。1980年里根当选总统成为分水岭,美国由追求公平切换到追求效率,共和党人里根和老布什连续执政12年,主张减税、削减福利和宽监管的"里根经济学"盛行,贫富差距开始拉大。此外,美国制造业占比过低也是其贫富差距日益拉大的根源,其制造业占比自20世纪60年代初的37%持续回落至2020年的15%,同期的基尼系数却从0.4不断上升至0.49。针对美国贫富分化程度已经极度恶化的现状,2021年10月,拜登公布1.75万亿美元重建美好未来法案,旨在增加教育、儿童、医疗、社保、住房等公共福利,并将与能源、气候相关的绿色投资作为首要支出项。

(二)国内典型做法与经验

浙江为全面贯彻落实《中共中央、国务院关于支持浙江高质量发展建设共同富裕示范区的意见》和《浙江高质量发展建设共同富裕示范区实施方案(2021—2025年)》,加快打造收入分配制度改革试验区,率先基本形成以中等收入群体为主体的橄榄型社会结构,已经采取多项"扩中""提低"行动,并取得一定成效。

1. 将就业作为"提低"的根本前提

浙江坚持就业优先的政策导向,将政策重心放到重点群体和就业困难群体,加强劳动力市场建设,完善就业服务体系,进一步实施就业优先战略和更加积极的就业政策,持续优化就业结构,扩大就业规模,推动居民劳动性收入较快增长。

高校毕业生已成为城镇新增就业的最大群体,且文化程度和技能水平较高,因此当前需要高度重视大学生就业问题。中共浙江省委组织部、浙江省人力资源和社会保障厅等17部门于2022年联合印发了《关于进一步做好高校毕业生等青年就业创业工作的通知》(以下简称《通知》)。《通知》明确,浙江将扩大企业就业规模、拓宽基层就业空间、支持自主创业和灵活就业、稳定公共部门岗位、精准开展困难帮扶、加强就业指导、落实实名服务、取消就业报到证、提供求职就业便利、完善毕业去向登记、推进体检结果互认、健全就业服务机制、提升职业技能水平、扩大就业见习规模等。

人力资源服务是解决就业结构性矛盾、营造公平就业环境等的重要方法。近年来,浙江省人力资源服务业得到快速发展。截至2019年年底,浙江共有人力资源服务机构4 133家,为226.37万家单位提供服务,帮助实现就业和流动1 052.61万人次,解决建档立卡人员实现就业47.2万人。浙江省积极建设灵活就业平台,高效配置人力资源。2019—2022年,浙江人力资源服务机构先后开发了"海兼职""求职地图"等20多个灵活就业平台;建立省域合作机制,搭建劳务对接桥梁。浙江省人力资源服务机构深入开展"十省百市千县"省际劳务合作,全省共派出361个工作组、1 601人赴外省强对接、签协议、建机制;制定保障用工政策,助力企业复工复产。出台人力资源服务机构助力企业复工复产专项政策,推荐就业或派遣就业;发挥培训机构作用,提升就业创业能力。一方面,发动机构开展线上线下优质培训服务,另一方面,发动机构开展就业创业指导服务,同时,以服务创业有效带动就业。

2. 将创新创业作为"提低"的有效载体

创新创业已成为经济发展的新引擎,在经济下行压力加大的背景下,鼓励创新创业成为稳增长、保就业和促转型的重要手段。创新创业既有利于让低收入人群搭上创新的便车提高收入,也有利于加快不同群体、不同阶层的流动和融合,形成更加良性和谐的社会互动。

浙江省杭州市市场监督管理局印发《关于优化监管服务举措激发市场主体创业创新活力的若干意见》,力求通过进一步降低市场主体办事成本、减轻经营负担,为企业提信心、增活力,提升国家营商环境创新试点工作质效。

浙江省科学技术厅等7部门联合印发《加强科技创新助力经济稳进提质的若干政策措施》。该文件提出,省级有关单位从财税支持、金融支持、改革稳企、扩投资等4个维度发力,针对性提出20项举措,为推动经济稳进提质提供强大科技支撑。

3. 稳定和增加居民财产性收入

浙江省积极鼓励引导居民正确理财、积极理财,增加银行存款、有价证券以及房屋、车辆等所获得的财产性收入。推进农村集体产权制度改革,不断深化农村土地制度改革,盘活农村集体资源资产,创新农业经营体制机制,发展壮大农村集体经济,进一步拓宽财产性收入来源。"扩中"

"提低",小农户是重点、低收入农户是难点。浙江省聚焦财产性收入短板,深化农村集体产权制度改革和农村土地制度改革。为扎实推进农村宅基地所有权、资格权、使用权"三权分置"改革,盘活农村闲置农房(宅基地),激活农村资源要素,2021年浙江省绍兴市、象山县、龙港市、德清县、义乌市、江山市等一批农村宅基地制度改革试点市、县的农村宅基地制度改革试点工作全面启动。

4. 推进收入分配制度改革、缩小收入差距

要打造中间大、两头小的橄榄型收入分配结构,就需着力构建初次分配、再分配、三次分配协调配套的基础性制度安排。《中共中央、国务院关于支持浙江高质量发展建设共同富裕示范区的意见》明确赋予浙江省"收入分配制度改革试验区"的战略定位,要求率先在优化收入分配格局上取得积极进展,实质上赋予率先探索突破的重要使命。因此,浙江省加快完善调节收入分配结构的财税制度和社会保障体系,支持慈善事业更大发挥第三次分配作用,推动居民收入不断提高、收入差距持续缩小。

慈善作为第三次分配中的重要组成部分,浙江省加快构建新型慈善体系。一方面,浙江省民政厅、浙江省银保监局出台了《关于推动信托公司大力发展慈善信托业务的通知》,推动全省慈善信托不断增量扩面,目前设区市已实现了全覆盖。另一方面,迭代升级全省慈善信息系统,与"浙里救"等系统互联互通,实现慈善资源和慈善需求精准有效对接。积极推进"互联网+慈善"模式创新,大力推动"指尖公益"。支持互联网公益慈善基地建设,推动高质量运行"云上公益大脑"。探索基于区块链技术的"链上公益",实现慈善领域全程追踪、智能分析、智慧监管。

5. 提高受教育程度以增强发展能力

浙江省积极推动基础教育优质均衡、深化职业教育产教融合、提升高等教育发展质量、完善终身教育开放共享体系,加快构建普惠性人力资本提升机制。

为实现城乡教育优质均衡发展,浙江省教育厅、中共浙江省委机构编制委员会办公室、浙江省财政厅、浙江省人力资源和社会保障厅共同发布

《关于新时代城乡义务教育共同体建设的指导意见》，进一步扩大城乡学校结对帮扶数量。

为加快推进职业教育现代化，服务浙江现代产业体系和创新强省、人才强省建设，浙江制定《浙江省职业教育"十四五"发展规划》，旨在到2025年，建成具有浙江特色的纵向贯通、横向融通的现代职业教育体系，打造全国一流、世界影响的职业教育高地，成为展示中国职教发展活力和质量品质的重要窗口。

6. 强化对困难群体的兜底保障救助

强化兜底保障是"提低"的基础支撑，也是浙江"提低"的可持续之道，浙江省积极建立新时代社会救助体系，推动民族地区和革命老区群众共创共享美好生活，旨在率先破解"谁该帮、帮什么、谁来帮、帮到哪、帮得怎么样"等问题，尽早实现困难群体精准识别和应救尽救。为此，浙江省民政厅印发了《关于服务保障稳经济兜民生底线20条措施的通知》，该通知就服务保障稳经济、兜民生底线提出切实加强困难群众救助帮扶、加强基本养老服务保障、积极引导高校毕业生到社区就业、减轻婚丧支出压力等20条措施。

7. 着力减负担提升居民生活品质

减轻群众负担是"扩中""提低"的基本要求，浙江省积极推动公共服务减负集成改革，着力减轻生育、教育、住房、就医、养老等方面的负担，推动实现物质生活富裕、精神生活富足，有效提升居民生活品质。

为进一步规范医疗行为，改善人民群众就医体验，浙江省卫生健康委员会等8部门印发《浙江省进一步规范医疗行为促进合理医疗检查实施意见》，该意见明确，以数字化改革为引领，以规范医疗服务行为、推进医学检查结果互认、资料共享为重点，开展专项治理行动，完善监管保障机制，促进合理检查，提高医疗资源利用效率，控制和减轻群众医疗费用负担，持续深化医药卫生体制改革，助推共同富裕示范区建设。

为全力建设共同富裕示范区，推动"双减"政策进一步落地，温州市财政局勇担新使命，通过制定课后服务工作补贴保障方案、提高义务教育学校公用经费基准等方式,进一步完善"双减"保障政策,切实减轻学生作业负担和校外培训负担。

为加快完善以公租房、保障性租赁住房和共有产权住房为主体的住房保障体系,有效解决新市民、青年人等群体住房困难问题,浙江省人民政府办公厅印发《关于加快发展保障性租赁住房的指导意见》。该意见提出,"十四五"期间,浙江省建设筹集保障性租赁住房120万套(间),重点发展保障性租赁住房城市涉及11个设区市市区和26个县(市),共37个城市。

为有效防范因病致贫、因病返贫,浙江省人民政府办公厅印发《浙江省构建因病致贫返贫防范长效机制实施方案(2022—2025年)》。浙江省医疗保障局、浙江省财政厅、浙江省卫生健康委员会联合印发了《关于进一步完善大病保险制度切实减轻群众就医负担的通知》,进一步解决困难群众看病就医后顾之忧。

(三) 主要启示

改革开放以来,伴随着经济的高速发展,我国的基尼系数也持续上升,发展不平衡问题逐渐凸显。2020年我国基尼系数为0.47,已超过0.4的警戒线,表明我国当前收入分配不合理、贫富差距过大问题亟须解决。当前全球形势复杂多变,加之近些年我国经济增速放缓,如何实现从"效率优先兼顾公平"向"更加注重公平"转变并"最终实现共同富裕",未来需要相当长一段时间的探索与努力。国内外的先进经验显示,要实现共同富裕,需要在社会、经济、文化、教育、医疗、生态、科技等方面实现全面进步与综合发展。

第一,保持经济高质量发展,是共同富裕的基础。 只有"蛋糕"进一步做大,才有更多可分配的资源与财富。首先,从欧洲和美国的经验来看,保持第二产业(制造业)的稳定发展至关重要。我国仍处于社会主义初级阶段,不应过早把经济重心转向第三产业,要稳定制造业在国民经济中的比重。其次,注重科技创新与绿色发展,加快淘汰落后产能。依托当前国内新型基础设施建设,加大科技研发投入,布局战略性新兴产业,提升新技术自主掌控力。大力推进传统产业数字化与绿色化发展,赋能传统制造业转型升级,提升生产效率,实现科技成果向现实生产力的转化,从而保持经济持续健康稳定发展。

第二,缩小城乡差距、区域差距与收入差距。 首先,要持续推进乡村振兴战略,推动农村地区基础设施建设,提升农业农村现代化水平,提高农业生产率,缩小城乡差距。其次,加大对相对欠发达地区的基础设施建设力度,加快发展区域特色产业,深化市场机制改革,促进要素自由流动,创造更具吸引力的营商环境;同时增加公共服务供给并提高均等化水平,缩小区域差距。最后,要深化收入分配制度改革。建立并完善最低工资保障制度,同时提高劳动报酬在初次分配中的比重;加快税制改革,加大税收调节力度与精度;进一步完善三次分配机制,培养国民的慈善意识;通过初次、再次与三次分配,提升中低收入群体的收入水平,缩小收入差距。

第三,健全社会保障体系,促进公共服务均等化。 适当提高政府对民生领域的支出,尤其要加快针对中低收入人群的社会福利体系建设,完善医疗、住房、养老、教育等社会保障制度。医疗方面,推行多层级医疗保障制度与分级诊疗体系,促进优质医疗资源分布更加均等,同时还要构建更加合理的医务人员劳务报酬体系。养老方面,完善养老金制度,建立多层次的养老保障体系。住房方面,加大保障型住房建设力度,保障住房供给,规范住房租赁市场。教育方面,注重教育公平、教育均等化,平衡各地区学校师资力量,加大对县乡教师培训的投入,培育乡村优质教师资源等。

第四,就业是实现共同富裕的重要抓手。 首先,重视以就业为导向的教育,普通教育和职业教育共同发展,推进我国教育体系多元化发展,提升国民整体素质,进而促进就业稳定增长。其次,坚持就业优先导向,加快完善促进就业的政策体系,并确保各项就业政策落实到位。推动校企深度合作,加快培养适应新业态、新模式需要的创新型复合型人才;积极推动职业技能提升,全面落实终身职业技能培训制度,进一步畅通灵活就业渠道等。

四、江苏推动全体人民共同富裕取得更为明显的实质性进展的总体思路与破题重点

(一) 总体思路

1. 既要在"做大蛋糕"上做文章，也要在"分好蛋糕"上做文章

"共同"和"富裕"之间是辩证关系，"共同"体现公平，即"分好蛋糕"，侧重分配结果，解决公平的问题；"富裕"体现效率，即"做大蛋糕"，侧重物质基础，解决效率的问题。两者之间的关系，本质上是生产与分配的关系，是新时代社会主要矛盾的具体体现，也是新发展阶段需要处理的种种关系中的核心关系之一。要实现共同富裕，必须把握和处理好"做大蛋糕"和"分好蛋糕"的协同关系，不可厚此薄彼甚至顾此失彼。

近年来，江苏始终坚持稳中求进工作总基调，以高质量发展夯实经济基础，有效应对经济发展面临的各项风险挑战。先进制造业、高技术服务业和新兴消费均实现质效提升，经济根基进一步巩固，城乡区域发展协调性进一步增强，城乡居民收入稳步提高。数据显示，2021年江苏省地区生产总值达11.63万亿元，占全国十分之一。对于江苏而言，在实现共同富裕的进程中，"做大蛋糕"是由江苏在全国的经济贡献所决定的，而在"做大蛋糕"的同时"分好蛋糕"是江苏承担"三大光荣使命"、体现江苏担当的具体表现。

2. 既要在缩小收入差距上做文章，也要在缩小财富差距上做文章

收入和财富的分配结构直接关系到共同富裕的实现，关系到社会公平正义，并对社会生产和效率具有反作用。就收入差距而言，就是以高质量就业岗位比重提高居民收入水平，以区域先富带后富推动区域协调发展，以高质量城镇化和乡村振兴推动城乡共同发展、缩小城乡差距。就财富差距而言，要构建初次分配、再分配、三次分配协调配套的基础性制度安排，加大税收、社保、转移支付等调节力度，处理好效率和公平的关系，

形成有利于全体人民共同奋斗实现共同富裕的分配格局。近年来,江苏通过推动苏宿挂钩合作、南北共建园区、高质量推动城镇化和乡村振兴等措施,实现了城乡居民收入稳步提升,收入差距逐年缩小,区域发展以及富裕程度等各项指标均位于全国前列。2021年江苏省城乡居民人均可支配收入分别为 57 743 元、26 791 元,城乡收入比进一步降至 2.16∶1。"十四五"期间,在保持经济增长与收入增长同步的同时,将人均 GDP 的提高转化为居民收入的提高,确保"三大差距"中的城乡居民收入差距要低于财富差距。

3. 既要在补齐短板上做文章,也要在筑牢底板上做文章

保障中低收入群体过上殷实而体面的生活,是共同富裕的底线要求,也是共同富裕最显著的标志。其中,城乡弱势群体是促进共同富裕的重点帮扶保障人群,要通过社会救助等措施提高应对风险的能力来筑牢底板。在补齐短板和筑牢底板时,要健全面向更低收入群体的发展型帮扶政策,巩固拓展脱贫攻坚成果,夯实全面小康根基。从根本上看,需要实施更加积极的发展型帮扶政策,健全分层分类的社会救助体系,完善社会福利制度,加快缩小社会救助的城乡标准差异,逐步提高城乡最低生活保障水平,兜住基本生活底线,防止规模性返贫;要完善养老和医疗保障体系,逐步缩小职工与居民、城市与农村的筹资和保障待遇差距,减轻低收入群体在医疗、养老等方面的支出负担,阻断贫困代际传递;要加大普惠性教育投入,有效减轻低收入群体育幼、教育负担,提高受教育水平;要完善住房供应和保障体系,坚持房子是用来住的、不是用来炒的定位,租购并举,因城施策,完善长租房政策,扩大保障性租赁住房供给,缓解低收入群体住房压力,实现住有所居。

4. 既要在物质富裕上做文章,也要在精神富裕上做文章

促进共同富裕与促进人的全面发展是高度统一的。实现共同富裕是一个物质积累的过程,也是一个精神丰实的过程,两者相辅相成、缺一不可。物质富裕是精神富足的基础,能够为精神文明建设提供物质条件;反过来看,更高水平的精神文明建设,可以为物质文明建设提供精神动力。

对于江苏而言,在推进共同富裕的过程中,要处理好"富口袋"和"富脑袋"的关系。引导和推动全社会树立文明观念、提高文明程度、形成文明风尚,做到既要家家"仓廪实衣食足",也要人人"知礼节明荣辱",不断增强人民群众的获得感、幸福感、安全感。

5. 既要在激发市场活力上做文章,也要在先富带动后富上做文章

共同富裕是一个长远的目标,不是"吃大锅饭",也不是"劫富济贫",不能要求所有地区、所有人同时富裕,也不能要求不同区域、不同人群都达到全国一致的收入和生活水平,要分阶段促进共同富裕。改革开放以来,我国经济建设取得了显著的成绩,市场主体得到快速发展,部分地区和人民率先富裕起来。但实现共同富裕不是一部分人的共同富裕,而是全体人民的富裕。首先,在推进共同富裕的过程中,要发挥微观政策的宏观效应,充分释放政策红利,激发市场活力的乘数效应,推动经济实现高质量发展,"做大蛋糕"。其次,要构建先富带动后富机制,团结"先富"群体的力量,重点鼓励辛勤劳动、合法经营、敢于创业的致富带头人发挥"士负国家之责"的企业家精神,带后富、帮后富,最终实现全民共同富裕。

6. 既要在壮大中等收入群体上做文章,也要在社会流动上做文章

中等收入群体是共同富裕的"基本盘"。壮大中等收入群体,既需要继续提高现有中等收入阶层的富裕程度,更需要推动大量低收入阶层跻身中等收入阶层并继续提高富裕程度。尤其是占据市场主体99%的中小企业,提供了90%以上的就业岗位。要支持中小企业发展,构建大中小企业相互依存、相互促进的企业发展生态,提升居民收入水平;针对高校毕业生、技术工人、中小微企业主、个体工商户等重点群体精准施策,扩大中等收入群体,形成中间大、两头小的橄榄型阶层结构。另外,提高社会流动性,防止社会阶层固化。要畅通向上流动通道,形成人人参与、人人尽力、人尽其才、各得其所的局面,避免"内卷"和"躺平"。要给更多人创造致富机会,最大程度地激活人这一生产力中最活跃的要素,让大部分人通过自身努力进入中等收入行列,并不断提升生活水平和富裕程度。

183

（二）破题重点

在目前的经济发展阶段和国内外形势下，紧紧围绕扛起三大光荣使命，立足江苏省实现全体人民共同富裕取得更为明显实质性进展面临的难题，可以从近期、中期、远期三个阶段谋划破题重点。

1. 近期重点

在高质量发展上，当前重点是要营造国际一流营商环境，加快恢复市场主体尤其是中小微企业、个体工商户活力，加快推动创新驱动发展战略的实施，为全国稳经济大盘和高质量发展发挥出江苏的主力作用。在收入分配改革上，要通过政府有为之手使社会的分配机制向勤劳致富的劳动者适当倾斜，加大对农村和苏北地区的财政投入，加快完善慈善事业、公益性捐赠等制度建设。在其他方面，重点是加快推动劳动者的权益保障和人力资本提升，完善和优化现行社会保障制度，减轻普通家庭社会成本性支出压力。加大农村改革力度，发挥"三农"压舱石和"蓄水池"作用。

2. 中期重点

在高质量发展取得显著成果的基础上，持续提高发展的平衡性、协调性、包容性，更大幅度地扩大中等收入群体规模，建立与共同富裕相匹配的基础教育制度、住房保障制度、医疗养老制度，城乡低收入群体的保障水平明显提升。个人所得税、房地产税等调节居民收入和财富的精准性明显提升。进一步研究促进城乡区域差异逐渐减小、社会阶层流动制度性障碍逐步消除、物质生活和精神生活协同富足的政策制度。

3. 远期重点

形成稳定的中间大、两头小的橄榄型分配结构，确保社会阶层流动畅通。以城乡等值化、区域一体化为目标，进一步缩小城乡和区域差距。制度建设需要聚焦更高质量的经济增长、充分就业、社会公平以及更高品质的物质文化生活，并适时推进遗产赠与税等特定税制及更加稳定的慈善事业管理体制机制。

五、江苏推动全体人民共同富裕取得更为明显的实质性进展的对策建议

(一) 强化共同富裕顶层设计,健全优化共富型制度政策

1. 加强顶层设计,将共同富裕摆在更加重要的位置

建议成立由江苏省委、省政府牵头的领导小组,负责对全省共同富裕建设工作进行统筹协调、督促指导、整体推进;建立专班化工作机制,聚焦突破实现共同富裕过程中的重点、难点和关键点;在各市、县均成立相应小组和专班,承担属地抓总工作。建议参考浙江省做法,研究制定促进共同富裕行动纲要,构建形成"《实施方案》+专项文件"的政策体系。出台江苏共同富裕指标体系,以及常态化的绩效考核体系。在推进过程中,准确把握共同富裕的内涵要求,以任务清单为抓手,畅通上下联动。强化部门协同和省市县纵向贯通,以及苏南、苏中和苏北三大区域的横向联动。

2. 健全优化共富型体制机制

一是充分认识到建立健全共同富裕体制机制的重要性。实现共同富裕的目标,首先要通过全国人民共同奋斗把"蛋糕"做大做好,然后通过合理的制度安排正确处理增长和分配关系,把"蛋糕"切好分好。共同富裕是一个复杂的系统工程,无论是做大做好"蛋糕",还是切好分好"蛋糕",都需要在建立健全共同富裕的体制机制和政策体系方面作出系统性谋划。二是要注重打通高质量发展与共同富裕的协同联动。要坚持以推动高质量发展为主题,把实施扩大内需战略同深化供给侧结构性改革有机结合起来,在促进经济实现质的有效提升和量的合理增长的同时,通过建立健全共富型体制机制让社会的低收入群体享受到社会进步带来的福祉。这涉及建立全域创新支撑共同富裕机制,完善高质量就业创业体系,健全有利于壮大中等收入群体的分配制度和基本公共服务普惠共享机制,健全先富带动后富的机制,完善物质富裕与精神富有协调发展机制等。三是注重共同富裕治理体系相关领域的联动。共同富裕涉及经济发

展、就业创业、民生保障、乡村振兴、财富调节等各个领域中正式与非正式的制度关系,既需要增强不同领域之间政策的平衡性和协调性,也要在政策执行过程中强化联动协同。建议加快布局共同富裕省级试点,尽快形成苏南、苏北不同区域典型模式的可推广的经验做法,并在全省分区域复制。

(二) 打造国际一流营商环境,充分激发各类市场主体活力

1. **大力推进现代数字政府建设**

进一步做好简政放权的"减法"、做强监管的"加法"和优化服务的"乘法"。建立多部门联动机制,规范标准流程,同步各个部门信息化的节奏。在安全可管可控的前提下,加强部门协同配合,加快破除"信息孤岛"和"数据烟囱",聚焦大平台共建、大系统共享、大数据共治,大力实施政务服务"一网通办"、政府治理"一网统管"、政府运行"一网协同",打造现代数字政府新样板。

2. **维护公平竞争的市场秩序**

优化"亲商服务"综合配套,建立常态化政企沟通渠道。依法平等保护各类市场主体产权和合法权益,稳定市场主体生产经营和财富创造的预期和安全感。全面推动信用体系建设,大力推动普惠金融发展,努力降低企业制度性交易成本和融资成本。精准加大对中小微企业、个体工商户等市场主体的支持力度,在稳定就业岗位的基础上提高用工力度。继续放宽民营企业市场准入门槛,创新激励机制,提升企业开办便利度,增强国际竞争力。

3. **持续打造法治化营商环境**

通过法治化的手段稳固营商环境优化的成果,进一步完善专利、商标、版权等单项法规,加大对制作销售假冒伪劣产品行为、市场垄断和不正当竞争行为的惩治力度;继续完善线上司法等环节的一体化监测平台。实现江苏"数字法制,智慧司法"的新格局;推动行政综合执法,打破部门壁垒,加强信息互联互通,基于统一的数据共享平台构建跨部门、跨层级的行政执法机构。

（三）推进以创新和绿色为引擎的产业升级，着力推动高质量发展

1. 深入实施创新驱动发展战略

加快建设制造强省，大力推进全国制造业高质量发展示范区建设，增强产业链、供应链的韧性和竞争力。加大创新驱动投入，建立风险保障机制，加强创新链和产业链对接，抓住江苏创新型省份建设试点、苏南自主创新示范区建设的契机，利用江苏丰富的科教创新资源，在协同创新、科技金融等方面先行先试。积极推动科技创新平台建设。科学构建有利于激发创新主体积极性主动性创造性、加速科技创新成果产业化的创新平台运行机制。全力打造重大创新平台，升级现有科技创新载体，优化创新要素空间布局，推动创新平台承载区建设。依托创新平台推动多方主体协同创新，实现创新资源的有效整合与协作共赢。

2. 高标准构建绿色经济体系

按照供给侧结构性改革的要求，做好无效供给、低端产能的"减法"和高端绿色产品的"加法"。积极推广发展节能环保和清洁能源产业，加强对高能耗和高物耗产业的限制、转移和整改，加快向绿色经济转型。推动全省能源结构、产业结构、生活方式的根本性转变，力争在全国碳达峰之前率先达峰。支持产学研市场化运行的绿色技术创新联合体，加快推进绿色低碳技术的研发攻关和示范推广。进一步具体化"六大工程"的要求和规范，加强生态文明理念教育，倡导简约适度、绿色低碳和有助于提升个人素养的生活方式。

3. 坚持把数字经济作为江苏高质量发展的关键增量

加快建设网络强省、数字江苏、智慧江苏。聚焦江苏十大战略性新兴产业和 13 个先进制造业集群，全面开展智能车间和智能工厂建设。加快数字经济示范区建设，形成一批在全国有影响力的数字产业发展引领区、产业数字化转型示范区、数字技术应用先导区以及数字经济制度创新策源地。发挥数字经济龙头企业作用，在 5G 网络、数据中心等具有战略全局意义的项目建设中，适度超前、抢抓先机。加快数字经济与乡村旅游、农村电商、农村物流等新业态的融合。基于数字化赋能，提升社会保障的

便捷程度和帮扶力度。

(四) 完善收入分配制度,分类推动中等收入群体规模扩展

1. 提高劳动报酬在初次分配中的比重

坚持多劳多得,突出技能贡献,构建充分体现知识、技能等创新要素价值的收益分配机制,推广实行年薪制、协议工资或项目工资等灵活多样的分配形式。加强对行业收入分配的管理与监督,完善企业薪酬调查和信息发布制度。完善最低工资标准与经济增长和社会平均工资增长联动机制,建立行业企业工资指导线制度。充分发挥工会作用,推进新就业形态领域工会组建和从业人员入会工作。加大对职工群体的权益维护,突出抓住劳动定额、工作时间、劳动保护等重点问题,探索在新就业形态劳动者集中的头部企业建立协商协调机制,实现工资合理增长,消除农民工、灵活就业人员等群体因身份差别而导致的具有逆向转移支付效应的体制性安排。

2. 加大政府在再分配中的作用

一是完善税收政策。优化税率结构,提高直接税比重,降低间接税比重。完善专项附加扣除等个人所得税制度,稳步推进税延养老险政策试点,扩大综合征收范围,更好地发挥税收调节收入分配的作用。二是加大转移支付的调节力度。加大民生支出财政保障力度,进一步增加社会救助、社会保险、社会福利等方面的支出。强化省级财政对苏北地区的转移支付,深化苏南地区对苏北地区的帮扶合作。坚持把农业农村作为财政支出的优先保障领域,确保农业农村投入只增不减。

3. 推动慈善事业高质量发展

打造新时代江苏慈善名片,鼓励并简化慈善机构设立,完善内部治理机制和外部引导监管机制,提高慈善的透明度和公信力,不断提升慈善组织形象。完善慈善褒奖制度,对慈善事业、公益性捐赠等第三次分配实施更为优惠的财税政策。大力发展慈善信托,对慈善信托给予政策支持,为慈善事业发展添加新动力。弘扬商业向善文化,鼓励引导高收入群体和企业家向上向善、关爱社会,畅通社会各方面参与慈善和社会救助的渠道。

4. 实施"提低扩中"行动

建议研究制定"提低扩中"行动方案,明确重点关注的群体并加快建设"全面覆盖＋精准画像"基础数据库,充分利用数字化手段推动精准施策,加快形成以中等收入群体为主体的橄榄型社会结构。推动实施就业优先战略,壮大中等收入群体。一方面,要壮大稳存量,提高现有中等收入群体的收入水平,改善收入结构。对于高校毕业生,帮助他们尽快适应社会发展需要,实现学有专长、学有所用;对于技术工人,尽力提高他们的工资待遇;对于中小企业主和个体工商户,采取有效措施帮助他们稳定经营、持续增收;对于进城农民工,帮助他们安心进城、稳定就业。要大力发展职业教育和培训,使更多人实现更加充分、更高质量的就业;要增加城乡居民住房、农村土地、金融资产等各类财产性收入,进一步研究推动增加人民群众财产性收入的办法。另一方面,提低提增量。江苏还有相当多农村人口尚未进入中等收入群体,要以乡村振兴为契机,通过各种政策扩大就业机会,增加农民的工资性收入,发展农村富民新型产业。在新型集体经济高质量发展中促进农民农村共同富裕,严格落实农民收入十年倍增计划,注重通过保险和收入稳定计划提高城乡低收入人口应对负向冲击的能力,持续完善防止返贫动态监测和帮扶机制,制定针对低收入家庭、留守儿童和老人、创业失败者等困难群体帮促标准化清单,提高向上流动能力。

(五)强化数字赋能基本公共服务,推动高质量民生保障普惠共享

1. 加大财政资金对基本民生的兜底保障力度

按照"在发展中提高保障和改善民生水平"和"尽力而为、量力而行"的要求,根据实际需要和条件逐步提高各级政府对基本民生保障建设的投入。强化财政资源统筹,将民生支出作为一般公共预算支出的重点内容,真正发挥财政支出在保基本民生方面的支撑作用。创新财政资金直达机制,加大省级财政转移支付力度,重点向财政薄弱的苏北地区基本民生保障领域倾斜,强化农村地区基本民生保障的财政转移支付力度。规范开展政府和社会资本合作(PPP),发挥财政资金"四两拨千斤"的作用,拓宽民生领域供给渠道。坚持政府过紧日子,将节省出来的资金投向民生领域,使财政资金最大限度地精准用于兜底保障基本民生。

2. 更加注重普惠性、基础性、兜底性民生建设

按照提高统筹层次、优化筹资责任、打破户籍壁垒、统一标准和待遇等方面来深化改革,加大教育、医疗、就业、社保等公共产品的一体化、均等化有效供给,为社会各阶层尤其是低收入群体提供一个具有一定水准的教育、公共卫生和社会保障的社会环境。持续提升城乡社会保障水平,健全养老金参保缴费激励约束机制,提高城乡居民基础养老保障待遇水平。缩小城乡居民最低生活补助标准差距。推动基本医疗保险、失业保险、工伤保险省级统筹统支,精准实施全面参保计划,探索更加符合新产业、新业态和灵活就业人员多样化需求的保险保障和参保缴费机制。进一步拓宽公租房受众面,让更多的非城市户籍人口能够享受到公租房待遇,让政策覆盖更多低收入群体。

3. 强化数字赋能基本公共服务,推动高质量民生保障普惠共享

一是以数字赋能推动基本公共服务均等化。在数字化场景下打造新型教育共同体、医共体、帮共体、社会治理共同体等载体,推动互联网医院、远程医疗建设,促进健康医疗大数据发展,推进医疗健康领域5G应用;充分利用5G、大数据、人工智能等现代信息技术,与教育公共服务均等化建设有效结合,不断提高服务绩效和可及性,使教育资源分配不均衡的问题在数字化转型的过程中得到解决。瞄准省内经济薄弱地区、农村地区等,瞄准教育、医疗、社保、帮扶等重点服务内容,提升社会服务的远程供给水平和覆盖水平,探索公共服务产品供给与消费公民参与的新机制,缩小区域、城乡、群体之间的优质公共服务差距。

4. 健全多层次社会保障体系,加强社会保险的应对韧性

构建分层分类社会救助体系,完善"物质+服务"综合救助措施;统筹社会保险、社会救助和最低生活保障制度,实施"积极主动、精准高效"的分层分类智慧救助,加大对弱势群体的救助力度,提高收入或支出型困

难、创业失败等群体应对负向冲击的能力。建立健全共建共治共享城乡社区治理体系,畅通社会组织、慈善力量、社会工作者、志愿者等多元社会力量有效参与社会治理和公共服务的渠道;完善困难群众主动发现机制,围绕人民生活品质显著提升持续发力。加强社会保险的应对韧性,要在科技保险、农业保险、环境污染保险、安全保险等方面提高保障能力。加快补齐公共卫生、防灾减灾、民生保障等领域短板,培育完整内需体系。构建"全民皆保险"的社会保障制度,将更多医保目录外的合理医疗费用按规定程序纳入商业健康保险保障范围,持续提高城乡居民基础养老金最低标准,规范发展第三支柱养老保险,探索更加符合新产业、新业态和灵活就业人员多样化需求的保险。

(六) 完善先富带动后富机制,促进区域、城乡协调联动发展

1. 更大力度推动城乡融合发展

打破阻碍农村吸纳城市先进要素的藩篱,更大力度促进城市资源下乡。打造产业协同示范。挖掘乡村资源禀赋、文化内涵等元素,集聚优势特色产业集群,成为城市工业文明的有益补充;引入城市社区治理经验,培育志愿者、社会组织等专业服务,激励村民自觉参与乡村公共事务。拓展"万企联万村"做法,积极推动产业下乡,把以农业农村资源为依托的二、三产业尽量留在农村,把农业产业链的增值收益、就业岗位留给更多农民。建立大学生、高技能人才、外出务工经商人员返乡创业激励机制,招引新乡贤回乡参与家乡建设,探索实施岗编适度分离等多种方式,推进城市教科文卫体等工作人员定期服务乡村。加快推动农村宅基地"三权分置"改革,强化金融与农村产权交易市场联动,推动保险与信贷、担保联动,有效盘活农村闲置资源。更大范围推动农村集体经营性建设用地入市,增加村集体和农民群体的收入分配。

2. 促进农村集体经济发展

培养一批有情怀、懂经营的集体经济发展"带头人",鼓励各地因地制宜通过统一经营、股份合作、联合发展等多种形式促进新型集体经济发展,探索建立集体经济发展与管理人员报酬待遇增长挂钩机制。大力发展"村集体+"模式,在"统"的层面形成更多有利于带动小农户的经营方式。以股份为纽带推动集体和成员共谋共建。深化农村集体产权制度改革,实现资源变资产、资金变股金、农民变股东。积极推进"政经分离",建立健全董事会、理事会、监事会的组织架构,强化农村社会公益服务的财政保障程度。积极发挥集体经济在支持低收入农户增收和扶"弱"助"小"方面的作用,改善农村基础设施建设和公共服务,提高村集体经济收益对成员的分红额度。

3. 深化苏南苏北挂钩合作

选择优势互补或功能相近的县级单元,探索重点突出的结对共建路径,推进苏北县(市、区)与苏南县(市、区)挂钩合作全覆盖。以产业链思维推动苏南苏北产业转移,支持苏南其他有条件的县(市、区)在苏北对口县(市、区)设立更多共建园区,从共建园区逐步拓展到产业发展、集体经济等全方位带动。制定苏北地区在苏南地区及上海、深圳等地建设科创飞地的财税支持政策,促进科创飞地与苏北地区资源要素和创新产业的有效衔接。推动苏南地区公共服务优势领域与苏北结对地区短板弱项紧密对接,有针对性地打造教育、医疗、文化、人才服务等领域公共服务共建体,支持创新协议合作、连锁经营、开办分支机构、管理输出、集团并购等多种协作方式。鼓励苏南地区经济强村、有条件的企业与苏北地区薄弱村集体对口合作。提高村集体的带富能力,鼓励先富人群对后富地区进行投资,包括置办学校、建设工厂、参与基建等,带动后富人口致富,同时享受国家的税收优惠政策。

4. 巩固拓展衔接,守住高水平全面小康底线

巩固江苏乡村振兴的成功实践,加大对苏北地区以产粮为主的乡村的扶持,支持苏北农村新型社区打造成为"新鱼米之乡"的示范工程。建立基于多维减贫理念的基本公共服务兜底政策体系,确保已脱贫但不稳定的人口和边缘易致贫人口均能稳定地享有医疗、教育、就业、住房、基础设施等基本公共服务,提升贫困人口脱贫的可持续性和边缘易致贫人口监测的科学性。以共享共富守住全面建成小康社会的底线。

（七）推动精神富足与物质富裕协同发展，凝聚全社会共同奋斗的强大力量

1. 强化共同富裕的生活属性，充分满足人民精神需求

积极满足人民对民主、法治、公平、正义、安全、环境等方面的需要。加强城乡人居环境综合整治，高起点推进美丽江苏建设。进一步加强城市规划设计与历史文化保护，推动建筑品质提升和文化普及。深入推进特色田园乡村建设。充分满足人民群众日益增长的精神文化需求，挖掘文化资源，培养文艺英才，建成以人为核心的高质量公共文化服务现代化体系，打造有江苏特色的文化标识，讲好"江苏故事"，让"精神富裕"成为"共同富裕"的最亮底色。

2. 推动文化产业高质量发展

丰富高品质文化产品和服务供给，推出更多彰显江苏敢为人先的勇气魄力、吃苦耐劳的奋斗精神的精品力作，努力营造全社会共同奋斗共同富裕的良好氛围。以财政、税收、金融等政策助力数字文化产业发展，推进文化产业融合发展战略，打造彰显"江南味、水乡韵、田园风、国际范"的文旅融合示范区。

3. 推动信用与文明实践深度融合

建议在省级层面出台"信用＋文明实践"运行体系的相关政策文件，探索实行文明信用积分制度并构建相应的奖惩机制，鼓励"信用＋志愿""信用＋德治""信用＋激励"等多种形式的文明实践活动，通过"诚信"杠杆激发群众践行精神文明的内在动力。

4. 推动精神富有先行区建设

鼓励张家港等地在精神富有方面先行先试，探索从理想信念、道德品行、文化生活、社会风尚等多个维度构建精神富有评价标准体系。鼓励具备条件的地区积极探索精神富有和物质富裕的转化通道，总结可以为全省乃至全国提供可参考的实证案例和实践经验，率先打造精神富有的样板。

第六章　深入推进江苏物质文明和精神文明协调走在前列

党的十八大以来,习近平总书记高度重视物质文明和精神文明协调发展,强调"以辩证的、全面的、平衡的观点正确处理物质文明和精神文明的关系",指出物质文明和精神文明均衡发展、相互促进是实现中华民族伟大复兴的基本前提。党的二十大报告指出,中国式现代化是物质文明和精神文明相协调的现代化。物质富足、精神富有是社会主义现代化的根本要求。丰富人民精神文化生活,不断增强中华民族凝聚力和中华文化影响力是全面建设社会主义现代化国家的重要任务。

江苏作为经济强省、文化大省,一直担当着全面建设社会主义现代化国家的排头兵,承载着党和国家的殷切希望。进入新时代,习近平总书记亲自为江苏擘画了建设"经济强、百姓富、环境美、社会文明程度高"新江苏的宏伟蓝图,赋予江苏"在改革创新、推动高质量发展上争当表率,在服务全国构建新发展格局上争做示范,在率先实现社会主义现代化上走在前列"的光荣使命。中共江苏省委十三届十次全会指出,江苏要在率先实现社会主义现代化上走在前列,就是要"坚持社会主义核心价值体系,构筑思想文化引领高地,在率先建设物质文明和精神文明相协调的现代化上走在前列"。

物质文明与精神文明协调发展,是实现中华民族伟大复兴的重要前提。在江苏实现物质文明与精神文明协调发展必须以科学认识当前江苏的实际情况为前提,利用现有优势,补齐短板,进一步扩大江苏在促进物质文明与精神文明协调发展方面的比较优势。

一、物质文明与精神文明协调发展的内涵

物质文明是人类在改造自然界的过程中产生的物质成果的总和。物质文明的发展主要体现为社会财富的积累,具体体现在社会生产力水平的提高,生产工具、生产技术的改进等。物质文明发展的目的在于改善人类的物质生活水平,同时伴随着人们生产和生活方式的改变。精神文明与物质文明相对,是指人类在认识世界、改造世界(包括客观世界和主观世界)的过程中形成的精神成果的总和。精神文明建设是社会主义现代化建设的重要组成部分和重要目标。社会主义精神文明以马克思主义为指导,是人类精神文明发展的重要阶段。精神文明建设包括思想道德建设和教育科学文化建设,体现在经济、政治、文化、社会生活的各个方面,渗透在整个物质文明建设之中。精神文明建设为物质文明的发展提供思想保证、精神动力及政治保障、法律保障和智力支持。物质文明的发展为精神文明建设提供物质基础,精神文明建设为物质文明的进步提供智力支持,二者相互渗透、相互影响,物质文明与精神文明协调发展是社会发展和进步的内在要求。物质文明和精神文明协调发展是中国式现代化发展的内在需求。只有物质文明和精神文明协调发展,才能促进社会主义事业蓬勃发展。

(一)物质文明与精神文明共同孕育

在人类社会发展的进程中,物质文明与精神文明是共同孕育的。原始人类在采集食物和狩猎的过程中积累了经验,逐渐改进了采集及狩猎工具,产生了原始农业和畜牧业,日渐丰富的食物不仅延长了人类的寿命,而且改变了人类的生产和生活方式。畜牧业、农业相关技术的发展和知识的积累促使人类从茹毛饮血的洞穴生活过上了相对安定的群居生活。人类的早期文明正是从结绳记事、龟甲、兽骨、岩画中萌芽,人类文明

的延续也从口口相传发展成为有介质的传播,尤其是文字的产生,不仅是人类精神文明发展的重大飞跃,也是物质文明发展的重要体现。文字的使用和传承需要耗费相对较多的时间和空间,这在某种程度上依赖于社会物质生产水平的提高,以及相对充足的剩余劳动。剩余劳动的产生是由于生产力水平的提高导致物质产品的丰富及医疗技术的发展大大延长了人类的寿命,物质生产水平的提高解放了人们的体力和脑力,人们才有精力学习文字,记载精神文明成果。物质文明的发展为精神文明建设提供物质基础,这种物质支持首先体现在物质资料的生产促进社会财富的积累,从而为人类的生物学存在提供物质保障。物质文明的发展程度决定和制约着精神生产的发展规模和发展水平。

物质文明发展的多种路径是人类精神文明世界形成的基本前提。人类文明的丰富归根结底取决于人类面对不同的自然环境,在不同历史条件的制约下所做出的不同的文化选择。人类文明的形成和发展是一系列选择的结果,人类在认识自然、改造自然的过程中,形成自己独特的风俗习惯和生产生活方式,形成其独特的文明成果及文化模式。

首先,人类丰富的物质文明和精神文明成果在很大程度上受自然环境的制约。人类与自然之间的关系一直是人类社会关注的根本性关系之一。根据生态人类学的研究,在广义上,人类与环境之间的关系大致可以分为三种:第一种是人类适应环境的同时也受到环境的塑造;第二种是人类为了满足自身的需要而适应环境,因此,人类决定或者塑造环境;第三种则是人类与环境通过互动相互影响。[1] 人与自然的关系错综复杂,既相互影响又相互制约。在人类文明发展的过程中,人类赖以生存的地理环境、自然资源的多样性在相当大的程度上决定了文化的差异性。人类文明产生于一定的物质基础之上,并由此发展而来,两者之间相互依存,尤其是在文明形成的初期,自然环境的作用更是不容小觑。以自然气候

---

[1] Kay Milton, *Environmentalism and Cultural Theory: Exploring the Role of Anthropology in Environmental Discourse* (London: Routledge, 1996), p.40.

为例,我国受气候的影响,有一条神奇的 400 毫米等降水量线①,以这条 400 毫米等降水量线为界,以西、以北为半干旱地区,以东、以南为半湿润地区。半干旱地区由于年降水量低于 400 毫米不适宜耕种,只能放牧,因此发展游牧文化;半湿润地区由于雨量充沛非常适宜农耕,因此发展农耕文化。在中国历史上,农耕文明和游牧文明都曾试图跨域这条线,但最终或彻底改变原来的生产和生活方式,融入当地的文化,被另一种文化同化,或无奈地回到原本的文化中,均以失败告终。自然环境对于人类文明的影响可见一斑。

通过认识自然界,人类向自然界的生物学习生存的技能以维持自身生命体的延续,并不断地总结经验教训,传承于后代,从而实现自身物种的延续。精神文明的发展对于生物多样性的依赖程度是我们无法想象的。正像生物在自然环境的选择下分化形成不同的生物种类一样,在人类与自然的漫长互动中,为了适应不同的生存环境,人们在生产、生活、思维、情感表达等多个方面形成了形态各异的精神文明。马克思曾经指出:"不是土壤的绝对肥力,而是它的差异性和它的自然产品的多样性,形成社会分工的自然基础,并且通过人所处的自然环境的变化,促使他们自己的需要、能力、劳动资料和劳动方式趋于多样化。"②因此,环境的多样性在很大程度上决定了生产力和生产资料的多样性。

人类赖以生存的外部世界千差万别、千变万化。为了生存,为了改善自己的生存条件,人们必须依据其所处的自然环境来构建自己的文化,以适应外部环境。正所谓"靠山吃山、靠海吃海",与现今诸多的演绎不同,这句话最初是人类赖以生存的法则。居住在草原上的民族与居住在山区、平原、沿海的民族相比,其文化因自然环境的不同而表现出明显的差

---

① 在地图上,将同一时间内降水量相同的各点连接起来的线,就称为等降水线。400 毫米等降水量线,从中国东北到西南,这条等降水量线沿大兴安岭、阴山、贺兰山、巴颜喀拉山、冈底斯山,将中国分割为半干旱区和半湿润区两大区域,分别造就了中国的游牧文化和农耕文化。
② 中共中央马克思恩格斯列宁斯大林著作编译局:《马克思恩格斯选集(第二卷)》,人民出版社,1995,第 219 页。

异。草原广阔,适合放牧,因此,要想在草原上生活下去,生活在草原上的民族就需要有放牧与繁殖牛羊的知识,以适应草原的生活方式;山区野兽出没,生活在山区的人们需要掌握捕获野兽的各种方法;平原野兽较少,无法靠打猎满足生存的需要,但土地肥沃、适合耕种,因此平原的居民从事农耕居多,且世代积累了丰富的种植农作物的经验;沿海地区缺乏放牧、狩猎、农耕的基本条件,但有丰富的水产资源,因此沿海地区的居民多以捕鱼为生,且需要掌握捕鱼的种种技术。

生活在相似的自然环境中的人们,在适应环境的过程中形成相似的生产和生活方式,如世界上比较典型的大陆文化、海洋文化与岛国文化。中国幅员辽阔,虽然有漫长的海岸线,但平原众多,所以长期以农耕为主要的生产方式,农业文明要求按照节气进行农业生产。因此,大陆文化多表现出内敛、含蓄的文化特性。海洋文化具有开放性、冒险性等特点。从古希腊时代、文艺复兴时代,到近代,如西班牙、葡萄牙、意大利、荷兰、英格兰等这些国家的飞速发展大多得益于其远洋航海和对外扩张。岛国文化与海洋文化、大陆文化均有相似之处,由于地处海岛,资源和发展空间有限,有很强的危机感,因此对内具有强大的凝聚力,对外具有很强的开放性。

在同一区域面对相似的自然环境,人们在长期的共同生活中形成相对固定的生产、生活方式及语言文字、风俗习惯、宗教信仰与文化传统,从而形成相对固定的民族群体。各民族囿于本身生产力水平和自然条件的限制形成自己独特的民族文化,并由此形成了各民族文化的个性特征。正如美国文化人类学家露丝·本尼迪克特在《文化模式》一书中指出的:"且莫说人类创造力之丰富,单只是生活的历程和环境的逼迫就为人们提供了数量大得难以令人置信的可能的生活之路,而且,一个社会似乎是可以顺着所有这些路生活下去的。"[1]

不同的外部环境是形成人类丰富的物质文明与精神文明的基础。由

---

[1] [美]露丝·本尼迪克特:《文化模式》,王炜等译,生活·读书·新知三联书店,1988,第25页。

于不同民族所处的自然环境存在相似性,其民族文化间也会存在共同之处。这些共同之处是文化交流和发展的基础,自然界与人类实践之间的相互作用共同造就了"同中有异,异中有同"的世界文明。如果说外部环境是形成多样文化的外部因素,那么人类社会在不同历史时期所创造的生产力发展水平,或称为改造自然的能力,则是文化差异的决定性因素。在文明发生和发展的初期,自然环境的差异对于文明的发展具有深远的影响,但是这并不意味着环境决定一切。近年来许多人类学家研究发现,相同的文化可以存在于不同的环境,而不同的文化也可以存在于相同的环境,决定文化本质和文化模式的根本因素不是环境,而是历史的演进和文化自身的力量。不同精神文明的发展是多种因素共同作用的结果。

文明的多样与多元,虽然是多种因素综合作用的结果,但归根结底,人们的社会生产活动与社会生活方式才是文化生成和发展的根本性原因和决定性因素。一个社会的生产活动和生活方式,决定了文化的基本形态,是区别不同文化性质的重要依据。根据马克思关于生产力和生产关系的理论,生产力和生产关系之间的矛盾是推动社会发展的根本动力,决定了一切社会关系、社会制度和社会观念的形成和发展,因此,生产力发展水平最终决定人类文明的发展轨迹。

生产力发展水平的差异性决定了人类改造世界实践的多样性,从而决定了文化的多样性。"个人怎样表现自己的生活,他们自己就是怎样。因此,他们是什么样的,这同他们的生产是一致的——既和他们生产什么一致,又和他们怎样生产一致。"[1]生产力发展不平衡导致文明的时代性差异。"所谓文化的时代性差异,是指由于各地域或民族发展的不平衡性而产生的处于发展水平上的差异,是发展程度上的差异,或者说是先进和落后的差异。"[2]某一特定历史时期的文明必定是当时社会生产力发展水

---

[1] 中共中央马克思恩格斯列宁斯大林著作编译局:《马克思恩格斯选集(第一卷)》,人民出版社,1995,第 67—68 页。
[2] 陈筠泉、刘奔主编:《哲学与文化》,中国社会科学出版社,1996,第 254 页。

平、经济及政治关系的集中反映,同时也会随着社会政治、经济及生产力水平的变化而变化。文明的时代性是区分文明"先进和落后"的重要依据。从氏族社会、奴隶社会、封建社会到资本主义社会,人类的物质与精神需求不断得到满足,并随着社会生产力的发展不断产生新的需求,从蒙昧到文明,人类文化是在社会生产力发展的推动下,发展成为反映人类社会发展的文化实践与文化表达。正是在这个意义上,人类社会的物质文明与精神文明共同孕育和发展。

(二) 精神文明与物质文明协同发展

精神文明是指人类在认识世界、改造世界(包括客观世界和主观世界)的过程中形成的精神成果的总和。英国人类学家爱德华·泰勒在《原始文化》(1871)一书中,将文化与文明等同,认为:"文化,或文明,就其广泛的民族学意义来说,是包括全部的知识、信仰、艺术、道德、法律、风俗以及作为社会成员的人所掌握和接受的任何其他的才能和习惯的复合体。"[1]文化是人的本质属性,是人在适应环境、改造环境的实践中创造出来的。在马克思看来,人在认识自然、改造自然的过程中,通过人类劳动,把世界分成了自然界、人和"人化自然"或"人工自然"。"正是在改造对象世界中,人才真正地证明自己是类存在物。这种生产是人的能动的类生活。通过这种生产,自然界才表现为他的作品和他的现实。"[2]正是在这种意义上,人类的物质文明与精神文明是协同发展的。

所谓的"人化自然"是指受到人类活动影响、具有人类活动烙印的自然。文化不仅包括人类在认识世界和改造世界的过程中所取得的一切物质上、精神上的成果,还包括人类的文化实践本身,以及为保障这些实践活动顺利进行所形成的一系列与之相匹配的生活方式、生产方式、思维方式。单个人的生活方式不能被称为文化,所谓文化,必定是由某个族群、

---

[1] [英]爱德华·泰勒:《原始文化》,连树声译,上海文艺出版社,1992,第 1 页。
[2] 中共中央马克思恩格斯列宁斯大林著作编译局:《马克思恩格斯全集(第四十二卷)》,人民出版社,1993,第 97 页。

群体共同拥有且被普遍接受的生产、生活方式。文明或文化的主体是复数的"人",他们在长期的生产实践中形成相同或相似的风俗习惯,以及所共有的生产、生活方式和共享的价值体系。美国学者 C. 恩伯和 M. 恩伯在《文化的变异——现代文化人类学通论》中指出:"如果只有一个人在想某个问题或做某件事,那么这个行为代表的是个人的习惯,而不是一种文化模式。这是因为,一种被认为是文化的思想和行为必须被一处居民或一群人所共同享有;即使不被共同享有,如果大多数人认为合理,也可以被视为文化的观念和行为。"①

文化对个体行为具有先在的给定性或强制性。不同地域的人们,受不同社会历史条件的制约为寻求生产和发展而从事的实践活动,在长期的发展与演变中,产生了相似的行为模式,构建起相似的价值体系,从而产生了不同的文化,并产生了不同的民族。因此,群体性是文化的一个基本特征。文化不是某个人的个人成就,而是群体智慧和实践的结晶。个人行为只有被群体认可才能影响群体行为,才能形成文化。而这些都在很大程度上决定了物质文明的发展模式及发展方向。

以人类的饮食习惯为例,在地理环境、神话传说等因素的影响下,一个民族的饮食习惯是经过无数次的筛选后形成的。科学研究显示,人类的祖先是有食人习俗的,在太平洋的巴布亚新几内亚地区至今生活着一个具有食人习俗的土著部落——弗雷(Fore)族,他们会吃掉死去亲人的遗体以示对亲人的缅怀与纪念。② 但不幸的是,这个风俗给他们带来了一种叫作库鲁病(Kuru)的神经系统疾病,病人发病时行走困难、浑身颤

---

① [美]C. 恩伯,M. 恩伯:《文化的变异——现代文化人类学通论》,杜杉杉译,刘钦审校,辽宁人民出版社,1998,第 29—30 页。
② 丹尼尔·卡尔顿·盖杜谢克:《食人族与库鲁病》,https://cop.sztu.edu.cn/info/1096/1419.htm,2021 年 4 月 14 日。

抖、丧失记忆,最后大笑不止,直至死亡。①

随着人类文化的发展和文明的进程,吃人这种风俗逐渐被认为是野蛮的、未开化的象征(因重大灾荒所导致的人吃人的现象属于特例,不属于文化范畴),因而逐渐被摒弃。人类食人风俗的消失不仅仅是自然选择的结果,也是文化制约人类行为的结果。法国著名社会学家埃米尔·杜尔干曾经说过:"文化是我们身外的东西——它存在于个体之外,而又对个人施加着强大的强制力量。"②个体行为与其所处文化间的相互形塑与制约是保持文化稳定、维护文化特质的前提和基础。

精神文明与物质文明协同发展是一个动态过程。无论是物质文明还是精神文明,发展和变迁都是基本状态。众所周知,创新是促进社会发展的重要引擎。美国学者霍默·巴尼特曾经在《创新:文化变迁的基础》中指出:"创新为所有文化变迁的基础。"③他认为创新是"任何在实质上不同于固有形式的新思想、新行为或新事物⋯⋯所有创新都是一种观念或一群观念;但某些创新按其属性,必须仅存于心理组织中,而另外一些创新则可能具有明显的和有形的表现形式"。④ 也就是说,某一个体,面对外界环境的改变,所表现出的行为方式的改变就是文化变迁产生的开始,但只有这种改变达到某种程度,成为一种群体共有的改变时,才能实现从量变到质变,文化变迁才真正形成。

美国学者克莱德·伍兹曾经指出"研究变迁的学者们通常认为,创新有四个基本变种:(1) 长时期的变异;(2) 发现;(3) 发明;(4) 传播和借用"。⑤ 长期的变异体现的是一个从个体变异开始,在数量积累到一定程

---

① 美国科学家普鲁西纳(Stanley B. Prusiner)经过研究发现,这种病产生的根源在于他们食用人的脑组织后感染了一种变异的普里昂蛋白(也译为"朊蛋白"),这种变异的普里昂蛋白会侵蚀人的小脑,破坏人的神经系统。羊瘙痒病、"疯牛病"、克雅氏病,以及人类因食用"疯牛病"肉制品而导致的新型克雅氏病,都属于普里昂蛋白疾病。
② [美]C. 恩伯,M. 恩伯:《文化的变异——现代文化人类学通论》,杜杉杉译,刘钦审校,辽宁人民出版社,1998,第37页。
③ 转引自[美]克莱德·伍兹:《文化变迁》,何瑞福译,河北人民出版社,1989,第23页。
④ 转引自[美]克莱德·伍兹:《文化变迁》,何瑞福译,河北人民出版社,1989,第23页。
⑤ [美]克莱德·伍兹:《文化变迁》,何瑞福译,河北人民出版社,1989,第23页。

度之后,由量变到质变的过程,个体的变异常常体现在面对相同的问题时所做出的不同的选择,只是这些行为的变异和不同的选择都以相同的文化为背景,被控制在文化所容许的范围内。

事实上,在这些影响创新的因素中,传播与借用是创新最普遍的形式。物质文明的发展促进了贸易的产生,这就为物质领域与思想领域的传播与借用提供了条件。

例如,公元7世纪到8世纪,日本派遣唐使近20次,最大规模时达650人,最少也有120人。遣唐使全面学习中国的经学、佛学、医学、文学艺术、天文历法、建筑、手工业技术以及政治法律制度和风俗习惯等,吸收中国的先进文化,极大地推动了日本社会的全面发展。

又如饮食,近年来网络上流行一个段子,叫作"假如你穿越到了秦朝,你想吃啥",这个段子以故事的形式戏谑地勾勒出食材在中国的传播过程。今天我们餐桌上的许多食材都不是来自中国本土,而是几千年文化交流的产物。一般认为,中国的饮食文化主要经历了三次重大变革:第一次是张骞出使西域带回许多农作物的种子,如核桃、蚕豆、芝麻、葡萄、石榴、香菜、胡萝卜、黄瓜、大蒜等[1],并陆续得到广泛种植,为中国2000年的饮食文化奠定了基础;第二次是15世纪末到16世纪初的大航海时期,又称地理大发现时期,新航线将欧洲、美洲、非洲和印度连接起来,不仅促进了文化间的交流,也促进了物种之间的交换,玉米、红薯、西红柿、花生等就是以此为契机相继进入中国的;第三次应当是发轫于近现代,且现在依然处于贸易全球化时期,全球贸易将许多从未见过的食材带到中国,极大地丰富了我们的饮食文化。

不仅是传播和借用,发明、发现在文明发展中的作用更加不容小觑。"发现,是使某些已经存在,但过去不为人所了解的事物变得为人所知的

---

[1] 另据李时珍《本草纲目》记载,由张骞从西域带回的瓜果植物共10种,分别是红花、胡麻、蚕豆、大蒜、香菜、苜蓿、黄瓜、石榴、核桃、葡萄。

行动。而发明是对先前存在的材料、条件和风俗的新综合。"①发现与发明是无法完全分开的,发明往往以发现为基础,同时又使更深层次的发现成为可能。在人类发展史上,科学技术与文化一直结伴而行。没有耕种技术的发展,就不会有农耕文化;没有蒸汽机的发明,就不会有现代人引以为傲的工业文明;如果不是发现了鸟类飞行的原理,人类就不会发明飞机;如果没有发现万有引力定律,也不会有今天物理学和天文学上的众多发明。

科技的发展不仅改变了人类的生产和生活方式,而且改变了人类认识世界的方法和途径。在科技的推动下,文化的发展被注入了新的血液,这不仅意味着许多新鲜事物的出现,还意味着我们可以改变以往文化的表现形式和行为模式,从而进一步促进物质文明的发展。

(三) 物质文明与精神文明协调发展面临的困境

人类社会的物质文明与精神文明共同孕育、协同发展,物质文明与精神文明协调发展是社会进步的内在要求。然而,有研究显示,2020年中国经济协调发展指数达到67.05分,其中物质文明与精神文明协调指数最低,为25.67分。② 在我国现代化进程中,经济高速增长带动物质文明建设迈上新台阶。然而,面对全球化进程中某些发达国家日益暴露出的以资本为中心的工具理性和享乐主义、金钱至上、消费主义等思潮对价值观的消解,我国以社会主义核心价值观为核心,根植于中华传统文化的精神文明建设正面临严峻的挑战。

无论在事实认定和价值评判上有多少分歧,全球化作为当代经验的一部分已经是无可辩驳的事实。人类生活的各个领域正日益成为一个联系更加紧密的整体。历史形成的各种特殊文化(民族的、国家的、地域的和社群的)以当代发达的传媒技术为支持,借助不断扩张的资本运作,在全球范围内持续、深入地交流与互动,越来越呈现出整体性发展的趋势,

---

① [美]克莱德·伍兹:《文化变迁》,何瑞福译,河北人民出版社,1989年,第23页。
② 《2020年中国经济协调发展评价报告》,载韩保江主编《中国经济高质量发展报告(2021)》,社会科学文献出版社,2021,第1—58页。

文化认同与价值认同越来越有超越本土化的趋势。

客观地讲,经济全球化必然会导致某种具有共同价值的文化特质,从而对传统文化及国家在文化领域的主权地位产生强烈的冲击。经济全球化在相当大的程度上是由少数西方发达国家基于经济、政治等方面的战略意图而发起的。在经济全球化进程中,西方发达国家依靠其在经济上的绝对优势及在文化上长期积累的优越感,借助经济手段在全球化范围内对经济相对落后的国家进行文化侵略,从而导致发展中国家的民族文化资源被掠夺、民族文化的发展空间被挤压、民族精神和价值观被同化以及民族特性逐渐丧失,使其丧失了文化主权,沦为西方强势文化的附庸。

文化侵略不仅意味着向发展中国家倾销带有鲜明文化烙印的物质产品,还包括借助现代传媒无孔不入的渗透力向其输入承载其文化价值的文化产品。《2009年联合国教科文组织文化统计框架》指出:"文化产品传递着思想、象征标志和生活方式,有些产品还受版权的制约。文化服务本身并不代表物质文化产品,却能促进它们的生产和分配。"[1]"文化产品和服务具有艺术价值、审美价值、象征价值和精神价值。"[2]与文化产品相比,文化服务业是不可见的,是更加注重体验的特殊的文化产品。与普通的物质产品不同,文化产品或文化服务是思想、信仰和价值观的载体。文化传播在本质上就是思想和价值观的传播。

在某种程度上,文化全球化是从文化产业获得发展动力的。以前世界文化贸易主要发生在美、英等少数发达国家之间。调查报告显示:"在1998年,亚太经济合作组织(APEC)和欧盟(EU)国家的文化进口额占全年世界总量的91%,出口额占世界总量的94%,并且这种文化产品贸易主要在少数发达国家之间进行。……进口也高度集中于美国、德国、英国

---

[1] 联合国教科文组织统计研究所:《2009年联合国教科文组织文化统计框架》,张晓明、胡惠林、章建刚主编:《2011年中国文化产业发展报告》,社会科学文献出版社,2011,第53页。
[2] 联合国教科文组织统计研究所:《2009年联合国教科文组织文化统计框架》,张晓明、胡惠林、章建刚主编:《2011年中国文化产业发展报告》,社会科学文献出版社,2011,第53页。

和法国,占当年全部进口额的47%。"①面对少数发达国家惊人的文化传播力,发展中国家基本没有能力提供具有较大影响力的承载本民族文化特色的文化产品和文化服务,这就不可避免地导致了文化传播与交流中的不平衡,造成西方文化与价值观的全球盛行。

20年后,国际文化贸易的主角依然是少数几个发达国家,且愈演愈烈。近年来,随着互联网技术的飞速发展,国际文化贸易进入互联网时代,传统以实体文化产品为载体的国际文化贸易逐渐式微,取而代之的是借助以移动互联、云计算、大数据等为代表的信息技术而传播的数字内容。国际文化贸易的数字化趋势使文化产品与文化服务的边界日趋模糊。今天的文化贸易更加接近"思想贸易"。"在经济统计中,思想贸易通常包括与知识产权相关的产品,涉及文化产品与服务的贸易,如生产资产(视听类产品包括音乐、电影、电视和广播节目等)、有形产品交换(嵌入物质载体的文化和创意产品)、无形产品交换(以电子或数字格式存在的文化产品、文化服务等)。"②1995—2014年国际数字化思想贸易增加了6倍多,从1995年的900亿美元增长到2014年的6 700亿左右,占全球商业服务贸易的13.5%。其中,美国依然占据数字化文化贸易的主导地位。"以视听和互动媒体服务为例,通过对全球50家主要传媒集团视听营业收入的数据分析,美国传媒集团的占比从2009年的59%上升到2013年的69%左右,而欧洲则下降到15%左右,日本下降到12%,其他国家总占比仅为4%。"③即使是处于下降趋势的欧洲和日本,其文化贸易份额依然远超其他发展中国家。

---

① 中宣部文化体制改革和发展办公室、文化部对外文化联络局编:《国际文化发展报告》,商务印书馆,2005,第20页。
② 左惠:《国际文化贸易格局的变动及对中国的启示》,《南开学报(哲学社会科学版)》2018年第3期。
③ Christian Greee, Andre Lange, Agnes Sehneeberger, Sophie Valais, *The Development of the European Market for On-demand Audiovisual Services*, European Audiovisual Observatory, 2015. 转引自左慧:《国际文化贸易格局的变动及对中国的启示》,《南开学报(哲学社会科学版)》2018年第3期。

这种强者越强、弱者越弱的马太效应不断挤压发展中国家弱势文化在国际文化中的生存空间,严重损害了这些国家的文化主权,破坏了其民众对于本民族文化的认同感和归属感。以语言为例,众所周知,语言是文化的载体,是本民族精神文明的集中体现。2002年5月,联合国前秘书长加利在接受南京大学名誉博士学位的仪式上发表了题为《多语化与文化的多样性》的演讲,他说:"也许,大家并不都知道,每两个星期就会有一种语言从世界上消失。随着这一语言的消失,与之相关的传统、创造、思想、历史和文化也都不复存在。"①根据联合国教科文组织2002年公布的《世界濒临消失的语种版图》中的数据,"联合国登记的6 000多种语言中,至少有3 000多种面临消失的危险。……当前在世界60多亿人口中,3.8亿人的母语是英语,2.5亿人的第二语言是英语,10多亿人在学英语,20多亿人在接触英语。据预测,到2050年,世界上将有一半人口的英语水平会达到熟练程度"。② 因此,加利呼吁说:"只有国际社会的各个权力层次都行动起来,只有保护语言和文化的多样化,国际关系的民主化才能得以实现。"③

在全球化的冲击下,人们愈来愈意识到,要实现国家、民族的可持续发展,不仅要重视物质文明建设,更要以极其谨慎的态度建设体现本民族价值观和文化精神的精神文明,以引领物质文明发展,建设符合本民族共同利益的现代化。因此,要推动中国经济协调发展,必须尽快补齐物质文明与精神文明协调发展的短板。

二、江苏物质文明与精神文明协调发展的SWOT分析

江苏地处华东沿海,东临黄海,东南与浙江、上海为邻,西接安徽,北

---

① 布托·布托-加利:《多语化与文化的多样性——在接受南京大学名誉博士学位仪式上的演讲》,《南京大学学报(哲学·人文科学·社会科学)》2002年第3期。
② 何学娟:《濒危语言与文化多样性》,《黑龙江民族丛刊》(双月刊)2006年第4期。
③ 布托·布托-加利:《多语化与文化的多样性——在接受南京大学名誉博士学位仪式上的演讲》,《南京大学学报(哲学·人文科学·社会科学)》2002年第3期。

连山东,总面积10.72万平方公里。江苏是经济强省,地处长江经济带,下辖13个设区市,是唯一一个所有地级市都跻身全国百强的省份。2020年,江苏人均生产总值达到121 231元,高出全国平均数49 231元。江苏以占全国1.1%的土地、6.0%的人口,创造了在全国占比10.1%的GDP,为全国发展作出了重大贡献。然而,江苏的精神文明建设与其在全国的经济地位相比,仍需进一步提升,促进江苏物质文明与精神文明协调发展,迫在眉睫。

2021年苏南、苏中、苏北地区城镇化率分别为82.57%、70.54%、64.79%,与2020年年末相比,分别提高0.24、0.58、0.69个百分点。2020年,我国的城镇化率为63.89%,发达国家城镇化率的平均水平是80%,美国的城镇化水平是82.7%,也就是说,苏南地区的城镇化水平接近美国,苏北的城镇化水平略高于全国的平均水平。城镇化水平的提高意味着人们的精神文化需求日益增强也日益多元,这就要求江苏的精神文明建设既要满足人民日益增长的精神文化需求,又要促进中华传统文化的传承创新,以增强对中华优秀传统文化的认同感和凝聚力,这对于江苏的精神文明建设既是机遇也是挑战。

(一)江苏精神文明建设中存在的现实问题

与江苏快速发展的物质文明相比,精神文明建设存在短板,具体表现在以下几个方面:

1. 对精神文明建设存在认识误区,地区差异明显

物质文明的高度发展对精神文明建设提出了更高的要求。长期以经济建设为中心的发展理念导致某些地区对精神文明建设存在"可有可无""自然而然"等错误认识。所谓"可有可无",就是认为与物质文明相比,精神文明的作用不易量化,不能纳入政绩考核,无法产生立竿见影的经济效益,抓不抓都不会有明显的影响,所以有些地方的精神文明建设往往停留在口号和文件层面,导致精神文明建设流于形式。所谓"自然而然",就是认为精神文明建设必须以物质文明发展为基础,否则精神文明建设就无从谈起。只要物质文明提高了,精神文明就会"自然而然"发展起来。精

神文明重在建设。物质文明与精神文明虽然相互依存,但二者不能混为一谈。江苏是物质文明发展水平较高的地区,其精神文明建设也相对较好,不是因为"自然而然",也不是"可有可无",而是因为这些地区更加重视精神文明建设,真抓实干,且精神文明对物质文明起到了重要的推动和引领作用。

江苏的经济发展不平衡由来已久。1952年,苏南、苏中和苏北的GDP占全省GDP的比重分别为45.3%、26.3%和28.4%。2018年,苏南、苏中和苏北的GDP占全省GDP的比重分别为57.2%、20.1%和22.7%。三大区域的人均GDP之比不断扩大,2005年达到峰值4.5∶1.7∶1,随后差距比不断缩小,2018年三大区域的人均GDP之比缩小为2.3∶1.6∶1。① 经济发展的不平衡导致精神文明发展理念及重视程度也存在地域差别。

以江苏的传统村落保护为例。传统村落是中华传统文化传承的重要地域,是物质文化遗产和非物质文化遗产的结合体,是民族文化的根本。传统村落具有历史悠久、文化遗产资源丰富、乡土文化特征明显等特征。2012年,国家住房城乡建设部、文化部、财政部印发了《关于加强传统村落保护发展工作的指导意见》,指出"传统村落是指拥有物质形态和非物质形态文化遗产,具有较高的历史、文化、科学、艺术、社会、经济价值的村落。传统村落承载着中华传统文化的精华,是农耕文明不可再生的文化遗产。传统村落凝聚着中华民族精神,是维系华夏子孙文化认同的纽带。传统村落保留着民族文化的多样性,是繁荣发展民族文化的根基"。② 近年来国家着手构建传统村落保护名录制度,从2012年至2021年已公布5批6 819个传统村落列入国家保护名录。

在这些传统村落中,江苏的国家级传统村落只有33个,仅占总量的

---

① 《数说江苏70年:结构调整扎实推进 转型升级步伐加快》,江苏省统计局,http://tj.jiangsu.gov.cn/art/2019/9/5/art_85275_10487668.html,2019年9月5日。
② 住房城乡建设部、文化部、财政部:《关于加强传统村落保护发展工作的指导意见》,传统村落网,http://www.chuantongcunluo.com/index.php/home/about/aboutus/wid/229.html,2012年12月12日。

0.48%,约为浙江的1/20(浙江的国家级传统村落有636个),这固然有历史、地域等多方面因素,但也反映出江苏传统村落保护的薄弱。而且,江苏33个国家级传统村落在省内的分布也极不均衡,主要集中在苏南地区,约占54.54%,分布较多的有苏州(14个)、镇江(5个)。

近年来,江苏加快构建省级传统村落保护名录制度,《江苏省农村人居环境整治三年行动实施方案》(2018年7月)中明确指出:"提升传统村落保护水平。认真落实《江苏省传统村落保护办法》,按照'保护优先、兼顾发展、合理利用、活态传承'的原则,组织开展省级传统村落的调查和申报工作,将具有一定历史沿革、保持传统空间格局、留存公共空间记忆的村落和传统民居纳入省级传统村落名录,分期分批公布,加大传统村落保护力度。"[①]截至2021年年底,江苏省已公布5批共计439个省级传统村落,建立省级传统村落保护名录。但从这些省级传统村落的分布情况来看,不平衡的情况依然存在。根据省级传统村落的分布情况,苏南地区的传统村落明显多于苏中地区和苏北地区,这反映出江苏省某些地区的传统村落生态保护意识薄弱,或有意识但不得法,从而导致传统村落、乡村文化的发展不尽如人意。这也从侧面反映出江苏精神文明建设相对薄弱及不平衡的现状。

2. 精神文明建设存在重"形"不重"神"的现象

自《江苏省公共文化服务促进条例》实施以来,公共图书馆、博物馆、文化馆、纪念馆、美术馆及其他文化机构的免费开放或公共文化服务的优惠提供有效促进了江苏精神文明建设,但其中依然存在形式大于内容,博物馆、纪念馆等游学价格虚高、内容空洞,乡村文化产品匮乏、不接地气,文化形式相对单一等问题,尤其是各级文化部门的"文化下乡"活动或一走一过,无法满足农民日常的精神文化需求,或曲高和寡,脱离群众生活。

以乡村文化建设为例。近年来,江苏高度重视乡村文化建设,将其纳

[①]《江苏省农村人居环境整治三年行动实施方案》,中国江苏网,https://jsnews.jschina.com.cn/swwj/201807/t20180730_1796978.shtml,2018年7月27日。

入实施乡村振兴战略大局中进行谋划。但从近年来相关政策来看,其相关措施主要集中在加强传统村落保护和乡村环境治理方面,如制定了《江苏省传统村落保护办法》(2017年9月28日),并在《江苏省农村人居环境整治三年行动实施方案》(2018年6月)、《江苏省乡村振兴十项重点工程实施方案(2018—2022年)》(2018年4月)中,将传统村落保护发展作为重要内容,工作重点依然停留在乡村文化的"外形"塑造层面。

2018年江苏省出台的《关于深入推进美丽江苏建设的意见》同样将重点放在乡村的环境建设方面,明确提出要"深入推进特色田园乡村建设。制定村庄规划编制指南,因地制宜编制'多规合一'的实用性村庄规划,调整完善镇村规划布局。……创新特色田园乡村建设机制,全面开展面上创建,到2025年建成1000个特色田园乡村、1万个美丽宜居乡村。将传统村落作为特色田园乡村建设优先支持对象,分批次认定公布省级名录"。①

这种情况到2022年有所好转,2022年2月,江苏印发《关于"十四五"开展农村人居环境整治提升行动扎实推进生态宜居美丽乡村建设的实施方案》,该方案强调乡村文化建设对于文化传承的重要性,指出要"推进乡村文化传承发展。推进乡村公共文化服务体系建设,推动农家书屋转型升级,组织开展优秀文艺作品基层巡演等文化惠民活动。深入挖掘本土特色乡村文化,加强历史文化名镇名村保护利用工作。用好红色资源,传承好红色文化基因。加大全球和中国重要农业文化遗产申报力度,力争新增4个以上。结合地方特色资源和历史耕读文化,建立一批科普性强的农耕体验基地、教育基地和文化馆。传承传统优秀农民体育活动,开展群众喜闻乐见的文体赛事活动"。从公共文化服务供给、特色乡村文化资源的挖掘和利用,以及农业遗产的申报等方面布局乡村文化建设,乡村文化建设开始从"塑形"转向"铸魂"。然而,就目前而言,尚未就乡村文化本身的建设构建完整的指导理念和实践方法,这是我们在今后的乡村

---

① 中共江苏省委、江苏省人民政府:《关于深入推进美丽江苏建设的意见》,江苏省生态环境厅,https://huaihejg.mee.gov.cn/xydt/202008/t20200814_793742.html,2020年8月14日。

精神文明建设中需要认真思考和勇敢实践的重要方面。

3. 精神文明建设中群众主体性发挥不足

文化是人的文化，离开了人的主体性，文化的发展和传承就无从谈起。人民群众是促进中华传统文化传承创新的中坚力量，只有充分发挥人民群众的主体作用，才能生产出符合人民精神文化需求的精神文明成果，让人民群众真正体会到文化大繁荣、大发展的辉煌成果，才能真正发挥出文化的涵养作用，形成强大的向心力和凝聚力。

近年来，江苏以"相对集中居住"调整城乡空间布局的做法效果显著，苏北和苏中地区的自然村逐渐减少，取而代之的是经济发达地区因接收大量外来农村移民而形成的"超级城镇"。从全国范围来看，乡村的"空心化"一直是阻碍乡村文化建设的重要因素，然而，目前妨碍江苏乡村文化建设的不是"空心化"，而是作为全国流动人口主要流入地之一，无论是在地域上还是在心理上，介于城乡之间的规模巨大的超级城镇及其精神文明建设问题。

这些城镇因外来人口的大量流入，原本相对稳定的生活方式和社会结构受到冲击，多种文化习俗、思想方式的碰撞和交融既体现出如城市文化般的异质化特征，又体现出传统文化的黏合力和生命力。此外，城乡及地区之间公共文化服务的差异导致普通民众在精神文明建设中难以充分发挥主体性。尽管江苏注重推动公共文化资源向基层农村倾斜，加大优质文化产品和服务供给，先后出台了《江苏省农村公共文化服务管理办法》(2012)、《省政府办公厅关于推进基层综合性文化服务中心建设的实施意见》(2016)等，已建成省、市、县、乡、村五级公共文化服务设施网络，每年开展文化下乡，送电影、送图书、送戏下乡，有效丰富了农民精神文化生活，推动了城乡公共文化服务体系一体化建设，但是，目前江苏省的乡村精神文明建设依然处在"接受"公共文化服务的阶段，对于广大农民而言，他们依然是文化的"接受者"，而不是文化的"创造者"和公共文化服务的"提供者"。农民群众主体性发挥不足是目前江苏省精神文明建设的主要问题，也是制约江苏精神文明建设的重要因素。

4. 精神文明对物质文明的引导作用未能凸显

提高人民思想道德素质、科学文化素质和身心健康素质,让社会主义核心价值观深入人心是精神文明建设的重要目标。

江苏是教育大省,历来有崇文重教的传统。近年来,江苏积极深化教育体制改革,出台了一系列相关政策,有效推动了江苏教育的发展。但有些政策的频繁变动也在一定程度上造成了教育理念和教育评价体系的不连贯,给施教双方带来了工作上的不便和心理上的无所适从。十年树木,百年树人,教育理念和制度的连贯性对于培养优秀人才至关重要,不能为改革而改革,忽视教育本身的发展规律。

与科学文化素质培养相比,江苏对公民的思想道德教育和身心健康的重视相对不足。江苏对公民的思想道德教育主要依托学校、企事业单位和社会机构,有些思想道德教育内容陈旧、形式单一,除学校教育外,尚未形成有效、规范、长效的公民思想道德教育体系。

江苏对公民身心健康的重视程度也亟待加强。近年来社会群体性事件多发,对特殊群体的心理状态缺乏研究,也缺乏相应的干预机制,这些都在一定程度上制约了江苏的精神文明建设。

(二)江苏精神文明建设的有利条件

江苏资源禀赋优越,具有丰富的人才资源和传统文化资源,具备促进物质文明与精神文明协调发展的先决条件。

2022年,江苏省制造业高质量发展指数为89.1,制造业增加值占地区生产总值比重达37.3%,均居全国第一。物联网、新型电力装备、工程机械、生物医药等10个集群获批国家先进制造业集群,数量居全国第一。截至2022年年底,江苏省累计培育国家级制造业单项冠军186家、专精特新"小巨人"企业709家,累计新增境内上市公司274家。2022年江苏省数字经济规模超5万亿元,数字经济核心产业增加值占地区生产总值比重为11%左右,软件和信息技术服务业、互联网和相关服务业营业收入从2018年到2022年分别增长2.17倍和3.48倍,两化融合发展水平连续8年居全国第一①。江苏物质文明的发展为精神文明的建设奠定了坚实的物质基础。

江苏高校云集,拥有双一流大学16所,数量位列全国第二,且江苏多年坚持人才强省战略,2022年全省人才资源总量超过1400万人,研发人员达108.8万人,在苏两院院士达118人。江苏省区域创新能力连续多年位居全国前列,2022年全社会研发投入强度超过3%,达到创新型国家和地区中等水平,万人发明专利拥有量50.4件,科技进步贡献率达67%。同时建设了多个标志性创新平台,苏州实验室获批建设,紫金山实验室纳入国家战略科技力量体系,太湖实验室、钟山实验室挂牌运行,国家集成电路设计自动化技术创新中心获批在南京建设,苏南国家自主创新示范区建设成效显著,在全国率先实现国家创新型城市设区市全覆盖。关键核心技术攻关成果丰硕,率先探索"揭榜挂帅"科技攻关机制,累计获国家科学技术奖通用项目190项,居各省、自治区之首。

江苏文化底蕴深厚,具有丰富的历史文化资源。江苏地域文化多元,且因南北交汇、兼容并蓄、开放包容而独树一帜。江苏地域文化主要包含以徐州为中心的楚汉文化、以太湖流域苏锡常地区为中心的吴文化、以南京为中心的金陵文化和以扬州为中心的淮扬文化等四种文化形态,此外还有长江文化、镇江文化(京口文化)、淮安文化、运河文化、南通文化(江海文化)、盐城文化(海盐文化)等文化形态。以楚汉文化为代表的苏北平原文化塑造了江苏包容的特质,以吴文化为代表的水文化的长期浸润形成了江苏人稳重守规的人文品格。

江苏文化遗产资源丰富。截至2023年年底,江苏已登记各类博物馆、纪念馆335家,其中国家一级博物馆26家,居全国第二,25家博物馆获评国家二级博物馆,18家博物馆获评国家三级博物馆,全省博物馆收藏文物121万件(套)。其中一级文物3 927件(套),二级文物21 567件

---

① 《江苏省政府2023年政府工作报告》,江苏省人民政府网,http://www.jiangsu.gov.cn/art/2023/1/28/art_33720_10733780.html,2023年1月28日。

(套),全景式反映了江苏省地域文化特色乃至我国的文明发展历程。[1]截至2024年,江苏拥有历史文化名城13个,中国历史文化名镇39个;世界级非物质文化遗产11项,国家级非物质文化遗产162项,省级非物质文化遗产1 166项,国家级非物质文化遗产传承人共计178人,省级传承人820人。[2]

江苏红色文化资源丰富,是新四军抗日救国、解放中国的重要根据地之一,是全国较早传播马克思主义和建立党组织的地区之一,在全国具有重要的地位。周恩来、瞿秋白、张太雷、恽代英等党的早期领导人,陈延年、赵世炎、邓中夏、陈毅、粟裕等曾在江苏从事革命活动;新四军东进北上抗日、淮海战役、渡江战役等重大事件都与江苏密切相关。截至2024年,江苏省有各类革命旧址、红色遗迹1 710处,已登记各级不可移动革命文物1 081处,可移动珍贵革命文物8 986件(套),红色地名200个。与新四军有关的史迹、旧址等不可移动文物233处,其中国保单位7处、省保单位34处、市县保单位192处。革命历史类备案博物馆、纪念馆数量46个,省级以上爱国主义教育基地213家,省级党史教育基地103个,备案革命类博物馆、纪念馆39家,国有馆藏革命文物87 696件(套)。71个县(市、区)列入全国革命文物保护利用片区分县名单,革命文物资源总量处于全国前列。[3]

丰富的人才资源和传统文化资源,为江苏加强理想信念教育、培育和践行社会主义核心价值观、弘扬以爱国主义为核心的民族精神、建设社会主义精神文明提供了肥沃土壤和有利条件。

---

[1] 《新中国成立75年来江苏博物馆事业蓬勃发展》,江苏省人民政府网,http://www.js.gov.cn/art/2024/10/16/art_91230_11388455.html,2024年10月16日。
[2] 江苏非物质文化遗产网综合信息,https://www.jsfybh.cn/#/homePage。
[3] 省委党史工作办公室理论学习中心组:《把江苏建设成为中国革命文化的重要弘扬地》,《新华日报》2024年1月16日,http://www.jsdjt.cn/xsx/202401/t20240125_8198510.shtml;《传承红色基因 追寻"八一"记忆,江苏革命旧址寻访》,江苏文旅头条,https://mp.weixin.qq.com/s?_biz=MzA5MDU20TY20A==&mid=2651770026&idx=1&sn=62cc8d7e956b35385bd85924dc177d3f&chksm=8a8aed56cda25e7a588afad7c8d09cb e7a9bbef a6596c222e4d06573b4bf285425e1918af8bf&scene=27,2024年8月1日。

三、深入推进物质文明和精神文明协调发展走在前列的江苏路径

深入推进江苏物质文明与精神文明协调发展,需要在正确认识精神文明建设的内在规律的前提下,补齐精神文明建设的短板,在满足人民精神文化生活需求的基础上,培育和践行社会主义核心价值观,提高公民的思想道德素质,推动形成适应新时代要求的思想观念、文明风尚和行为规范。实现这一目标,需要全社会共同努力。

(一)加强江苏仪式化教育,将社会主义核心价值观融入江苏公民道德建设

无论对于某一群体还是整个社会而言,行为规训和价值认同都至关重要。只有在每个人都自觉遵守社会的行为规范并形成价值认同的前提下,才能形成真正意义上的群体意识,实现群体利益的最大化。因此,必须推进理想信念教育常态化、制度化,加强江苏社会主义核心价值观的价值引领。加强公民道德建设是一项长期而艰巨、紧迫而复杂的任务,构建体现社会主义核心价值观的公民道德教育体系、提高社会文明程度是社会主义精神文明建设的重要内容。据统计,2018年至2022年,我国检察机关受理审查起诉未成年人犯罪32.7万人,年均上升7.7%;其中不满16周岁的未成年人犯罪从2018年4 600多人上升至2022年8 700多人,年均上升16.7%。同时,近年来侵害未成年人犯罪总体也呈上升趋势。5年来,检察机关共起诉侵害未成年人犯罪29万人,年均上升3.6%。其中,起诉强奸、猥亵儿童等性侵未成年人犯罪13.1万人,此类犯罪已成侵害未成年人最突出的类型。[1] 这从侧面反映出我国的公民道德建设需要进一步深化。

加强公民道德建设,应紧扣《新时代公民道德建设实施纲要》,从江苏

---

[1] 《深化未成年人综合司法保护新闻发布稿》,https://www.spp.gov.cn/spp/c107228chdfgmcggeqcnpgbshkfhvbehkvkggbtrdknsecdkvppnbsmfrmqt/202303/t20230301_604817.shtml。

实际出发,深入学习张家港经验,依托家庭、学校、机关、企事业单位和社会力量建立组织架构和保障机制,构建公民道德教育体系。尊重个人合法权益与承担社会责任相统一,以树立为人民服务的集体主义、爱国主义价值观为目标,开展社会公德、职业道德、家庭美德和个人品德教育。依托大众传媒、文学艺术以及体育活动营造公民道德建设的社会氛围,利用民间传统节日和重大历史事件、历史人物纪念日尤其是"南京大屠杀死难者国家公祭日"举行形式多样的群众性纪念活动,对全社会进行爱国主义教育。要将中小学实施的"八礼四仪"文明礼仪养成教育经验推广到全社会,通过仪式教育将道德教育的内容具体化、细节化和规范化,使之成为全体公民普遍认同并自觉遵守的行为准则,促进江苏理想信念教育常态化、制度化。

仪式是具有表达功能的象征性符号的集合,是一种极具渗透性且受特定社会规范制约的象征性、重复性的行为操演系统。仪式教育是社会借助仪式行为,依据其共同的行为规范对个体进行行为规训、构建价值认同的重要手段。目前,我国的仪式教育根据主导力量的不同可分为两类:学校主导,主要面向学生群体;由政府、社会团体主导,主要面向全体公民。学校中的仪式教育除以爱国主义教育为主要内容外,多为根据学生不同的年龄阶段所设立的依托过渡仪式而进行的仪式教育,如以构建成人意识为目标,针对在校学生举行的18岁成人仪式[①]。社会层面以构建

---

① 18岁成人仪式教育包括16周岁领取居民身份证前后的公民意识教育、16~18岁的成人预备期志愿服务和年满18周岁面对国旗宣誓三个环节。18岁成人仪式教育最早起源于1990年4月29日由上海市嘉定县(今嘉定区)黄渡乡团委组织的"黄渡乡第一届18岁青年生日活动",后得到了中共中央、国务院的充分肯定,先后被纳入《爱国主义教育实施纲要》《公民道德建设实施纲要》《中共中央、国务院关于进一步加强和改进未成年人思想道德建设的若干意见》等文件中,共青团中央也一直高度重视这项工作,为指导各地团组织开展18岁成人仪式教育,先后下发多个文件来规范18岁成人仪式教育,如《共青团中央关于规范十八岁成人仪式教育活动的暂行意见》(1996)、《共青团中央关于1999年深入开展中学生18岁成人仪式教育活动的通知》(1999)、《共青团中央办公厅关于继续大力推进18岁成人仪式教育活动的通知》(2000)、《共青团中央关于表彰1999年度全国18岁成人仪式教育活动优秀组织单位的决定》(2000)、《共青团中央关于表彰2000年度全国18岁成人仪式教育活动优秀组织单位的决定》(2001)、《关于深入开展中学生18岁成人仪式教育活动的通知》(2002)。这些文件的出台有力地推动了18岁成人仪式教育在全国的开展和普及。

公民意识为目标的仪式教育则相对宽泛，多以文化传承、构建文化自信为目标，与中国传统文化、民俗活动相关的仪式教育，如新年的撞钟祈福仪式、端午节的赛龙舟仪式等。此外，还有由政府主导，以纪念重要历史事件、以爱国主义教育为目标的大型纪念仪式，如重要时间节点举行的建党、建国等庆祝仪式，每年的南京大屠杀死难者国家公祭仪式等。应当说，仪式教育不仅是提高国家公民素质的重要途径，也是人们社会生活重要的组成部分。

江苏是全国经济发展和文化建设的排头兵，是教育大省，也是教育强省，素有"全国教育看江苏"的说法。江苏很早就非常注重仪式教育，在仪式教育方面积累了许多宝贵的经验，为进一步以仪式教育促进江苏理想信念教育常态化、制度化，需要做好以下几方面的工作：

第一，进一步加强仪式空间建设，打造独具特色的江苏仪式教育空间体系。

仪式空间是仪式所依托的社会秩序的集中体现，是社会进行行为规训的现实基础。社会秩序的产生和演变以与之相对应的空间秩序为基础。纵观人类历史，几乎所有重要的仪式都拥有其独立而特别的仪式空间。

因此，应当鼓励江苏有条件的地方依据教育目标为仪式教育构建契合相应价值取向的仪式空间，通过细节向仪式的参与者传达仪式空间的各种象征与隐喻，以实现仪式空间对受教育者的心理暗示作用，达到价值传承的目的。

第二，紧抓仪式操演中"角色扮演"的环节，打造沉浸式的江苏仪式教育。

仪式操演中个体的参与度决定了个体对于仪式所要传递的价值的感受度和认可程度，也就是说，角色扮演能否有效实施决定了个体能否从被动接受向主动参与转化。正是认识到这一点，在党史学习教育中，为学习红军精神，学员会被带领走红军路、吃红军饭、穿红军衣，借助这些程式化的行为对红军进行"角色扮演"，这种从细节处入手的"角色扮演"可以帮助今天的人们体会红军"不畏强敌,不怕牺牲,坚韧不拔,英勇顽强,无坚不摧,一往无前"的宝贵精神。

又如反映抗美援朝历史的影片《长津湖》上映时,有影院向观众分发装有土豆和压缩饼干的纸袋和水,目的是让观众体验影片中志愿军在冰天雪地里啃冻土豆的感受,虽然这些食物已胜过当时千百倍,但依然难以下咽,这种"角色扮演"让观影者在对比中瞬间体会到革命先烈的英勇无畏,认识到今天的幸福生活来之不易。"角色扮演"最大的特点在于可以在心理和行为上最大限度地打破时间和空间的限制,达到心灵上的沟通和理解,对于提升仪式的教育效果具有不可替代的重要作用。因此,江苏的仪式教育应当从"角色扮演"的角度积极探索、创新仪式教育内容的呈现方式,打造沉浸式的江苏仪式教育。

第三,进一步推动江苏的仪式符号建设,为构建仪式教育中的情感连接奠定基础。

仪式操演是一个情感互动的过程。"互动仪式的核心是一个过程,在该过程中参与者发展出共同的关注焦点,并彼此相应感受到对方身体的微观节奏与情感。"[1]这种"共同的关注焦点"的具体表现形式就是仪式象征符号,是可以"代替直接表达的、高度浓缩的形式,它使情感紧张以有意识的或潜意识的形式得以迅速释放"。[2] 仪式象征符号是重要的仪式结果,在仪式操演中承担着唤起记忆和情感连接的功能。

仪式符号的构建一直是我国仪式教育中的薄弱环节,在一定程度上影响了仪式教育的效果,尤其是南京大屠杀死难者国家公祭仪式这类纪念仪式。纪念仪式的功能在于记忆传承和价值建构。仪式象征符号是纪念仪式重要的组成部分,是可以直接表达的、高度浓缩的形式,其象征意义极其丰富,承担着情感连接、记忆传承的重要功能。只有借助仪式象征符号,仪式才能长期保存在人类的文化结构中,成为记忆传承的重要

---

[1] [美]兰德尔·柯林斯:《互动仪式链》,林聚任、王鹏、宋丽君译,商务印书馆,2012,第47页。
[2] [英]维克多·特纳:《象征之林》,赵玉燕、欧阳敏、徐洪峰译,商务印书馆,2012,第36页。

途径。

独特的仪式象征符号对于扩大纪念仪式的影响具有不可替代的作用。如俄罗斯卫国战争胜利纪念仪式中普遍使用的"圣乔治丝带"①。2005年,在俄罗斯政府的支持下,在俄罗斯的青年组织"纳希"的推动下,"圣乔治丝带"成为俄罗斯卫国战争胜利日纪念仪式的仪式符号,并被广泛运用到参加胜利日阅兵的各种旗帜上、武器装备车上和阅兵队伍的军服上,普通人也会佩戴"圣乔治丝带",以表示对国家、民族的崇敬之情。与以往相比,今天的"圣乔治丝带"已经发展成为一种浓缩的仪式象征符号,其内涵与外延均发生了拓展,兼具记忆和情感连接的仪式功能,让人们在缅怀过去的过程中产生强烈的民族自豪感和国家向心力。

这些特殊的仪式符号对于在仪式中构建价值认同具有重要意义。目前,南京大屠杀死难者国家公祭仪式的仪式符号仅有"12.13"等少数几个,尚未形成受大众认可、影响广泛、符合传播学效用的仪式符号,这在一定程度上限制了这一公祭仪式的国际影响力。今后我们需要深入研究,从国家层面进一步固化南京大屠杀死难者国家公祭仪式的象征符号,并根据实际需要完善其相关设计,规范其使用范围、方法及途径。

第四,加强仪式主题的制度化建设,凸显江苏仪式教育的价值构建。

每年举行的南京大屠杀死难者国家公祭仪式是目前江苏规格最高、影响最为广泛的仪式教育形式。作为一种具有国际影响力的大型纪念仪式,应当遵循国际惯例,为每年的南京大屠杀死难者国家公祭仪式及相关纪念活动设立主题。

为大型纪念活动设立主题是国际惯例。如每年的1月27日为"缅怀大屠杀受难者的国际纪念日"②都会设有明确的主题。2018年"缅怀大屠杀受难者国际纪念日"纪念仪式及相关活动的主题为"大屠杀纪念和教

---

① "圣乔治丝带"由3条黑色和2条橙色条纹组成,原为凯瑟琳二世沙皇时期俄罗斯帝国颁发的最高军事荣誉"圣乔治军事勋章"的绶带,象征着勇敢和胜利。获得圣乔治勋章的部队,可以在部队的军旗上绣上圣乔治丝带以彰显其荣誉。
② 1945年1月27日苏联红军解放奥斯威辛集中营。

育：我们的共同责任"，鼓励就大屠杀悲剧进行教育，从而使子孙后代能够坚决反对一切形式的种族主义、恐怖主义和反人道的暴力行为。

为大型纪念活动设立主题就是要构建仪式活动中"共同关注的焦点"，是构建情感连接的有效途径。截至目前，每年的南京大屠杀死难者国家公祭仪式及相关纪念活动并未设立明确的主题，客观上导致了南京大屠杀死难者国家公祭仪式及相关纪念活动重点不突出，长此以往，不仅不利于深入挖掘南京大屠杀死难者国家公祭仪式对于爱国主义教育和维护世界和平的重要意义，而且会造成公众信息接收中的关注疲劳，不利于南京大屠杀死难者国家公祭仪式及相关纪念活动的传承与延续。因此，要加强仪式主题的制度化建设，为南京大屠杀死难者国家公祭仪式及相关纪念活动设立主题，既要深入挖掘南京大屠杀事件对人类发展的警示意义，又要兼顾现实工作中的重点、难点。

（二）依托江苏特色地域文化，发展江苏文化事业和文化产业

地域文化是指在一定自然条件下，某地固定居民在漫长的共同生活过程中，逐渐形成特有的、与其他地方居民不同的风俗习惯及精神面貌。优秀地域文化是一个地区独特的精神标识，不仅是这一地区人民共同的精神家园，也是地域发展的源头活水。传承与创新优秀地域文化对于提升地域文化凝聚力、增强地域文化竞争力、实现地域全面可持续发展具有重要意义。

优秀的地域文化是一种活态文化。传承优秀地域文化，不仅要传承那些已经脱离本地居民生活世界的地域文化符号，更要传承那些依然根植于本地居民日常生活、体现本地居民主体意识和主体活动的活态文化。这种活态文化是创新的基础，也是创新的最终表现形式。任何文化都是人的文化，所有文化的传承和创新都是人类活动的产物。人们只有身处其中，并乐在其中，才能真正实现优秀地域文化的传承与创新。活态文化的生命力依赖于多元文化形态、多元文化主体，以及各文化主体间平等的互动交流，并在不断的碰撞与交流中凸显自我，形成生生不息、和谐共生的地域文化生态。因此，优秀地域文化的传承与创新要以"活态传承，优化生态；特色创新，文化惠民"为基本理念，这是推动和实现优秀地域文化传承创新的基本原则和根本保障。

近年来江苏省大力推进文化大省、文化强省建设。各级政府共同努力，使得优秀地域文化资源得到有效保护。与其他发展较好的地区相比，江苏优秀地域文化的传承与创新缺乏总体布局，文化品牌建设与文化精品建设亟须进一步加强，今后，应以"体系化、生态化、民生化"为基本旨归形成江苏优秀地域文化传承与创新的基本思路。

江苏优秀地域文化的传承与创新，要将各地政府和人民群众作为多元特色文化的传承主体，进一步形成具有活态机制的传承体系和创新体系，建立符合文化生态要求的传承载体和传承规范，更加聚焦富民，让广大群众拥有更强的文化普惠感。为此，可以选择立法推进、全域推进、全民推进三个主要路径，建立相关创新动力机制、政府协调机制和社会评价机制，逐渐形成"打造文化特区、提升文化内涵、引领文化消费"战略，以"经典文化园区、大遗址公园、乡村文化记忆、文化精品创作、地方性文脉、文化大数据、文化全域旅游"等工程为抓手进一步实施。

第一，"打造文化特区"，旨在为加强优秀地域文化的活态传承建好项目集聚平台、建立传承创新机制、建设优秀创新人才队伍。切实抓好"经典文化园区""大遗址公园"和"乡村文化记忆"等工程。

实施"经典文化园区"建设工程。各地将经典文化园区建成具有浓厚地域文化特色的城市客厅，为优秀地域文化项目和文化人才的集聚、展现和创新实践提供高水平平台。实施经典文化园区建设工程，进一步活化江苏优秀传统文化资源，进一步整合江苏丰富的文化产业资源，进一步发掘具有江苏特色的文化品牌资源。立足经典文化园区建设，可明显提升各地优秀地域文化的品位、品质和品牌，可增强"文化＋"发展模式中的战略性跨界融合，进一步加强江苏省优秀文化人才队伍建设，形成更强的文化软实力。

进一步推进"大遗址公园"建设工程。"大遗址公园"建设工程是一项文化品质提升工程，对于提升区域文化生态水平、强化优秀地域文化活态传承、发挥优秀文化宣传教育功能、提供优质旅游服务资源具有重要意义。各地依托大型文化遗址建成具有鲜明地域文化特征、可供市民休闲的主题公园,这将为城市文化生态布局提供更为有力的支撑点,提升该城市公共文化服务的产品品质和供给水平,为广大市民提供优质的经常性文化服务和专题文化活动。

进一步推进"乡村文化记忆"工程。重视乡村街镇古建筑、古民居及其承载的乡土传统文化的传承,是充分履行保护好、展示好无形或有形文化遗产中的原真性、整体性、活态性的历史责任的要求。"乡村文化记忆"工程是传承优秀地域文化的一种创新方式,它将成为提高新型城镇化和新农村建设水平的重要举措,成为推动地方经济文化协调发展的有效方式,有助于增强民族自信心和凝聚力,继承弘扬优秀传统地域文化,建设中华民族共有精神家园。

第二,"提升文化内涵",旨在以时代精神和社会主义核心价值观新内涵赋予江苏优秀地域文化新的增长点。全省加强统一规划指导,着手抓好"文化精品创作"和"地方性文脉"工程。

实施"文化精品"工程。优秀的精神文化产品是反映国家和民族的文化创造能力的重要标志,也是承载社会主义核心价值观的重要载体。应深入贯彻习近平总书记在文艺工作座谈会上的讲话精神,坚持"二为"方向和"双百"方针,坚持以中国梦和社会主义核心价值观为引领,坚持以人民为中心的工作导向。实施文化精品工程,要指导各地抓好统筹规划和选题策划,把控剧本前端和刊播终端,加强奖项评比和文艺评论,用好政府力量和社会力量,建好创作品牌和展演品牌,提高文化品质和建设文化品牌。

实施"地方性文脉"工程。历史文脉一方面表现为深厚的文化价值和影响力,另一方面传承着一个地域人文地理的基本脉络及特点。地方性文脉工程的基本内容,包括对宏大历史地域、自然地理概况、历史沿革和人物、文化遗址考古发掘、重要文物、非物质文化遗产、古典古籍、地方志县志等多方面的基本梳理和系列研究。制定相关政策大力支持优秀地域文化在类别、内容、载体、人才及其表现形式等方面的多元化建设与发展。针对优秀地域文化的传承与创新实施"地方性文脉"工程，应当更加突出其地域性特点，这就要求进一步充分协调与协同，通过创新来突破现有按行政区划所开展的"江苏文脉整理与研究工程"工作模式，着力体现"活态传承，优化生态；特色创新，文化惠民"的基本理念。

第三，"引领文化消费"，旨在进一步加强文化服务的供给侧结构性调整。加强统一规划指导，着手抓好"文化大数据"和"文化全域旅游"两项工程。

实施"文化大数据"工程。文化大数据是新型生产力，它包括需求侧大数据和供给侧大数据两类，而后者更像是金山银山。利用大数据对优秀地域文化相关内容进行定量分析，能够最有效地推动文化精品创作，并在成功引领文化消费方面产生巨大作用。大数据能够成功解决诸如文化产品定价、优秀知识产权制造、延长文化产品产业链、提升文化产品改进效率、实现精准广告投放和社会化营销等难题。江苏省盐城市拥有国家级大数据研发基地，为江苏优秀地域文化的传承创新提供了难得的"高新技术+"的极大优势，今后应当围绕优秀地域文化的传承创新，加快做好顶层设计并推动具体方案落地。

实施"文化全域旅游"工程。"文化全域旅游"工程是一个充分凸显全域性特点的"文化+"工程，其特点是集聚地域优秀文化资源，通过旅游方式让更多人参与优秀地域文化的传承与传播。如今，优秀地域文化已成为旅游业发展中不可或缺的重要资源，已通过各地正在推进的全域旅游活动得到更为生动的传承和创新。在"一镇一品"、"一街一景"、美丽乡村等打造文化全域旅游前期工作的良好基础上，江苏可进一步打造以优秀地域文化为依托的文化旅游目的地、核心文化景区、重大文化旅游项目等，推进优秀地域文化旅游营销和优秀地域文化旅游要素配套。在旅游目的地或旅游项目中更多地融入优秀地域文化品牌项目，凸显红色文化、绿色文化、养生文化、非遗文化、江海文化、盐文化、水乡文化、吴韵汉风、十朝文明及近代工业遗产文化等江苏特色，提炼其中的传统文明精华，形成社会主义核心价值观的重要文化资源,形成江苏人坚定文化自信和道路自信的有力文化支撑。

(三) 加强江苏乡村文化建设,补齐江苏精神文明建设的短板

乡村文化建设是江苏精神文明建设的短板。近年来,国家非常重视乡村的精神文明建设,2017年习近平总书记在中央农村工作会议上的讲话指出:"我们要深入挖掘、继承、创新优秀传统乡土文化。要让有形的乡村文化留得住,充分挖掘具有农耕特质、民族特色、地域特点的物质文化遗产,加大对古镇、古村落、古建筑、民族村寨、文物古迹、农业遗迹的保护力度。要让活态的乡土文化传下去,深入挖掘民间艺术、戏曲曲艺、手工技艺、民族服饰、民俗活动等非物质文化遗产。要把保护传承和开发利用有机结合起来,把我国农耕文明优秀遗产和现代文明要素结合起来,赋予新的时代内涵,让中华优秀传统文化生生不息,让我国历史悠久的农耕文明在新时代展现其魅力和风采。"

2018年中共中央、国务院发布的《乡村振兴战略规划(2018—2022年)》就指出:要繁荣发展乡村文化、弘扬中华优秀传统文化、保护利用乡村传统文化、重塑乡村文化生态、发展乡村特色文化产业。《中共中央、国务院关于实施乡村振兴战略的意见》中也明确指出:"传承发展提升农村优秀传统文化。立足乡村文明,吸取城市文明及外来文化优秀成果,在保护传承的基础上,创造性转化、创新性发展,不断赋予时代内涵、丰富表现形式。"[1]2022年中央一号文件《中共中央、国务院关于做好2022年全面推进乡村振兴重点工作的意见》中指出要"加强农耕文化传承保护,推进非物质文化遗产和重要农业文化遗产保护利用"。[2]

在中央文件精神的引导下,近年来,江苏在乡村文化建设和文化传承方面采取了很多措施,取得了丰硕的成果,如对传统村落、重要农业遗产、

---

[1] 《中共中央、国务院关于实施乡村振兴战略的意见》,人民网,http://politics.people.com.cn/n1/2018/0204/c1001-29804797.html,2018年2月4日。

[2] 《中共中央、国务院关于做好2022年全面推进乡村振兴重点工作的意见》,中国政府网,http://www.gov.cn/zhengce/2022-02/22/content_5675035.htm,2022年2月22日。

非物质文化遗产、名胜古迹、红色文化的积极保护和利用,公共文化服务设施网络健全,公共文化服务均等化建设成果斐然。总体而言,江苏乡村文化建设与文化传承的硬件建设已初见成效,今后,在做好一贯的政策扶持、制度建设和人才培养的前提下,江苏乡村文化建设与文化传承应着眼于激发农民的主体性,促进政策的细化实施。

第一,要借助非物质文化遗产的活态传承促进乡村文化生态的恢复。

《管子·牧民》中曰"仓廪实则知礼节,衣食足则知荣辱",文化的繁荣和发展必然以人民生活的富足为前提。促进物质文明和精神文明协调发展是社会主义的本质规定和奋斗目标。如何将乡村文化建设、文化传承同促进物质文明和精神文明协调发展有机结合,是社会主义建设必须面对的重要课题。

非物质文化遗产是农耕文明的智慧结晶,大部分非物质文化遗产集中在广大的农村地区。因此,非物质文化遗产保护不仅是文化传承的重要举措,也是乡村文化建设的重要内容,更是推动农村地区经济发展的重要依托。江苏非物质文化遗产保护制度较为健全,地方政府投入较大。此外,江苏高校云集,人才济济,有利于非物质文化遗产的传承创新。江苏还拥有较好的制造业基础,许多非物质文化遗产项目如宜兴紫砂、扬州玉雕、苏州刺绣等已经成为当地重要的经济发展助力,在促进就业和增产增收方面发挥着重要作用。

以非物质文化遗产保护促民生就业,江苏今后应进一步细化工作。例如,出台相关法律、法规来规范非遗研学活动,将其纳入公民教育体系,改变当前非遗研学主要面向青少年且游大于学、流于形式、缺乏深度的现状,使其真正成为吸引从业人员的窗口;制定相关条例、法规等,将技艺类非物质文化遗产的传承纳入江苏的职业教育和中小学素质教育体系,通过素质教育扩大非物质文化遗产传承人培养的基数,通过职业教育促进非物质文化遗产传统手工技艺从业人员的年轻化和制度化,为技艺的传承做好人才储备;依托江苏高校,加强对传统工艺传承人的培训,帮助非物质文化遗产传承人实现从小手工业者向现代企业经营者转化,可以选择一些投入小、见效快、市场前景较好的传统手工艺,如草编、剪纸、刺绣等;对农村剩余劳动力进行职业培训,不仅可以使其获得一技之长,也可以为将来自主创业奠定基础,缓解就业压力。利用江苏的人才优势,在充分尊重并保留非物质文化遗产传统工艺精髓的前提下,整合科研力量针对江苏的传统工艺产品进行专业设计和改造提升,以提高其市场竞争力。

第二,恢复优良仪式习俗,以促进乡村传统道德体系的恢复。

公民道德建设是社会主义精神文明建设的重要内容。2022年中央一号文件《中共中央、国务院关于做好2022年全面推进乡村振兴重点工作的意见》中指出,要"推广积分制等治理方式,有效发挥村规民约、家庭家教家风作用,推进农村婚俗改革试点和殡葬习俗改革,开展高价彩礼、大操大办等移风易俗重点领域突出问题专项治理"。[①]

所谓的村规民约、家庭家教家风等是群体共同的道德规范、价值取向的集中体系。发挥村规民约、家庭家教家风的作用就是发挥这些道德规范对个体行为的约束作用,构建群体共同的价值认同和行为规范。农村的婚俗和殡葬习俗是最能体现农民人生观、伦理观和道德观的日常仪式,这些日常仪式不仅是重要的文化符号,更是传承传统文化、恢复乡村传统文化生态、构建群体归属感和认同感的重要途径。

如江苏洪泽湖地区独特的民间丧葬礼仪,洪泽湖地区民间丧葬礼仪源于清代,以高良涧镇为典型,距今已有200余年历史。仪式中的送终、守灵、报丧、扎孝灯、往土地庙送饭、出殡、做七等习俗,既体现了中国文化传统中的孝文化,也体现了中国人的祖宗崇拜。在中国传统家庭伦理中,孝为众德之本。家庭是最基本的社会单元,孝文化和对祖宗的敬畏将家庭、家族以血统为纽带集合在一起,形成以祖宗、宗法规范族人行为的道德规范,从而造就了中国传统文化的韧性和强大的凝聚力。因此,适当地批判和恢复优秀的传统习俗,对于恢复乡村传统文化道德体系生态、塑造

---

① 《中共中央、国务院关于做好2022年全面推进乡村振兴重点工作的意见》,中国政府网,http://www.gov.cn/zhengce/2022-02/22/content_5675035.htm,2022年2月22日。

良好的乡风民风具有不可替代的重要意义。

第三,发挥农民在乡村文化与精神文明建设中的主体性。

在精神文明建设过程中,人是主体,发挥人的主体作用至关重要。国家近年来一直强调要发挥农民在乡村文化建设与文化传承中的主体性。2022年中央一号文件指出要在乡村"整合文化惠民活动资源,支持农民自发组织开展村歌、'村晚'、广场舞、趣味运动会等体现农耕农趣农味的文化体育活动"。[1] 江苏2022年2月22日印发的《关于"十四五"开展农村人居环境整治提升行动扎实推进生态宜居美丽乡村建设的实施方案》充分发挥了农民群众主体作用,要"引导农民积极参与。坚持问需于民、问计于民,保障村民决策权、知情权、参与权和监督权,通过多种方式出智、出资、出力,实现美丽乡村共谋共建、共管共享"。[2] 虽然此项政策旨在整治乡村宜居环境方面发挥农民的主体作用,但也为鼓励农民参与乡村文化建设提供了可资借鉴的做法。

近年来,江苏的公共文化服务水平显著提高,但城乡差别依然明显,这是制约精神文明与物质文明协调发展的重要因素之一。乡村的精神文明建设应当在管理形式上吸收现代化的治理理念,在内容建设上注重传统文化的传承和发展,充分发挥人民的主体性,在促进文化融合的基础上,发动人民参与文化的传承和发展过程。今后,需要进一步提升县级公共图书馆、文化馆的统筹协调能力、组织指导能力,依托具备条件的乡镇综合文化站、村级综合性文化服务中心和社会性文化机构等,设立分馆或基层服务点。继续推进城乡"结对子、种文化",推广镇江"文艺播种计划"的宝贵经验,帮助基层培育文艺团队、创作文艺作品。

2019年镇江在丹徒区试点实施"文艺播种计划",组织市、区的文艺

---

[1] 《中共中央、国务院关于做好2022年全面推进乡村振兴重点工作的意见》,中国政府网, http://www.gov.cn/zhengce/2022-02/22/content_5675035.htm,2022年2月22日。

[2] 《关于"十四五"开展农村人居环境整治提升行动扎实推进生态宜居美丽乡村建设的实施方案》,江苏省人民政府, https://www.jiangsu.gov.cn/art/2022/2/22/art_90945_11293650.html,2022年2月22日。

志愿者,与90个村(社区)结对开展文艺辅导。帮助基层培育30余支文艺团队,他们在镇村开展群众喜闻乐见的文艺演出,身边人演身边事,"发展壮大农村文化专长人才队伍,实现从'送文化'到'种文化'再到'创文化'的生态链,繁荣乡村文化建设"。① 这不仅丰富了人们的业余文化生活,也极大地调动了农民参与文化建设的积极性和主动性。

"十四五"期间,江苏计划通过每年扶持培育200支优秀群众文化团队,实行"送、种、育"文化相结合,建设"群众身边不走的文化队伍"。"文化播种计划"是发挥农民在乡村文化建设与文化传承中的主体性作用的有益尝试,今后江苏应进一步深化和细化。加强城市对农村文化建设的对口帮扶,形成常态化工作机制,在镇村开展群众喜闻乐见的文艺演出,调动农民参与文化活动,发挥农民在乡村文化建设中的主体作用;要多方位推进"文化回家计划",将传统文化纳入地方职业教育和中小学素质教育考核体系,将乡村文化活动纳入乡村干部考核体系,激发农村干部在乡村文化建设中的积极性。近年来,江苏农村公共文化设施网络日益健全,下一步的主要任务是如何将"送文化"转变为让传统文化在农村生根、生长。

第四,借助数字媒介构建乡村文化发展与文化传承平台。

当前,数字媒介的飞速发展不断催生新的产业形态和认知方式,成为精神文明建设的重要阵地。有数据显示,截至2021年12月,我国网民规模达10.32亿人,较2020年12月增长4 296万人,互联网普及率达73.0%。其中,即时通信、网络视频、短视频用户使用率分别为97.5%、94.5%和90.5%,用户规模分别达10.07亿人、9.75亿人和9.34亿人。② 数字化不仅是当前信息传播、经济发展的主要发展方向,也是未来人类重要的生存方式。

---

① 伍策、楠雪:《江苏镇江:"文化下乡"推进乡村文化振兴》,中国网,http://travel.china.com.cn/txt/2021-03/05/content_77274144.html,2021年3月5日。
② 第49次《中国互联网络发展状况统计报告》,中国互联网络信息中心,https://www3.cnnic.cn/n4/2022/0401/c88-1131.html,2022年2月25日。

乡村振兴和乡村文化发展必须顺应时代的潮流。我国现有行政村已全面实现"村村通宽带",贫困地区通信难等问题得到历史性解决。我国农村网民规模已达2.84亿人,农村地区互联网普及率为57.6%,较2020年12月提升1.7个百分点,城乡地区互联网普及率差异较2020年12月缩小0.2个百分点。① 2019年中共中央办公厅、国务院办公厅印发的《数字乡村发展战略纲要》确立了数字乡村"四步走"战略部署,提出"到本世纪中叶,全面建成数字乡村,助力乡村全面振兴"的战略目标,而且要着力繁荣发展乡村网络文化,要"推进乡村优秀文化资源数字化,建立历史文化名镇、名村和传统村落'数字文物资源库'、'数字博物馆',加强农村优秀传统文化的保护与传承。以'互联网+中华文明'行动计划为抓手,推进文物数字资源进乡村。开展重要农业文化遗产网络展览,大力宣传中华优秀农耕文化"。②

2020年12月,江苏印发《关于高质量推进数字乡村建设的实施意见》,从乡村数字基建提档跨越、智慧农业升级赋能、智慧绿色乡村建设、乡村数字治理等方面布局江苏的数字乡村建设,但在数字文化方面尚显欠缺。在今后的工作中,要创新"互联网+"公共文化服务,提升乡村文化数字化建设水平,让乡村文化、传统文化资源借助数字技术"活起来""传下去"。更重要的是,借助互联网平台,激发农民的创作活力,激发乡村文化和传统文化的创造力,实现乡村文化建设、精神文明建设的创新型转化和创新型发展。

---

① 第49次《中国互联网络发展状况统计报告》,中国互联网络信息中心,https://www3.cnnic.cn/n4/2022/0401/c88-1131.html,2022年2月25日。
② 《数字乡村发展战略纲要》,中国政府网,http://www.gov.cn/zhengce/2019-05/16/content_5392269.htm,2019年5月16日。

第七章　江苏提高生态文明建设水平、建设人与自然和谐共生的现代化的难题及对策

深入贯彻落实党的二十大精神，坚持以习近平生态文明思想为指导，按照中央经济工作会议和江苏省委、省政府决策部署及重点任务，以更高标准深入打好污染防治攻坚战，加快建设美丽中国省域范例，在全面推进中国式现代化江苏新实践中，生动展现人与自然和谐共生的美丽江苏新图景。江苏要全面完成国家下达的环境质量目标任务，慎终如始打好污染防治攻坚战，要突出生态环境投入和基础设施建设，提供更多优质生态产品，全面提升生态环境治理现代化水平，促进生态系统多样性、稳定性、持续性，让绿色成为中国式现代化江苏新实践的鲜明底色。

一、人与自然和谐共生的现代化是中国式现代化建设的重要内容

党的十八大以来，以习近平同志为核心的党中央大力推动生态文明理论创新、实践创新、制度创新，提出一系列新理念新思想新战略，形成了习近平生态文明思想。党的二十大报告将"促进人与自然和谐共生"作为中国式现代化的本质要求之一，把生态文明建设提升到了前所未有的高度。习近平生态文明思想要求从处理人与人之间的生态利益关系入手，坚持环境正义原则，为实现人与自然关系的和谐奠定基础和前提，并"以

人民为中心",以"人类命运共同体"理念为价值取向,不仅深化了人类文明发展的生态转向,而且超越了西方工业文明畸形的和片面的现代化模式,创造了人类文明的新形态。准确把握习近平生态文明思想视域下的人与自然和谐共生关系的内涵,对于理解和把握中国特色社会主义现代化的特质与价值具有重要的意义。

(一)党的二十大报告关于人与自然和谐共生的现代化的重要论述

党的二十大报告提出,中国式现代化是人与自然和谐共生的现代化,人与自然是生命共同体,无止境地向自然索取甚至破坏自然必然会遭到大自然的报复。坚持可持续发展,坚持节约优先、保护优先、自然恢复为主的方针,像保护眼睛一样保护自然和生态环境,坚定不移走生产发展、生活富裕、生态良好的文明发展道路,实现中华民族永续发展。

1. 实现人与自然和谐共生的现代化,体现的是坚持以人民为中心的发展思想

随着经济发展和生活水平提升,人民群众对优美生态环境的需要也在不断增长。实现人与自然和谐共生的现代化,为广大老百姓创造更美好的、更优质的生活环境,不断满足人民群众对优美生态环境的需要,就是坚持以人民为中心的一种体现。

2. 实现人与自然和谐共生的现代化,是为国家创造可持续发展的环境

可持续发展需要对资源消耗型、环境污染型的发展模式进行根本性的改变。广泛形成绿色生产生活方式,碳排放达峰后稳中有降,生态环境根本好转,美丽中国目标基本实现。

3. 实现人与自然和谐共生的现代化,需要深入推进绿色发展

大自然是人类赖以生存发展的基本条件,尊重自然、顺应自然、保护自然,是全面建设社会主义现代化国家的内在要求。必须牢固树立和践行绿水青山就是金山银山的理念,站在人与自然和谐共生的高度谋划发展,推进美丽中国建设,坚持山水林田湖草沙一体化保护和系统治理,统筹产业结构调整、污染治理、生态保护、应对气候变化,协同推进降碳、减污、扩绿、增长,推进生态优先、节约集约、绿色低碳发展。

(二) 习近平生态文明思想引领人与自然和谐共生的现代化

习近平总书记指出:"建设生态文明,关系人民福祉,关乎民族未来。"深入学习研究习近平生态文明思想的理论体系,深刻总结升华新时代我国生态文明建设的实践成果,加快构建中国特色生态文明研究学科体系、学术体系,对于更好推进生态文明建设、在更高水平上建设美丽中国和清洁美丽世界具有十分重要的意义。

第一,习近平生态文明思想是马克思主义关于人与自然关系思想的最新理论成果,是推动生态文明建设的强大思想武器。

习近平生态文明思想是把马克思主义自然观同我国人与自然关系客观实际相结合、同中华优秀传统文化中的生态智慧相结合,就生态文明建设提出的一系列具有原创性、变革性的新理念新思想新战略。习近平生态文明思想内涵丰富,是一个科学、完整的理论体系,是习近平新时代中国特色社会主义思想的重要组成部分。《中共中央关于党的百年奋斗重大成就和历史经验的决议》从13个方面系统总结了新时代党和国家事业取得的历史性成就、发生的历史性变革,其中关于生态文明建设方面的原创性思想、变革性实践、突破性进展、标志性成果在总体上构成了习近平生态文明思想的核心要义。

习近平生态文明思想继承和发展了包括生态学马克思主义在内的马克思主义生态思想,在超越生态中心主义生态文明理论和现代人类中心主义的生态思潮的基础上,结合中国现代化实践和当代全球生态治理的现实,对人与自然和谐关系的内涵与实质提出了独到的见解。习近平生态文明思想坚持和运用辩证唯物主义和历史唯物主义世界观和方法论,不断深化对生态文明建设规律的认识,实现了马克思主义关于人与自然关系思想新的跃升。习近平生态文明思想以"人与自然是生命共同体""生态兴则文明兴""努力建设人与自然和谐共生的现代化"等重大论断,充分阐明了人与自然相互依存、相互联系的辩证统一关系,深刻揭示出人类必须尊重自然、顺应自然、保护自然的道理,超越了人类中心主义和生态中心主义的对立,开辟了辩证唯物主义自然观新的理论境界。习近平生态文明思想关于"绿水青山就是金山银山""保护生态环境就是保护生产力,改善生态环境就是发展生产力""推动形成绿色发展方式和生活方式是发展观的一场深刻革命"等重大论断,强调生态环境保护和经济发展是辩证统一、相辅相成的关系,创造性地将自然生态资源、环境要素纳入生产力范畴,拓展了劳动价值论的生态维度,从人与自然协同进化的角度提出绿色发展理论,实现了发展观的深刻变革,丰富和发展了马克思主义生产力理论。习近平生态文明思想强调"良好生态环境是最公平的公共产品,是最普惠的民生福祉""要坚持生态惠民、生态利民、生态为民",科学阐明了生态文明建设和改善民生的关系,深刻揭示出坚持以人民为中心是生态文明建设的根本价值立场,丰富了民生的基本内涵,体现了中国特色社会主义的本质要求,对科学社会主义作出了重要贡献。

第二,习近平生态文明思想是新时代生态文明建设的科学指南和行动纲领,必须毫不动摇地坚持,并在建设人与自然和谐共生的现代化的实践中不断丰富和发展。

我国成为全球生态文明建设的重要参与者、贡献者、引领者,率先发布《中国落实 2030 年可持续发展议程国别方案》,在应对气候变化、生物多样性等全球生态环境挑战中发挥引领作用,推动达成和加快落实《巴黎协定》,习近平总书记向国际社会作出"中国将力争 2030 年前实现碳达峰、2060 年前实现碳中和"的庄严承诺。

以习近平新时代中国特色社会主义思想特别是习近平生态文明思想为科学指引,是我国生态文明建设取得历史性成就的根本保证。在全面建设社会主义现代化国家的新征程上,在中国式现代化总体框架下加强生态文明建设,必须坚定不移走生态优先、绿色发展之路,努力建设人与自然和谐共生的现代化,坚持以新发展理念为引领,实现高质量发展,推动加快构建人与自然生命共同体和人类命运共同体。

(三)西方生态现代化理论的主要观点及不断完善

1. 生态中心主义生态文明理论的主要观点及不足

学术界一般把 1949 年美国学者利奥波德的《沙乡年鉴》一书看作理

论形态的生态文明思想的诞生。利奥波德从生态科学所揭示的生态整体性规律出发,把人类看作生态系统中普通的一员,承认"自然价值论"和"自然权利论",尊重人类之外的存在物的价值和权利。这一思想被罗尔斯顿、奈斯等人进一步发展,形成生态中心主义生态文明理论。生态中心主义生态文明理论要求在树立生态中心主义价值观的基础上,从维系生态系统的整体和谐这一目的出发,反对科学技术的创新与运用,反对人类对经济增长的追求,反对人类任何利用和改造自然的行为,实际上把生态文明的本质归结为人类屈从于自然的生存状态,以牺牲人类的价值和尊严为代价来维系人与自然的和谐共生关系,这实际上是从否定发展和立足于后现代主义的价值立场理解和阐释人与自然和谐共生关系。

2. 现代人类中心主义生态思潮的主要观点及不足

现代人类中心主义生态思潮肯定了技术创新与运用、经济增长对于解决生态危机的重要性,但所追求的技术创新和经济增长是服务于资本追求利润和资本主义经济可持续发展的,把生态文明的本质归结为维系资本主义再生产自然条件的环境保护,并把人与自然关系的和谐归结为实现资本主义经济的可持续发展而应当承担保护生态环境的责任和义务。但资本追逐利润的本性又决定了必然会不断扩张其生产体系,最终不仅无法实现人与自然和谐共生关系,而且必然会进一步强化生态危机。

3. 生态现代化理论的主要观点及不足

在可持续发展理念的基础上,西欧发达资本主义国家,尤其是德国、英国、荷兰等国的发展理念集中表现为生态现代化理论。生态现代化理论与可持续发展理论紧密联系,并在此基础之上发展壮大,与西欧国家的环境政策变化和环境运动的主导理念相契合。德国著名环境社会学家约瑟夫·胡伯最早提出"生态现代化"。生态现代化主张采用预防和创新原则,推动经济增长与环境退化脱钩,实现经济发展与环境效益的双赢以及世界现代化的生态转型。德国和荷兰等国率先将生态现代化理论付诸实践,取得了一定的环保成效,证明了生态现代化理论存在的合理性和必要性。西方生态现代化理论于工业现代化背景之下诞生,在理解和阐释现代工业社会如何应对环境危机的过程中,逐渐成为一种主流的生态政治学理论。

生态现代化理论形成了六大核心理念。一是立足点在于现代化。生态现代化理论强调工业化和现代化需要融合发展,通过超工业化来解决环境危机,科技引领着生态现代化的发展。二是更加强调落实预防性原则。把生态预防的原则贯彻到生产和消费的全过程中。三是突出创新的重要性。生态现代化理论强调科技的重要作用,科学技术在预防和治理环境污染方面具有高效精准等优势。四是形成社会和经济活动参与者之间的合作与协商。生态环境保护以及现代化进程的推进要想实现互利共赢,离不开政府、工商界、环境组织、科学界、非政府组织以及普通民众的配合和努力。五是环境治理具有整体性和综合性特征。环境问题关系到原材料加工、生产、交换、分配、消费、回收、再生产等各个环节,需要政府高屋建瓴地进行综合周密的考虑,以整体性和综合性为原则,制定长远规划、整体政策以及全球治理体系等。六是实现经济增长与环境退化脱钩。通过技术创新、污染治理、绿色生产以及绿色消费等转变,实现不以环境污染和资源过度消耗为代价的经济增长,在获得经济效益的同时,实现环境效益与之完全脱钩。

生态现代化理论在提供新思路的同时也存在着一定的理论局限性,难以成功地推进社会的生态转型:

一是价值观念上未能摆脱"人类中心主义"倾向。生态现代化仍然是机械地对待大自然,将自然界的可利用性作为重点,把自然理解为人类社会发展的附属物,认为自然界应该服从并服务于人类社会。生态现代化理论仍然将自然界视为受人类支配之物,认为自然应该以具体的资本形态在生产中得到量化,并没有改变不公正地对待大自然的局面。因而,从价值观念上来说,生态现代化理论并没有完全摆脱"人类中心主义"的理论倾向。

二是解决方案的不可持续性。生态现代化理论强调利用科学技术来构建一个更为环保的社会制度和经济制度。科学技术并非万能的,合理利用科学技术会促进环境更加友好发展，不合理的利用则会使生态环境进一步恶化。生态现代化理论在不改变资本主义制度的框架之内，仅仅强调对生产、消费、技术等问题进行变革和创新，理论出发点的局限决定了相应的解决方案也必然不可持续。

三是适用范围受到限制，缺乏全球公正性。生态现代化理论运用和实践较好的国家基本上是西欧发达资本主义国家，他们有较为雄厚的科技实力和经济实力来进行生态变革，但是对于欠发达国家来说，生态现代化这一理论难以得到具体实践。发达国家在环境治理过程中往往将本国污染转嫁到别的国家，这势必会导致欠发达国家的生态环境日益恶化，进而引起全球生态环境的进一步恶化。生态现代化理论的内涵仅仅局限于西方发达资本主义国家，对于欠发达地区如何确立生态治理方案、推动生态现代化进程则未曾提及。

（四）马克思主义生态文明理论的主要观点及不断完善

生态学马克思主义以历史唯物主义关于自然观和历史观辩证统一的生态共同体思想为基础，坚持从社会制度和生产方式的维度揭示生态危机的根源。生态学马克思主义提出了"资本主义制度在本性上是反生态"的命题，强调资本主义制度和生产方式、资本的全球化运动是当代生态危机的根源，资本物欲至上的价值观和服从资本追求利润的消费主义价值观必然进一步强化生态危机，资本追求利润的本性必然使技术的运用沦为资本控制人、控制自然的工具。要解决生态危机，就必须破除资本主义制度和生产方式，建立遵循生态理性和满足穷人基本生活需要的生态社会主义社会，实现技术创新、经济增长，以及人与人、人与自然的和谐共同发展。在生态文明的本质问题上，生态学马克思主义强调生态文明并不是要人们回到穷乡僻壤的生活状态，认为生态文明不是对工业文明的绝对否定，而是超越工业文明的哲学世界观、自然观、发展方式和管理方式的一种新型文明形态。可以看出，生态学马克思主义立足于历史唯物主义的自然观与历史观辩证统一的立场，理解人与自然的和谐关系，强调人与自然的和谐关系首先必须以正确协调人与人的生态利益关系、实现环境正义为基础,其次必须以遵循生态理性和以满足穷人的基本生活需要为目的的技术创新和经济增长为基础,强调人与自然的和谐关系的本质是以人与人之间的和谐关系为基础、以遵循生态理性的技术创新和经济增长为基础的和谐关系。

二、"十四五"期间我国提高生态文明建设水平的主要方向、内容

"十四五"期间要推进美丽中国建设,坚持山水林田湖草沙一体化保护和系统治理,统筹产业结构调整、污染治理、生态保护、气候变化应对,协同推进降碳、减污、扩绿、增长,推进生态优先、节约集约、绿色低碳发展。

1. 加快发展方式绿色转型

推动经济社会发展绿色化、低碳化是实现高质量发展的关键环节。加快推动产业结构、能源结构、交通运输结构等调整优化。实施全面节约战略,推进各类资源节约集约利用,加快构建废弃物循环利用体系。完善支持绿色发展的财税、金融、投资、价格政策和标准体系,发展绿色低碳产业,健全资源环境要素市场化配置体系,加快节能降碳先进技术研发和推广应用,倡导绿色消费,推动形成绿色低碳的生产方式和生活方式。

2. 深入推进环境污染防治

持续深入打好蓝天、碧水、净土保卫战。加强污染物协同控制,基本消除重污染天气。统筹水资源、水环境、水生态治理,推动重要江河湖库生态保护治理,基本消除城市黑臭水体。提升环境基础设施建设水平,推进城乡人居环境整治。全面实行排污许可制,健全现代环境治理体系。严密防控环境风险。

3. 提升生态系统多样性、稳定性、持续性

以国家重点生态功能区、生态保护红线、自然保护地等为重点,加快实施重要生态系统保护和修复重大工程。推进以国家公园为主体的自然保护地体系建设。实施生物多样性保护重大工程。深化集体林权制度改

革。推行草原森林河流湖泊湿地休养生息,实施好长江十年禁渔,健全耕地休耕轮作制度。建立生态产品价值实现机制,完善生态保护补偿制度。

4. 积极稳妥推进碳达峰碳中和

立足能源资源禀赋,有计划分步骤地实施碳达峰行动。完善能源消耗总量和强度调控,重点控制化石能源消费,逐步转向碳排放总量和强度"双控"制度。推动能源清洁低碳高效利用,推进工业、建筑、交通等领域清洁低碳转型。深入推进能源革命,加强煤炭清洁高效利用,加大油气资源勘探开发和增储上产力度,加快规划建设新型能源体系,统筹水电开发和生态保护,积极安全有序发展核电,加强能源产供储销体系建设。完善碳排放统计核算制度,健全碳排放权市场交易制度。提升生态系统碳汇能力,积极参与应对气候变化全球治理。

三、国际国内加强环境保护、加快生态文明建设的主要举措及借鉴

生态现代化理论已在发达国家和地区得到了具体实践,并且逐渐成为西方社会实现可持续发展的主流理论。党的二十大报告指出,我国必须"坚定不移走生产发展、生活富裕、生态良好的文明发展道路"。贯彻落实生态现代化战略,统筹经济与生态环境和谐发展,是我国走生产发展、生活富裕、生态优良的文明发展道路过程中亟须解决的重大战略问题。因此,西方生态现代化理论对我国生态文明建设具有一定的启发和借鉴意义。

(一)西方发达国家生态现代化理论的具体实践

西方发达国家的生态现代化综合指数、生态进步指数以及生态经济化指数领先我国,我国的生态现代化还处于初级阶段。因此,合理借鉴西方生态现代化理论的内核,对其实际应用经验进行归纳总结,同时结合我国具体实际进行扬弃,有助于进一步推进生态文明建设。

1. 德国生态现代化理论的具体实践

德国把生态现代化上升至国家战略目标高度,把实现生态现代化作为考量国家发展的重要因素之一。德国在环境保护方面所取得的巨大成就是在经历过惨痛的环境危机教训后逐渐取得的。二十世纪五六十年代,为了积极迅速地发展经济而忽视了对环境的保护和治理,导致莱茵河、鲁尔区污染严重。20世纪80年代中期以后,德国不得不采取一系列科学化、规范化的举措来保护环境,促进经济社会可持续发展。通过多年的摸索,德国在先污染后治理的发展道路上走出了一条成熟高效的生态环境治理之道。

一是全面普及生态教育。德国将生态教育纳入学校教育的范围之内,从幼儿园起,将生态理念贯穿德国中小学、高校以及职校教育体系之中。政府、新闻媒体以及环保组织通过举办环保博览会、开展免费环境知识讲座、发放环保知识手册等途径向公众广泛宣传和普及环境保护基本知识,唤醒人们的生态保护意识。德国政府出台了一系列环境保护法规来约束公众的行为。同时设立了环保警察,成立了专门调查环境污染事件的专案组,主要针对环境污染事件采取补救行动。

二是系统性地完善法律法规。德国制定了系统的环境政策法规,为生态环境保护和经济发展的互利耦合提供了法律保障,20世纪70年代起,单行法开始出台,如《废水排放法》《空气污染法》等。1999年制定完成了《环境法典(草案)》,让环境治理有章可循,同时还颁布了与生态环保有关的强制性行政手段和行为禁令,构建了一个系统完备的生态化法律框架。将预防性原则作为生态环境保护的首要原则,并在各项工作中贯彻落实,德国注重建立事前环境预防制度、事中环境监测制度和事后环境评估制度,用科学的方法规划环境建设和治理工作。德国不断在国际领域寻求合作,加强国际社会的联系以共同面对生态环境问题,积极参与全球领域的生态治理活动,先后签署了《联合国气候变化框架公约》《联合国海洋法公约》《联合国人类环境会议宣言》《巴黎气候协定》等条约,向世人展示了德国愿意与各国共同承担全球环境保护和治理的决心。

三是严格落实企业的环保措施。要求企业将环境保护与经济发展放在同等重要的位置对待。企业逐步自觉制定和出台了一系列适合长远发展的措施,如加大对预防性技术和清洁技术研发的资金投入、改良生产设备、采用环保设施、注重污废物的回收和再循环利用等。许多企业在加大环境治理投入的同时获得了良好的经济效益,环境保护在很多情况下可以为企业节省大量的后续治污费用,并且能够提升企业的市场竞争力和国际竞争力,环境保护与经济发展并不矛盾。

四是大力推动科学技术的运用。德国提出将"生态现代化"作为工业政策和科技政策创新的重点,在工业生产全过程中将生态现代化理念贯彻其中,在技术创新领域将生态考虑嵌入其中,运用生态思维推进生态技术创新,进而生产出绿色生态化产品。德国在开发新的环境污染预防和治理技术的过程中形成了一套完整的技术体系。根据生产流程可分为源头、过程、结果以及全程生态化。源头生态化即从原材料阶段开始选择可再生或清洁能源,如风能、潮汐能、太阳能等,减少甚至停止使用煤炭、石油等高污染和不可再生能源。过程生态化就是在生产过程中,利用先进的技术进行科学生产、绿色生产,降低甚至杜绝污染物的产出。结果生态化即在整个生产流程的终端确保产品的绿色化、生态化,以及治理上游生产工序产生的污染物,确保工业污染不会对生态环境造成影响。全程生态化也叫作一体化环境技术,是指在生产上游尽量使用天然可再生的原材料和能源资源,利用高新现代化的机器设备替代旧有的低效率、高消耗的设备,同时对整个生产过程进行分析、监测,并在必要时采取措施及时处理。

2. 荷兰生态现代化理论的具体实践

荷兰是世界上环境标准和环境管理较严格、环境法规较完备的国家之一。从20世纪60年代开始,荷兰针对各类环境问题,制定了相应的环境法律法规,并注重生态保护的顶层设计。

一是订立自愿式契约。自愿式契约是荷兰较具特色和创新性的环境政策工具之一,政府与企业通过协商确定所要签署的契约的具体内容,达成一致后签署自愿式契约并自觉履行契约所规定的内容。企业因此获得了更多的自主权和灵活性，可以自行决定达到何种环境标准以及如何达到环境标准等，从而更好地激发了企业的主观能动性，使这种基于自愿的环境治理方式得到了更广泛的社会参与。同时，自愿式契约的自愿性和协商性特点，增加了政府与企业之间的信任，免于互相猜忌，从而使双方能够将更多精力投入制订短期发展计划和长期战略计划中。

二是征收生态税。荷兰是经合组织国家中较早征收生态税的国家之一，在生态税收方面的规定细致明确，税种繁多复杂并且涉及社会生活的方方面面。荷兰政府针对能源消耗进行的生态税收包括二氧化硫税、二氧化碳税、燃料税、资源税、化学废弃物税等，大大减少了二氧化硫、二氧化碳等工业废弃物的排放量。环境税收占整个财政收入的比例由1996年的1.2%上升到2004年的14%。荷兰制定生态税时充分考虑了对不同消费行为征收生态税对生态环境带来的不同影响：对于污染严重的、消耗大量能源资源的生产和消费行为征收巨额税款；对于那些对生态环境影响较小的生产和消费行为做出减免甚至取消征税的规定。

三是贴生态标签。1992年，荷兰创立了环境检查基金会，并由其负责创建了荷兰生态标签，环境检查基金会的成员主要有政府、生产者、销售者、消费者以及贸易和环境组织的代表。生态标签是由荷兰政府和环境检查基金理事会等机构根据一定的环境质量要求和产品质量要求，向申请者颁发的一种特殊标志。获此标志者可以将该标志贴在或印在商品外包装上，以此来向消费者表明，该商品与同类商品相比，在生产、处理、加工、运输等过程中更加符合国家的环境保护要求。生态标签的推广有助于环境保护法律条约的实施，是环境管理手段从强制执行到自觉引导的产物。生态标签利用市场经济中的消费驱动，促使生产者遵循严格的环境标准，采用绿色清洁技术生产环境友好型产品，引导企业自觉优化产业结构，以求达到减少工业污染、保护生态环境和节约能源资源的目的。

四是达成绿色协议。绿色协议是政府与企业基于荷兰环境法规和政策体系达成的环境治理协议，它旨在将荷兰变成一个清洁繁荣、富有竞争力的资源节约型经济体,促进荷兰经济增长与环境退化实现彻底脱钩。绿色协议作为规范政府与企业行为的主要政策工具,其次也是对原本的法律法规、市场调控、金融扶持等政策工具的有效补充。绿色协议自2011年推行以来,涉及的领域日益增多,包括能源资源、食品安全、生物多样性、建筑、气候、水资源等。绿色协议的本质蕴含了民主、平等、协商,改变了以往政府对企业的强行规制行为,打破了政府与企业之间的沟通交流屏障,是荷兰贯彻环境政策行之有效的重要手段。

(二)国内提高生态文明建设水平的重要举措

1. 持续制定法律、法规,依法保护大江大河的生态环境

党的十八大以来,我国将推动长江经济带发展上升为国家重大战略,提出"共抓大保护、不搞大开发"的战略决策,2021年3月,我国首部流域法律《中华人民共和国长江保护法》正式施行。2022年8月,《黄河生态保护治理攻坚战行动方案》发布,提出了五大攻坚行动,分别是河湖生态保护治理、减污降碳协同增效、城镇环境治理设施补短板、农业农村环境治理和生态保护修复。

2. 不断完善和出台专项保护方面的规定、措施

党的十八大以来,我国水土保持工作取得显著成效,水土流失面积和强度持续呈现"双下降"态势,但水土流失防治成效还不稳固,防治任务仍然繁重。2023年1月,中共中央办公厅、国务院办公厅印发《关于加强新时代水土保持工作的意见》,提出到2025年,水土保持体制机制和工作体系更加完善,管理效能进一步提升,人为水土流失得到有效管控,重点地区水土流失得到有效治理,水土流失状况持续改善,全国水土保持率达到73%。到2035年,系统完备、协同高效的水土保持体制机制全面形成,人为水土流失得到全面控制,重点地区水土流失得到全面治理,全国水土保持率达到75%,生态系统水土保持功能显著增强。2023年2月,国务院批复《长三角生态绿色一体化发展示范区国土空间总体规划(2021—2035年)》(以下简称《规划》),这是我国跨行政区统一规划管理体系的重要制度创新成果,是首部经国务院批准的跨行政区国土空间规划,对推动落实

长三角一体化发展战略、推动区域环境保护治理具有重要意义。《规划》重点明确了生态环境、基础设施、公共服务等方面的发展策略、管控底线和区域协同事项，提出着力扩大蓝绿空间，到2035年，河湖水面率不低于20.6%，森林覆盖率大于12%。加快形成节约资源保护环境的空间格局和绿色生产生活方式，绿色交通出行比重提升至80%。

3. 逐步形成绿色发展的资金支持体系

为引导金融机构加大对绿色发展等领域的支持力度，中国人民银行近年来印发通知，延续实施碳减排支持工具等三项货币政策工具。碳减排支持工具延续实施至2024年年末，将部分地方法人金融机构和外资金融机构纳入碳减排支持工具的金融机构范围，进一步扩大政策惠及面，深化绿色金融国际合作。支持煤炭清洁高效利用专项再贷款延续实施至2023年年末，2023年继续并行实施碳减排支持工具和支持煤炭清洁高效利用专项再贷款，在保障能源供应安全的同时支持经济向绿色低碳转型，助力科学有序实现碳达峰碳中和目标。交通物流专项再贷款延续实施至2023年6月末，将中小微物流仓储企业等纳入支持范围。下一阶段，结构性货币政策坚持"聚焦重点、合理适度、有进有退"，继续加大对普惠金融、绿色发展、科技创新、基础设施建设等国民经济重点领域和薄弱环节的支持力度。

(三) 主要经验及借鉴

生态现代化理论是西方工业社会在面临生态危机的现实情况下，在资本主义制度内对人类活动和生态环境二者关系的理性思考。生态现代化理论有力地促进了人类经济发展和生态环境保护的互利耦合。当前，我国正处于改革发展的攻坚阶段，吸收借鉴西方生态现代化理论的合理内核，是促进我国生态文明建设、美丽中国建设的强大推力，是实现我国生态现代化进而把我国建设成为富强民主文明和谐美丽的社会主义现代化强国的现实需求。

1. 加强立法，推进生态制度保障

通过制定相应的法律法规，将生态环保工作、生态环境建设工作、生态责任划定、生态环境监测及风险评估等工作纳入法治轨道。2021年1月正式施行的《中华人民共和国民法典》就将"绿色原则"纳入法律之中,规定民事主体从事民事活动,要有利于节约资源、保护生态环境;规定不动产权利人不得违反国家规定弃置固体废物,排放大气污染物、水污染物、噪声、光辐射、电磁辐射等有害物质;强调设立建设用地使用权,应当符合节约资源、保护生态环境的要求;等等。推进生态制度保障,用强制手段防范环境破坏事件的发生。各级地方政府要对生态环境进行法治化管理,加强对生态环境的治理保护和建设,防止企业在生产过程中、个人在生活和消费过程中造成环境污染。健全环境监测和风险评估机制。构建科学高效的监测、统计和评价体系,实现环境质量监控的预报预警,做好环境影响评估和环境风险评估。采用新的政策工具来替代以往的管制性命令方法,例如征收生态税,包括垃圾税、排污税、燃料税等,这一举措能够有效减少污废物排放,促进资源的更新利用,进而达到提升环境质量的效果。

2. 促进生态技术创新,推动产业结构升级

生态现代化理论强调科学技术的重要作用。科学技术在预防和治理环境污染方面具有精准、高效的优势,要充分认识到科学技术在我国生态现代化建设中的积极作用。企业是污染的主要制造者,也是能够真正发挥环境保护和治理作用的执行者。因此,企业应当加快生态技术的创新和研发,推动产业结构优化升级。企业应加大技术投入,确保新型生态技术在生态变革中发挥引导作用。企业要推进产业结构调整优化,推动反生态性产业向环保型产业积极转型。在西方国家,清洁生产、有机农业、清洁能源等产业具有十分广阔的前景和较强的市场竞争力。随着中国新时代生态文明建设的不断深入,这类环保产业必然会成为更多投资者和消费者的选择。鼓励企业制定长期的生态发展战略,积极推进生态化生产和经营。大力推行循环经济、绿色经济发展模式,回收和再利用废弃物,最大限度地利用资源,以此来减少污染。

3. 营造生态文明氛围,鼓励社会共同参与

在全社会营造生态文明的氛围,鼓励全体社会人员共同参与。政府在生态环境治理和建设中发挥着总揽全局的核心作用。企业应加大对生态技术的研发和创新,扩大投资,走绿色生产之路。社会组织及专家学者应在生态决策过程中积极建言献策,推动生态政策的制定和完善。社会普通民众应在日常生活中树立节约、环保的生态理念,选择绿色的生活方式和消费方式,积极履行自己应尽的生态责任。

4. 与时俱进,结合实际,完善人与自然和谐共生的生态现代化理论

西方发达国家是现代化发展的先行者,他们在现代化发展过程中所暴露的问题具有代表性和典型性,因而需要客观评价和分析西方生态现代化理论及其具体应用经验,从中获取有利于我国生态文明建设发展的启示。我们既要看到与发达国家在发展过程中具有相似之处,即共同面对生态问题,也要认识到不同之处,即我国社会主义制度的优越性以及我党领导人将生态文明上升到国家战略高度的执政理念。习近平总书记提出:"要正确处理好经济发展同生态环境保护的关系,牢固树立保护生态环境就是保护生产力、改善生态环境就是发展生产力的理念。"习近平总书记对经济发展与生态环境保护之间的关系作出了科学诠释,以牺牲环境为代价的经济增长必然会遭到环境的反噬,以保护环境为前提的经济发展才能够实现可持续。我国"十四五"规划提出,要推动经济社会发展全面绿色转型,建设人与自然和谐共生的现代化。西方生态现代化理论强调经济发展必须兼顾环境效益,为我国建设人与自然和谐共生的现代化、实现经济与生态的双赢提供了一种路径参考,具有一定的启示意义。同时,从马克思主义生态观的视角来审视生态现代化理论,我们可以发现,生态现代化理论脱胎于西方资本主义国家,其理论的产生和发展被限定在资本主义政治经济体制内部,而资本主义制度就是生态危机的根本来源,因此该理论没有打破资本主义枷锁,带有一定的局限性。

四、江苏提高生态文明建设水平、建设人与自然和谐共生的现代化的做法及成效

江苏是全国唯一同时拥有大江大河大湖大海的省份,"环境美"是"强富美高"新江苏的重要内涵。坚持以习近平生态文明思想为指引,把生态文明建设摆在"强富美高"新江苏现代化建设的突出位置,协同推进降碳、减污、扩绿、增长,推进生态优先、节约集约、绿色低碳发展,取得了新成效。

(一)绿色转型步伐加快,低碳循环发展经济体系逐步形成

2012—2021年,江苏把绿色转型作为经济发展的方向,大力推进节能降耗、资源循环利用,逐步走上绿色低碳循环发展之路。

1. 绿色转型成效明显

一是节能降耗取得新进展。2012—2021年,江苏全省单位地区生产总值能耗累计下降38%,规模以上工业单位增加值能耗累计下降50%。二是绿色转型加速推进。江苏省人民政府出台《省政府关于推进绿色产业发展的意见》,完成火电、钢铁行业超低排放改造,推广新能源汽车使用,由2014年的0.9万辆增加到2021年的23.9万辆。水污染防治设备、高效节能装备、大气污染防治设备、固体废弃物处理设备等优势和重点产业链得到全面发展。

2. 低碳循环发展经济体系正在形成

一是协同降碳迈出新步伐。积极参与全国碳排放权交易市场建设、运营,出台《江苏省碳监测评估试点工作方案(试行)》,探索开展碳浓度、碳源、碳汇相关监测,全省碳监测体系初步构建,碳监测能力初步形成。落实重点行业三级环评联审制度,加强"两高"项目生态环境源头防控,2021年否决不符合环保政策的重大项目20多个,完成重点企业强制性清洁生产审核988家。出台绿色发展领军企业计划,明确4大类23项激励措施。二是全省工业绿色低碳转型不断加快。制定了《江苏省工业领

域及重点行业碳达峰实施方案》,提出到2025年,江苏规模以上单位工业增加值能耗比2020年下降17%,单位工业增加值二氧化碳排放比2020年下降20%,重点行业能源利用效率达到国际先进水平,二氧化碳排放量得到有效控制,绿色低碳循环发展的现代工业体系初步形成。确保全省工业领域二氧化碳排放量在2030年前达到峰值,钢铁、石化化工、建材、纺织和造纸等重点行业二氧化碳排放力争率先达峰。三是统筹利用财政专项资金等渠道建设一批碳达峰、碳中和示范工程。联合出台《关于大力发展绿色金融的指导意见》,2021年江苏省第六次"金环"对话会召开,累计安排绿色金融奖补资金1.45亿元、发放"环保贷"258.42亿元,完成排污权交易88笔,金额超千万元。

3. 清洁能源开发利用加快

党的二十大报告提出,实现碳达峰碳中和是一场广泛而深刻的经济社会系统性变革。江苏继续坚持绿色发展理念,因地制宜地推进光伏等绿色清洁能源开发利用。江苏光伏技术不断创新,突破了金刚线线体材料制造、低温银浆用银粉制备等关键技术,在高效低成本晶硅太阳能电池表界面制造关键技术及应用领域取得重大成果,获得中国光伏技术领域首个国家技术发明奖。在江苏省科技成果转化专项资金的支持下,江苏光伏企业规模逐渐发展壮大,光伏产业从规模增长向高质量发展转变,形成了高纯多晶硅料、晶体硅片、电池、组件、光伏发电应用的完整产业链。2021年,江苏省光伏发电累计并网容量1916万千瓦,其中集中式光伏电站累计装机941万千瓦,分布式光伏电站累计装机974万千瓦。

(二)污染防治取得明显成效,生态环境质量得到持续改善

污染防治攻坚战取得重大突破,环境质量明显好转。空气质量持续改善,2021年,全省$PM_{2.5}$年均浓度为33微克/立方米,实现2013年以来"八连降",环境空气优良天数比率为82.4%。[①] 2021年,江苏省水环境质量明显好转,国家地表水环境质量考核的210个断面中,水质优Ⅲ类比

---

① 江苏省生态环境厅:《2021年江苏省生态环境状况公报》,2022年4月。

例为87.1%,全面消除劣Ⅴ类断面,长江干流江苏段水质总体保持Ⅱ类。2021年,江苏省林木覆盖率达24%,国家生态文明建设示范区增至27个,获中国人居环境奖城市数量全国第一。

1. 污水处理数量多,标准不断提高

江苏开展以"三消除、三整治、三提升"为主要内容的污水处理提质增效精准攻坚"333"行动,经过三年攻坚克难,取得了积极成效:围绕"三消除",整治城市黑臭水体591条,完成整治任务,提前完成国家"十四五"目标,消除城市建成区污水直排口3614个、污水管网空白区133平方公里;围绕"三整治",整治餐饮和洗车等"小散乱"排水50712个、单位和居民小区排水11890个、工业企业排水6171个;围绕"三提升",完成城市排水管网地理信息系统建设,检测排查污水管网4.1万公里,通过查漏查错,针对性改造提升。全省城镇污水处理能力提升到2138万立方米/日,建成污水管网7.85万公里,建成达标区1033个、面积为2608平方公里。在2022年全国城镇污水处理提质增效三年行动评估中,江苏省位列全国第一方阵前3名。

污水处理厂污染物排放新标准得到提高。2023年2月,江苏省《城镇污水处理厂污染物排放标准》正式发布,主要是针对水污染物和大气污染物的控制。水污染物方面,实行分区管控,分为重点保护区域和一般区域。着眼国家重大战略,将太湖流域一、二级保护区,长江干流、南水北调干线、京杭大运河苏南段水域,以及上述水域岸线边界向陆域纵深1公里范围纳入重点保护区域,执行更为严格的排放限值。大气污染物方面,适当收严硫化氢和氨这两项主要恶臭污染物的排放浓度限值。该标准给现有城镇污水处理厂预留3年改造时间,过渡期间现有城镇污水处理厂仍分别对应执行国家标准和省太湖地方标准。该标准实施后,江苏城镇污水处理行业每年约可减排水污染物化学需氧量1.33万吨、氨氮0.47万吨、总氮1.28万吨、总磷0.027万吨,约减排大气污染物氨1072吨、硫化氢35吨。

2. 农业源污染排放量得到控制

农业源污染排放量在江苏主要污染源排放量中的占比相对较高,农田退水、池塘养殖尾水等污染问题突出,秸秆利用处理、废旧农膜回收困难等问题仍然存在,这些问题已经成为全省治理的重点和难点。

一是积极开展农田排灌生态化改造试点。印发《关于开展排灌系统生态化改造推进生态农田建设试点的通知》等文件,指导各地结合高标准农田项目建设,因地制宜开展农田排灌系统生态化改造试点,2022年共实施试点项目91个,涉及74个县(市、区)。二是大力推动池塘养殖尾水达标排放。印发《关于加快推进池塘标准化改造促进渔业绿色循环发展的通知》,制定《池塘养殖尾水排放标准》,积极争取中央渔业绿色循环发展试点资金,全省共改造标准化池塘100万亩以上。三是深入推进秸秆综合利用。组织实施犁耕深翻还田试点和秸秆综合利用重点县建设,2022年在46个县(市、区)推进生态型犁耕深翻还田试点,稳定提高秸秆机械化还田质量。2016年以来,累计开展75个农作物秸秆综合利用重点(试点)县项目建设,全省农作物秸秆综合利用率稳定在95%以上。四是多措并举解决废旧农膜回收问题。全省共建立废旧农膜回收站点1 400多个、回收网络基本建成,建立地膜残留监测点400多个。组织开展全生物降解、强化耐候等新型地膜的适用性评价及地膜减量替代技术集成推广。截至2021年年底,全省废旧农膜回收率为88.1%以上,较2018年提升近30个百分点。

3. 港口、航运业减排力度加大,沿江化工产业转型加快,有效地保护了长江水体

江苏的货轮基本实行了"油改电",办公用电以光伏发电为主。以南通港为例,2020—2022年,口岸电应接尽接率稳定在95%以上,船舶靠港共使用岸电3 080万千瓦·时,减少二氧化碳排放约2.69万吨,岸电使用量连续三年全省第一。在南通港横港沙新基地,光伏发电首期项目已经正式投入使用,每月平均节约电费5万~6万元。设备不断智能化,南通港横港沙新基地码头"输送机大带宽抑尘防雨覆盖带"等三项智慧新技术

应用刷新全国纪录,从码头到后沿仓库、堆场,全程采用封闭式廊道皮带机系统在各装卸点和转运站,有效减少货物装卸、转运过程中产生的粉尘污染。

近年来,江苏省积极破解"重化围江"难题,沿江化工产业加快向质量更高、"含绿量"更多、更可持续的方向转型发展。印发《关于做好自然资源工作推动化工产业转型升级和高质量发展的通知》,推动沿江腾退用地整合利用。严格负面清单管理,落实在长江干支流1公里范围内禁止新建、扩建化工园区和企业等要求。严把沿江建设项目准入关,严格限制"两高一资"项目用地。从2017年至2021年,全省沿江地区累计关闭退出化工企业3 698家(占全省关闭退出企业总数比例超过70%),其中沿江1公里化工园区外腾退114家。

(三)山水林田湖草沙一体化保护和修复不断推进

2021年,《江苏省"十四五"生态环境保护规划》出台,在加强生物多样性保护、统筹"山水林田湖草沙"一体化修复、强化生态环境监管能力建设等方面提出了新要求,为江苏山水林田湖草沙一体化保护和修复明确了方向。

1. 一体化保护和修复工作取得新进展

2021年江苏省完成治气重点工程1万余项,开展太湖流域排污口排查及涉磷企业调查,完成重点行业企业用地污染状况调查。全面推行水污染物平衡核算、园区污染物排放限值限量管理、断面污染上游责任举证等关键性措施。出台了加强生物多样性保护的意见、生态空间管控区域监督管理办法、自然生态保护修复行为负面清单。

推进长江沿线生态修复。完成长江沿线10公里范围内8个生态修复工程。完成长江经济带废弃露天矿山生态修复面积1 138.6公顷,超额完成国家任务。联合财政厅、生态环境厅成功申报"十四五"期间国家"南水北调东线湖网地区山水林田湖草沙一体化保护和修复工程"、太湖流域水源涵养区国家历史遗留废弃矿山生态修复工程,分别获得中央财政资金20亿元、3亿元奖补。

严格划定耕地和永久基本农田。将原有永久基本农田范围内的林地、园地等非耕地,以及25度以上坡地、河湖耕地等不稳定耕地全部调出,确保划定的全部为长期稳定利用耕地,解决"上山占林""下水占湖"现象。对划定的耕地和永久基本农田全部纳入全省国土空间规划"一张图"管理,涉及建设占用耕地的,严格占补平衡、进出平衡"两个平衡",确保耕地数量不减少、质量有提高。

非法采砂一直是长江沿线的多发性违法犯罪行为,对长江航道安全和生态系统多样性、安全性、稳定性都产生了极大危害。近年来,江苏制定出台专门工作意见,依法严惩长江非法采砂等违法犯罪行为,为长江流域绿色高质量发展保驾护航。全面推进生态环境整体保护、系统修复。在"3·07长江特大非法采砂案"中,率先适用长江保护法第二十八条等规定,追究32名被告人的刑事责任和民事赔偿责任,并在全国法院首次主动跨省移交执行到位的生态环境损害修复资金。

2. 长江流域重点水域实行严格捕捞管理,湿地保护力度加大,提高了生物多样性水平

《中华人民共和国长江保护法》第五十三条规定"国家对长江流域重点水域实行严格捕捞管理",长江"十年禁渔"是党中央、国务院作出的重大决策部署,是长江大保护的重点内容之一。2020年以来,在省委、省政府的坚强领导下,各地各部门齐心协力,全力推动长江"十年禁渔"战略的实施,取得了显著成效。加强渔政执法队伍建设,开展专项执法行动和明察暗访,确保长江"十年禁渔"。常态化开展"全链条"巡查执法,完善多部门联合执法、联合巡查、联席会议机制,"人防""技防""群防""预防"协同发力。实行长江流域禁捕水域网格化管理,划定基础网格单元1090个,落实网格员1668人。建立以信息联通、力量联合、执法联动、问题联处、区域联防、救援联手"六联"机制为主要内容的水域综合执法管理体系,在重点水域开展全方位、全天候、高频次联合执法巡查。加快推进省市县禁渔执法装备信息化建设,与省公安厅联合开展涉水视频监控整合汇聚专项行动,各地累计投入2亿多元,在长江干流沿线、水生生物保护区周边

布建视频雷达等近3 000台(套)。

湿地的保护与修复力度加大。江苏湿地总面积超300万公顷,自然湿地保护率达61.9%。在湿地公约第十四届缔约方大会上,盐城市继常熟市后,成为江苏第二个"国际湿地城市",江苏省"国际湿地城市"数量与山东省并列全国第一。一是全面强化资源管控。2017年,江苏省林业局把长江整体纳入省级重要湿地名录,严格控制长江湿地征收占用。二是持续完善保护体系。在长江干流先后建成3处自然保护区、8处省级以上湿地公园,长江湿地保护体系不断完善。三是稳步推进生态修复。坚持不懈推进长江湿地生态修复,先后成功修复泰兴天星洲、扬州三江营等区域。四是不断提升管理能力。《江苏省湿地保护条例》以及市级地方性法规相继实施,有效促进了湿地保护法治化、规范化。

相关城市提高生物多样性保护能力。泰州市人民政府办公室出台《泰州市生物多样性保护规划(2023—2030年)》,提出加快完善生物多样性保护政策法规、优化生态及生物多样性保护空间格局、统筹生态系统保护与修复、加强重要物种保护、健全生物多样性保护监测评估体系、提升生物安全管理水平、创新生物多样性可持续开发利用机制、严格执法检查和监督评估。2023年,泰州加大生态系统和重点生物类群监测设备研制与设施建设力度,不断推动生物多样性观测迈向现代化、精准化。

(四) 生态环境治理体系和治理能力现代化水平日益提高

生态治理体系不断完善,治理能力迈上新台阶。江苏出台了《江苏省水污染防治条例》《江苏省土壤污染防治条例》,连续多年开展"长江大保护、绿色共成长"活动。江苏建成了"天地空"一体的全省生态环境监测网络,建成省生态环境大数据平台、生态环境指挥调度中心,近1.2万家排污单位完成自动监测监控联网,数量连续3年倍增。深入推进危废等安全专项整治三年行动,核与辐射安全保持稳定。在此基础上不断进行技术和制度的创新。

1. 引导市场主体共建共享环保基础设施

作为全国唯一的部省共建生态环境治理体系和治理能力现代化试点

省,江苏通过政策创新,为企业解决环保难题。江苏生态环境部门将共享经济理念融入环保治污,2020年启动市场主体建设共享型环保设施——"绿岛"项目("绿岛"是指可供多个市场主体共享的环保公共基础设施),以降低中小企业治污成本。"绿岛"是江苏一项重要的环保创新举措,预计"绿岛"共享治污项目将让近3万家中小企业直接受益。

长江上建起环保"绿岛"。传统的水上服务区为来往船只提供购物、加油等服务。南京兴隆洲水上服务区提供免费船舶垃圾接收、免费生活污水垃圾接收等4项环保服务,变身为绿色服务区,这是长江江苏段首个免费提供环保服务的服务区,是江苏省生态环境厅批准建设的唯一一个江上"绿岛"项目,也是长江上第一个"绿岛"。

在镇江市丹徒区高桥镇,有民营制鞋及皮毛企业118家、个体工商制鞋户435家,这些中小微市场主体产生的少量皮革废物,如果及时运送、规范处置,费用为1 500～2 000元/吨,企业难以承担,因此规范收集处置的意愿不强。高桥镇建起皮革废物收集处置中心,统一收集、打包清运、处置皮革废物。

2. 生态环境执法方面推进以非现场执法监管为标志的生态环境数字化改革

抓住部省共建生态环境治理体系和治理能力现代化试点省的重大机遇,立足省情实际,通过科技赋能极大地提升监管执法效能。2018年以来,江苏以全国3.6%的执法力量办理了全国12%的行政处罚案件,排污单位有30多万家,而全省生态环境执法人员不足3 000人,长期以来执法监管面临巨大压力。为破解这一难题,江苏全面实施以非现场方式为主的执法监管模式。

为让非现场执法成为新常态,江苏省出台全国首部地方性监测法规《江苏省生态环境监测条例》,明确自动监测数据用于行政处罚的法律效力,为"非现场"执法夯实法制基础。制定《关于加快推进生态环境非现场监管的意见》,对线索归集分析、远程问询调查、证据整理固定、数据执法应用、行政立案处罚等进行全流程改造。投资6 500万元升级生态环境智慧监管平台,优化省生态环境厅指挥调度中心运行方式,全面加强监测监控和溯源分析能力,让非现场执法监管真正落地并初见成效。2022年,全省查办的超标排放案件中,仅利用在线监测数据立案查处的就达780件,占比超过50%。

充分运用大数据算力,对"运满满"平台5.7万条记录梳理分析,破获39件非法倾倒固废案件,抓获198人;应用水质指纹溯源技术,建立流域废水"指纹库",快速准确锁定太湖沿岸违法偷排"元凶";通过DNA环境监测、卫星遥感等先进技术,实施全面禁捕、岸线清退、"绿盾"行动等大规模的自然生态保护执法行动,全省自然资源和生物多样性开启修举之路;创新建立石化行业快速检查"三步法",通过无人机定位区域、红外仪获取线索、PID/FID锁定证据,高效精准打击企业VOCs超排行为。

江苏2020年12月启动"环保脸谱"以后,每家参评企业都有一个专属二维码,通过脸色表情和星级评价展示企业治污主体责任履行情况。"环保脸谱"与企业环保信用评价结果充分衔接,分为"绿色、蓝色、黄色、红色、黑色"5种,对企业问题整改、监测监控、应急管理、环评与排污许可管理、危废管理等5个方面开展星级评价,实时反映企业污染防治水平和环保信用。"二维码"目前已经成为江苏危险废物的唯一通行证,产废生成码、转移要扫码、设施要贴码。越来越多的涉废企业通过"环保脸谱"主动进行申报,纳入系统接受监管。截至2022年年底,江苏全省纳入系统管理的企业数量由4.6万家上升到6.3万家,提升了36.9%,纳入系统监管的危废总量从662.94万吨增加到732.75万吨,同比上升10.53%,其中存在较大安全隐患的废有机溶剂HW06、废矿物油HW08的申报量分别上升了8.17%、8.14%。

3. 推行"监督执法正面清单"和"轻微违法免罚"举措,优化营商环境

监督执法正面清单是根据生态环境部《关于加强生态环境监督执法正面清单管理推动差异化执法监管的指导意见》,从"人海战术"向"智慧执法"转型,大力推行不见面、不打扰式执法,大力运用新技术、新手段加强执法工作,构建"非现场"执法监管网络。组建环境执法情报分析专班,

充分发挥情报专班的"中枢"职能,利用在线监测、用电监控、移动执法、信访投诉等多平台集成的大数据,结合"大数据＋指挥＋执法"模式,精准实现靶向执法,有效提升办案效能。情报专班深入研究不同种类环境违法案件规律,并下发提醒函,剑指"隐藏性"环境违法行为。2022年以来,全省范围内共开展自动监控检查14 842家次,视频或用电、用能监控检查12 316家次,许可证管理信息平台检查1 350家次,走航车、无人机等其他方式检查327家次,非现场检查发现问题163个。对正面清单企业开展指导帮扶748家次。

轻微违法免罚措施则是按照省政府要求,制定落实轻微违法免罚、首次违法免罚、一般违法行为从轻减轻处罚等事项清单,对初创型企业加强行政指导和服务,探索实行"包容期"管理。组织信用服务机构协助失信企业开展信用修复,健全严重失信主体名单退出机制。对生态环境违法行为轻微并及时纠正、没有造成危害后果的中小企业,依法不予行政处罚;对生态环境违法行为轻微,积极采取整改措施,主动消除或者减轻环境危害后果的中小企业,依法从轻处罚。

4. 逐步建立和完善生态环境损害赔偿制度体系

作为全国首批7个试点省市之一,江苏早在2016年就开展生态环境损害赔偿制度改革。截至2022年年底,全省累计办理生态环境损害赔偿案件3 767件,涉案总金额11.32亿元。

江苏出台的《关于贯彻落实生态环境损害赔偿管理规定的实施意见》于2023年3月起施行。该意见明确了移送线索的办理时限与信息共享;实行案件分级管辖、分类办理;规范生态环境损害鉴定评估,加强对鉴定机构和专家的监管;提出简易评估认定程序和简易磋商程序的适用;支持惩罚性赔偿请求;在规范赔偿资金管理的基础上,倡导修复优先和形式多样的赔偿方式。该意见允许多样化赔偿与修复方式。鼓励探索与清洁生产、生态产品价值核算等相融合,丰富生态环境损害赔偿的赔偿与修复形式。江苏省各地在生态环境损害赔偿、修复方面,已有形式多样的探索。比如,南京市增加新济洲、绿水湾、龙袍湿地等修复基地,打造长江生态修复基地链;常州市提出以生态环境损害赔偿资金建设便民汽车充电桩的替代修复形式;镇江市支持以生产技术绿色改造资金折抵生态环境损害赔偿费用、鼓励适用补种复绿等恢复性、替代性方式修复生态环境。在部门协作联动办案方面,江苏省2022年8月印发了《关于加强生态环境损害赔偿与检察公益诉讼衔接机制的实施意见》,就线索移送、案件磋商、案件诉讼、生态环境修复、信息共享与宣传交流等作出明确规定。

5. 加快建立生态产品价值实现机制

生态产品价值实现机制的内涵主要包括生态产品的调查监测、价值评价、经营开发、保护补偿等。宿迁率先在全省出台试点工作实施方案,明确了建立一套价值核算体系、制定一批生态产品认定标准、探索一套生态产品经营开发机制等目标体系。在深入研究国家规范的基础上,宿迁加快编制两张清单,即生态产品清单和产品核算清单。根据生态系统的不同定位,这两张清单目前主要立足森林、农田、湿地、城市四大生态系统。2023年江苏省印发《支持宿迁推进建立健全生态产品价值实现机制试点工作重点事项清单》,明确了11个方面41条专项支持政策。

探索建立生态系统生产总值(GEP)核算体系,空气、水源、土壤等都会有明确量化的价格。江苏部分地区已经自发地在"生态价值变现为经济价值"上探路,并且取得阶段性成绩。南京市高淳区2020年开始GEP体系研究,2021年主导起草的GEP核算技术规范作为南京市地方标准发布实施,这是全省GEP核算领域的首个地方标准。2021年,高淳区在全省率先出台GEP专项考核意见,试行GDP和GEP双核算、双评估、双考核制度。

鼓励地方开展绿色金融创新试点,包括尝试"生态资产权益抵押+项目贷""生态产品价值贷"等多元融资模式。盐城市大丰区拥有世界湿地自然遗产核心区,独具生态禀赋,近年来十分重视湿地保护与修复。2022年,大丰区华丰农业开发有限公司以大丰建川湿地修复减碳量的远期收益权为质押,向兴业银行盐城大丰支行申请贷款。经第三方评估机构评估后,华丰农业获得1 000万元"碳汇贷"。这是全省首笔湿地修复碳汇贷款，将专项用于建川湿地的修复保护。2023年1月，江苏省内首笔"海洋蓝色碳汇贷——紫菜贷"也在大丰落地。南京银行盐城大丰支行向大丰区交通控股集团"大丰滩涂紫菜种植"项目授信2亿元，贷款期限8年。这笔"紫菜贷"，以紫菜养殖产生的减碳量、固碳量远期收益权为抵押，打通了海洋生态产品价值实现的金融通道。

（五）支持生态文明建设的财税金融体系日益完善

生态环境基础设施建设投资需求大，现有的"环保贷"政策难以满足大额融资需求。为支持生态环境基础设施建设，充分发挥融资担保机构风险分担作用，江苏推出"环保担"政策，为绿色低碳发展项目提供增信服务。在此基础上不断完善绿色金融体系。

1. "环保担"与"环保贷"双轮驱动，为大型生态项目提供融资

"环保担"是由江苏省财政厅、江苏省生态环境厅、江苏省信用再担保集团有限公司共同打造的环保产业综合金融服务模式，针对污染防治和生态保护修复类、生态环境基础设施建设类、碳减排类等"大环保"项目，通过新增安排担保补偿资金的方式，鼓励担保机构对3 000万元以上大额融资提供增信，力争3年内撬动100亿元融资规模，同时进一步降低担保费率和融资利率，为环保企业纾困解难。由于采取政府、再担保集团和金融机构三方风险共担的方式，支持企业大额度、中长期的融资需求，"环保担"自问世以来，便受到有大额贷款需求企业的普遍欢迎。截至2022年年底，共受理"环保担"项目申请52个，审核后纳入项目库项目32个，总投资127.6亿元，申请贷款金额57.2亿元，可纳入担保补偿资金风险补偿的贷款金额45.6亿元。32个入库项目中生态环境基础设施建设类项目11个，总投资39.0亿元，申请贷款金额21.3亿元，可纳入担保补偿资金风险补偿的贷款金额16.3亿元。

江苏洪泽湖建设投资集团有限公司农村产业融合发展专项债券成功发行，江苏首单"环保担"支持项目正式落地。此次债券发行规模7亿元，期限7年，前3年纳入担保补偿资金风险补偿，票面利率3.90%，是淮安市洪泽区近5年首单公募债券，创有史以来同区域信用债期限最长、票面

利率最低的纪录。债券募投项目为"洪泽湖退捕治理、生态修复及滩涂养殖区建设项目",总投资19.36亿元。

"环保贷"对引导金融资本加大对生态环保领域支持起着非常重要的作用。2018年,江苏在全国率先推出"环保贷"业务,设立4亿元风险补偿资金池,为省内企业开展污染防治、生态环境修复、环保基础设施建设及环保产业发展等项目进行贷款增信和风险补偿。"环保贷"业务的开展,极大地缓解了全省范围内生态环保项目贷款难、贷款贵的问题。2022年,江苏省对"环保贷"进行全面优化升级,通过增大补偿资金池,增加合作银行数量,建立省市联动共享机制等一系列举措,将"环保贷"作为子产品纳入"江苏省普惠金融发展风险补偿基金"管理。截至2022年年底,全省"环保贷"在贷项目149个,在贷总额32.2亿元;累计放贷项目468个,放贷总规模303.9亿元,为企业节约融资成本2.8亿元。

除"环保贷""环保担"之外,江苏省生态环境厅还联合多个部门推出"绿色金融33条",推进江苏企业绿色转型发展。

2. 打造"金环"对话品牌,精准满足企业在环保上的投资需求

"金环",是指金融和环境保护。2018年10月,江苏省生态环境厅联合江苏省地方金融监管局、江苏省财政厅、江苏省工商联和相关金融机构建立了"金环"对话机制。多年来,"金环"对话会已成为政府部门、金融机构、企业等沟通交流的重要机制。一批批创新举措陆续在"金环"对话会上发布实施:创新绿色金融服务,发布"绿色金融33条",奠定江苏绿色金融政策体系基础;推动环保项目银企对接,广泛签订合作备忘录,稳步增加生态环保领域资金供给;建立环保信用信息共享机制,打破信息壁垒,助力联合精准扶绿;示范推广"绿岛"试点项目,引导资本促进绿色技术创新;打造政银企面对面交流平台,变问题为议题,切实为企业排忧解难;开展生态环境治理先进技术交流,进一步促进生态环境治理技术供给侧和需求侧"双向发力"。

从"增加绿色金融产品供给,倒逼经济高质量发展"到"共享共治协同推进减污降碳","金环"对话会紧扣时代主题与污染防治攻坚战的重点任

务,形成了极富特色的绿色金融发展格局,有效地放大环保激励与约束效应,引导、激励更多金融资本参与到生态环保中来,助力更多企业加快绿色转型升级、提升核心竞争力。

3. 绿色金融政策体系不断构建、完善

江苏绿色金融发展起步较早,2012 年在全国率先启动企业环保信用评价制度,2017 年发起设立了生态环保发展基金,2018 年推出了首个绿色金融产品"环保贷",初步形成了具有江苏特色的环境经济政策体系。2020 年 8 月,江苏启动排污权抵押贷款业务,推动企业排污权成为可抵押贷款的合格资产。2020 年 12 月,《江苏省排污权抵押贷款管理办法(试行)》出台,企业可将排污权作为抵押物向银行申请获得贷款,贷款用途包括企业节能环保改造和日常生产经营活动,或专项用于购买排污权并以排污权作抵押。

2019 年 7 月,江苏省 7 部门印发《江苏省绿色债券贴息政策实施细则(试行)》等 4 个文件,对符合条件的绿色债券、进入上市流程的绿色产业企业、投保的环责险、担保的绿色债券给予资金奖补。截至 2022 年 11 月底,累计奖补绿色债券贴息 49 个,绿色担保奖补 6 个,环责险保费补贴 12 639 个,绿色产业企业发行上市奖励 80 个,总资金 2.45 亿元。

2022 年 9 月,《关于组织开展江苏省生态环境导向的开发模式试点工作的通知》印发,全面实施省内 EOD 模式试点。试点项目可享受绿色信贷、绿色债券等绿色金融政策,优先纳入"环保贷""环保担"项目库,获得省级财政资金奖励以及纳入"绿色通道",优先保障污染物排污指标等多样化优惠政策,推动公益性较强、收益性差的生态环境治理项目与收益较好的关联产业一体化实施,加强政府和社会资本合作开发,系统解决区域突出生态环境保护修复和环境治理问题。强化与金融机构深度合作,江苏省生态环境厅与多家金融机构签订战略合作协议,在广泛开展"环保贷""环保担"和 EOD 合作的同时,聚焦"无废城市"、化工园区整治、城镇污水收集处置等环保基础设施建设,量身定做金融产品,强化金融支撑,助力深入打好污染防治攻坚战。

银行业深入开展绿色金融服务转型。作为国内首家同时采纳"负责任银行原则"和"赤道原则"国际标准的城商行,江苏银行紧跟国家战略导向,在服务实体经济过程中践行绿色发展理念,不断加强绿色金融产品创新,努力打造"绿色＋"系列融资模式,通过真金白银的支持,让"绿色"成为高质量发展的鲜明底色。江苏银行积极支持化工园区绿色低碳改造,通过"绿色＋园区"项目服务模式,提供"园区绿色升级贷"21亿元,支持园区产业转型升级、供热供水管网改造、污水处理等项目建设,助力园区打造以高新技术产业为主的新兴产业园区,实现"腾笼换鸟"。在绿色金融产品创新上,江苏银行近年来先后创新推出了"苏碳融""碳配额质押贷款""绿色供应链融资""碳中和债券"等特色产品,在服务传统产业低碳转型和新能源产业发展的同时,帮助企业盘活碳资产,激发企业低碳转型动力,助力经济向"绿"而行。截至2022年6月底,江苏银行绿色信贷余额1999亿元,较上年末增长57%,绿色信贷占各项贷款的比重在人民银行总行直管的24家银行中位居第三位、商业银行中居首位。

保险业积极开展绿色保险业务。生态绿色环境救助责任保险是绿色保险系列的创新产品。以往突发环境污染事故造成生态环境损害,如果相关责任人无力承担赔偿责任或无法确定责任人,最终往往由当地政府"买单"、承担兜底责任,这给当地财政带来较大压力。政府购买生态绿色环境救助责任保险之后,一旦出现"无人"或"无力"承担生态环境损害赔偿责任的情况,保险公司将依照保险合同规定承担赔偿责任。2023年江苏首单生态绿色环境救助保险在苏州落地,吴中区金庭镇人民政府与中国太保产险吴中支公司签署的生态绿色环境救助责任保险合同正式生效,赔偿限额达人民币500万元。金庭镇所处太湖西山岛是全国淡水湖泊中面积最大的岛,是太湖健康生态系统维护的关键节点和生态屏障,"支持苏州建设太湖生态岛"已被列入江苏省"十四五"规划纲要。本次生态绿色环境救助责任保险投保范围为金庭镇全域,是继上海青浦、浙江嘉善后首次在江苏签署落地,是长三角生态绿色一体化发展的重要探索,也是江苏积极探索绿色金融新模式的重要突破。

五、江苏提高生态文明建设水平、建设人与自然和谐共生的现代化面临的主要问题

进入"十四五",江苏以煤炭为主的能源结构和偏重的产业结构尚未发生根本性改变,污染排放仍处于高位水平。应对气候变化,推进碳达峰、碳中和的政策措施和行动体系正处于起步探索阶段。江苏省生态环境保护的结构性、根源性、趋势性压力尚未根本缓解,环境基础设施仍有短板,绿色转型、治污攻坚仍在路上。以前重点关注的环境问题如"重化围江"、细颗粒物和臭氧污染、黑臭水体、土壤环境风险、湖泊富营养化、农业面源污染等,仍待下大力气解决。过去关注不够的环境问题如近岸海域氮磷超标、地下水污染、环境安全和健康风险,以及碳排放总量大、强度高等逐渐凸显。环境质量提升的边际成本持续上升,污染治理的难度不断增加,各种不稳定、不确定因素对建设人与自然和谐共生的现代化的影响越来越大。

(一)生态环境治理工作成效显著,但治理体系仍需完善,治理能力亟待提高

治理体系与能力尚不能满足新形势要求。生态文明制度改革还需进一步深化,绿色发展的激励约束机制仍不健全。环境管理以行政手段为主,市场化机制尚不完善,价格、财税、金融等环境经济政策还未充分发挥有效作用。全社会生态环保意识有待提高,相关责任主体治污减排积极性尚未有效激发。生态环境基础设施存在突出短板,城乡生活污水收集处理、工业废水收集处置、建筑垃圾等固体废物处置利用仍然存在缺口。生态环境省界自动监测站点还未实现全覆盖,污染溯源能力还不强,环境监测监管与信息化建设水平有待提升,科技支撑能力尚需加强。

生态产品价值实现的体制机制还处于探索阶段。度量难、抵押难、交易难、变现难,是制约生态产品价值实现的四大难题。对于将绿水青山转化成金山银山来说,度量是基础,交易与变现是核心,抵押是助力。近年

来,全国各地围绕"四难"寻求突破,过程中依然存在以下情况:度量指标不全面、不统一,不同类型生态产品价值评估难以对比;交易与变现"政府主导,市场运作"的状态还未达成;抵押上受限于生态产品产权运作体系尚不健全;等等。

(二) 企业不断推进绿色发展转型升级,但落实污染治理主体责任仍不到位

企业不断推进绿色发展转型升级,但落实污染治理主体责任仍不到位。全省企业不断推进转型升级,绿色发展水平显著提升,"十三五"以来,累计创建国家级绿色工厂199家、绿色园区17家、绿色供应链示范企业23家,省级绿色工厂283家。同时,企业在落实生态环境保护主体责任方面仍存在诸多问题。企业污染治理投入不足,环境污染治理成本占企业总成本的比例较低,环境违法现象较为普遍。2021年,江苏法院共受理环境资源一审案件11 103件,同比增加19.59%。一些企业存在治污设施虚假运行、废水稀释或偷偷混入雨水口排放、私设暗管偷排直排、自动监控数据造假等恶意违法行为;部分企业存在批建不符、落实环评及"三同时"制度不到位、主动及时公开环境信息方面力度不够等问题。

(三) 公众环境维权意识增强,但环保意识和参与度仍然不高

公众环境维权意识增强,但环保意识和参与度仍然不高。2018年"江苏生态环境"微信公众号跃居全国省级环保政务微信排行榜第三名。居民通过网络平台积极参与全省开展的"环境守护者"行动,发挥了广大居民在环境治理监督、传播绿色理念、促进社会共治中的作用。但是,全民参与生态环境保护,更多的是集中在环境事件维权,而自身环境责任意识相对较为薄弱,参与积极性不足。根据江苏省环境保护公共关系协调研究中心发布的2017年度《江苏省公众环境意识调查报告》,在个人环保行为的调查中发现,受访者中经常选择绿色出行的达45.61%,经常做到垃圾分类处理的只有25.25%,经常自备购物袋的仅有23.66%。传统的生活方式和消费理念尚未发生根本转变,绿色消费、绿色出行、节水、节电、减少排放等还没有真正成为人们自觉遵守的道德准则和行为规范。

（四）积极加入长三角生态绿色一体化发展示范区建设，但减污降碳压力较大

随着积极加入长三角生态绿色一体化发展示范区建设，江苏"重化型"产业结构、以煤炭为主的能源结构、以密集开发为特征的产业空间结构尚未改变，环境容量超载的局面尚未根本扭转，臭氧和氮磷污染问题依然突出，降低碳排放的压力增大。2021年全省PM$_{2.5}$年均浓度尚未达到二级标准，环境空气质量优良天数比率低于全国平均水平，与广东、上海、浙江等先进省市有较大差距。"十四五"期间，地表水国考断面由104个增加至210个、省考断面由380个增加至655个，考核断面数量大幅增加，水环境质量实现同比改善难度更大。碳排放总量位居全国第三，高于广东、浙江，人均碳排放量高于全国平均水平，实现碳达峰、碳中和目标任务艰巨。

（五）节能减排技术加快发展，但绿色技术体系、绿色产业体系尚未形成

在碳捕集方面，2021年，东南大学已建成国内首套2.5兆瓦热能循环流化床富氧燃烧示范装置，建成了3兆瓦煤化学链燃烧示范系统，在国内外处于比较领先的地位。江苏正全力攻关未来能源发展关键领域核心技术，2021年在全国率先制定了《江苏省级能源互联网示范区规划》，在南京、苏州、无锡、常州、盐城5个城市率先开展能源互联网试点建设，为后续能源互联网建设提供了实践基础。但江苏重化工业占比较大，高新技术产业、先进制造业、绿色产业规模尚待提高，苏北及沿海少数地区在进行招商引资的过程中，引进高污染、高风险项目的情况依然存在，严重影响了生态环境建设进程。数字化和绿色化日益成为全球经济社会转型发展的重要趋势，客观上要求江苏加快绿色转型升级。然而，江苏的新兴产业还没有成为主体支柱产业，没有形成绿色产业和绿色技术体系，符合绿色、循环、低碳发展的产业结构体系尚未形成。

六、江苏提高生态文明建设水平、建设人与自然和谐共生的现代化的思路、对策

以降碳为重点战略方向、推动减污降碳协同增效、促进经济社会发展全面绿色转型,是努力建设人与自然和谐共生的现代化的总体思路。具体而言,以习近平新时代中国特色社会主义思想为指导,全面落实习近平生态文明思想和习近平总书记对江苏工作的重要指示要求,以碳达峰、碳中和目标为引领,以美丽江苏建设为总目标,坚持系统治理、源头治理,把实现减污降碳协同增效作为促进经济社会发展全面绿色转型的总抓手,统筹经济高质量发展和生态环境高水平保护,深入打好污染防治攻坚战,持续推进生态文明治理体系和治理能力现代化,有效维护生态安全,不断满足人民日益增长的优美生态环境需要,在率先建设人与自然和谐共生的现代化上走在前列。

(一)加大新能源技术、减污降碳技术开发力度,加快形成绿色技术体系和绿色产业体系

1. 围绕碳达峰、碳中和,进行核心技术攻关

一是降低重点领域二氧化碳排放量。积极推广新能源技术,支持采取原料替代、工艺改进、设备更新等措施减少工业过程中二氧化碳的排放。二是制定重点行业单位产品碳排放标准,降低单位产品的碳排放强度。支持火电、钢铁等行业开展新一代低成本、低能耗碳捕集、利用和封存(CCUS)技术研发。三是深入推进绿色低碳交通运输体系建设。鼓励研发新能源技术,特别是电动自行车领域的技术。四是大力开发高品质绿色建筑的节能技术,稳步发展装配式建筑,推动实施"绿屋顶"计划。五是在省级低碳城市、低碳城镇、低碳园区建设中,攻克一批低碳零碳负碳技术。

2. 健全低碳科技创新管理机制,促进绿色技术成果转化应用

一是积极探索"基础研究—技术研发—应用推广"一体化重大科研项

目立项机制,实行"揭榜挂帅"等制度,集中力量攻克一批重大、关键的绿色技术。二是建立多部门合作机制,统筹推进生态环境科学研究、关键核心技术研发、科研成果转化与产业化。充分利用长三角生态环保产业链联盟优质资源,联合高校、科研院所、科技创新企业等力量,针对全省生态环境保护重点区域和重点问题,选择试点地区,开展各类先进技术应用场景式集中转化。三是构建集"信息发布、供需对接、专家咨询、奖惩公示"一体化的综合平台,探索科研成果转化应用需求汇聚新模式。四是加强首台关键装备的集中攻关和资金支持,鼓励有实力的单位引进国外治污先进技术、关键设备。

(二) 加大环境治理投入,提高生态环境治理能力

1. 发挥财政资金的引导作用,吸引社会资本参与生态现代化建设

一是加大省级财政专项资金和预算内投资对绿色环保产业发展、能源高效利用、资源循环利用等的扶持力度。二是完善差别化水电价、税收优惠和财政补贴政策,促进产业结构、能源结构、交通运输结构优化调整。三是建立以资源环境绩效为导向的约束激励机制,全面推行工业企业资源环境绩效评价,依据评价结果,实行正向激励和反向倒逼。

2. 优化生态保护财税资金投入结构

一是完善与污染物排放总量挂钩的财政政策和生态保护补偿政策,建立以绿色发展和环境质量改善绩效为导向的财政奖惩制度。二是实施对农业有机物、太湖蓝藻等资源化利用的财政补贴,加大对畜禽粪污、农作物秸秆利用、废旧农膜等农业废弃物资源化利用的补贴力度,如针对蓝藻等有机物制成的肥料存在市场接受程度低、销售不畅等问题,通过财政补贴机制支持此类产品的推广。三是落实环境保护税、再生水产品增值税返还等优惠政策,制定"政府补贴+第三方治理+税收优惠"联动的企业污染治理装备更新换代激励政策。

3. 深化生态环境产品的价格改革

一是完善固废危废处理市场化机制,健全污水垃圾处理、节水节能、大气污染治理等重点领域的价格形成机制,制定差别化的水、电、燃气等

绿色价费政策。二是推行污水资源化利用激励措施,支持污水处理企业与用水单位按照"优质优价"原则自主协商定价,开展再生水交易。三是对违法排污、破坏生态的企业要依法加大经济处罚力度。

4. 大力支持绿色金融产品、服务创新

一是大力发展绿色信贷、绿色证券债券、绿色发展基金、绿色保险等绿色金融产品,支持创建国家绿色金融改革创新试验区。二是支持机构和资本开发与碳排放权相关联的金融产品和服务。

5. 加大数字化应用,提高环境治理水平

一是采用物联网、云计算、大数据、区块链、视频监控等技术手段,对重点排污单位、机动车、加油站、工业园区等固定源、移动源、面源实施在线监控。二是建设、完善生态环境大数据研究中心,开展生态环境大数据采集、环境云服务、大数据分析等研究,形成业务化服务产品,强化数据挖掘分析及应用能力。三是结合全省5G基础设施建设布局,逐步推进环境监测与监控基础设施5G信号接入,大力推进水、气等环境要素5G移动式、便携式自动传感设备的自主研发与推广应用。

(三) 协同发挥财税、金融等各类政策工具作用,促进企业落实环境保护主体责任、公众践行绿色消费生活方式

1. 协同发挥财税、金融等政策工具作用,从利益上引导企业绿色转型、个人绿色消费

持续扩大绿色转型发展的资金池。建立健全生态环境保护投入机制,将生态环境保护作为公共财政支出的重点领域,加大财政投入力度,鼓励将符合条件的项目纳入政府专项债券支持范围。拓展市场化融资渠道,以财政资金为杠杆,推动投资主体多元化。鼓励国有资本加大生态环境保护修复投入,引导社会资本参与生态环境保护。

2. 引导和促进企业落实环境保护的主体责任

落实《环境信息依法披露制度改革方案》,引导企业实施高水平的节能减排和资源环境效率管理,督促企业自觉遵守生态环境相关法律法规和监督管理制度。推动行业协会和企业自发履行环保社会承诺,组建绿

色企业联盟,强化企业社会责任。

3. 促进居民形成绿色消费方式

一是加速培育绿色低碳生活方式。逐步提高居民小区垃圾分类覆盖率,鼓励各地运用"红黑榜""时尚户""示范户"等机制,将垃圾分类意识转化为自觉行动,促进居民绿色产品消费。完善政府绿色采购制度,对获得节能产品、环境标志认证证书的产品予以优先采购。加强对企业和居民购买绿色产品的引导,鼓励地方采取补贴、积分奖励等方式促进绿色消费。二是推动居民参加生态环保活动。持续开展"绿益江苏""共筑绿篱笆"等环保公益项目,鼓励各地设立专项资金,以小额资助、购买服务等形式,引导社会组织和公众积极参与生态环境公益事业。三是搭建公众参与生态环境公共事务的线上互动平台,引导公众参与环境管理和政策制定,建设"绿色积分"体系,鼓励居民广泛参与环境保护治理。

(四)完善区域补偿制度,促进区域水环境、大气环境、土壤环境协同保护与治理

1. 加强重点区域联防联控和污染天气应对

江苏在落实《〈长江经济带发展负面清单指南〉江苏省实施细则(试行)》《长江三角洲区域生态环境共同保护规划》中,对标世界发达地区,优化全省生态现代化发展格局,推动区域生态环境协同治理。

一是推进苏皖鲁豫交界区域大气污染联防联控机制的建设,推进钢铁、砖瓦、胶合板、有色再生、橡胶制品等行业升级改造,加快淘汰使用高污染燃料的工业锅炉,推进农副产品烘干、畜牧业生产设施等领域散煤治理。二是稳步推进沿江地区污染防控。完善省内城市间协作机制,推进省内大气污染、水污染联防联控工作。推进沿江8市臭氧污染联防联控,实施区域统一预警溯源、统一监管执法、统一考核评估。三是提升污染天气应对水平,严格落实重污染天气应急管控措施和"一行一策"管控方案。

2. 完善生态保护补偿机制问题

一是进一步加大对自然保护区、生态保护红线区域等生态功能重点区域的转移支付力度,通过资金补偿、产业扶持等多种形式开展横向补偿。二是完善水环境"双向补偿"机制,对重点国考断面、县级及以上集中式饮用水水源地进行水质达标提优奖励。三是探索实施环境空气质量生态补偿制度,鼓励各设区市实施乡镇(街道)空气质量补偿。四是落实长江全流域横向生态保护补偿制度,实施苏皖长江滁河跨界生态补偿。

3. 重点解决长江沿江化工产业污染问题

必须坚决贯彻落实新发展理念,努力走出一条沿江化工产业生态优先、安全绿色发展的新路子。一是严把产业准入关口。禁止在长江干支流岸线1公里范围内新建、扩建化工园区和化工项目,进一步提高化工产业准入门槛。二是提升产业发展质效。"十四五"期间,沿江地区打造千亿级规模化工园区2家以上,化工园区产值贡献率超过70%,规模以上化工企业的创新投入强度提高到2%以上。三是加快绿色智能发展。强化能耗、环保等标准硬约束,全面落实省政府智能化改造和数字化转型三年行动计划,鼓励化工企业采用清洁生产技术,加快打造一批示范智能车间、智能工厂和绿色工厂,通过智能化建设促进沿江化工产业本质安全环保水平显著提升。四是按照《长江入河排污口整治行动方案》要求,切实将排污口整治工作做细、做深、做扎实,优化调整入河排污口设置。把排污口整治与全面提升污水集中收集处理能力有机结合,从根本上解决污水直排、违规溢流等问题。五是强化长效监管。制定关于加强排污口监督管理的工作意见,建立排污口抽查巡查机制,严厉打击私设暗管、借雨排污等违法行为。充分利用自动监测、监督性监测以及无人机、无人船、物联网等技术手段,探索高效智能的监管新模式。

4. 加快工业、生活污水分质处理

《江苏省"十四五"生态环境基础设施建设规划》明确提出,要加快工业、生活污水分质处理;《省政府办公厅关于加快推进城市污水处理能力建设 全面提升污水集中收集处理率的实施意见》提出,要强化工业废水与生活污水分类收集、分质处理。一是实施"三步走"。推动无锡、常州、苏州三市在全省率先实现应分尽分。南京、南通、扬州、镇江、泰州等沿江五市到2025年实现应分尽分。徐州、连云港、淮安、盐城、宿迁等苏北地区重点推进收集管网建设,省级以上工业园区到2025年实现应分尽分。二是不搞"一刀切"。制定出台技术评估指南,对已接管城镇污水厂的工业企业,组织开展排查评估,根据不同企业废水污染成分及其影响,因地制宜、分类施策。三是建立项目环评审批绿色通道,推动将污水处理设施嵌入国土空间规划体系。加大省级专项资金支持力度,用好"环保贷""环保担"等绿色金融政策,减轻各地融资压力。

(五)加大植树造林和湿地保护修复

1. 全面加强土壤保护修复

要坚持山水林田湖草沙系统治理,推进土壤污染防治与大气、水等污染防治协同联动。一是针对沿海等地土壤碱性大、盐分高的状况,通过改善排灌条件、实施水旱轮作、河道长效保洁等措施,持续压降土壤盐碱成分,综合运用互联网、物联网技术,推广绿色有机种植、建立动态监控平台,实现土壤改良、产业发展、农民增收。二是对于焦化、电镀、印染、农药等化工企业的场地,土壤污染是主要问题,鼓励企业运用新的主流技术,如热解吸、土壤淋洗、原位热脱附、原位化学氧化、生物修复等先进技术。三是完善土壤污染防治专项审计制度。土壤污染监测是有效管控土壤污染风险和开展土壤污染治理的前提,是开展土壤污染防治工作的基础。积极推进土壤污染防治审计工作,围绕土壤污染防治相关政策措施落实、资金投入管理使用、防治项目建设运行绩效、土壤污染管控与修复及目标任务完成等情况进行审计。有效发挥审计助力预防和严控土壤污染的作用,确保农产品质量和人居环境安全。

2. 修复改造,提升森林质量

当前及今后一个时期,按照"稳总量、提质量、出精品、创特色"的要求,一是加强绿美景观塑造,千方百计地挖掘国土绿化潜力,着力打造"有景必有林,有林必成景"的平原绿化特色,高质量推动国土绿化工作。二是通过修复和改造,提高森林质量。经过40多年持续不断地造林绿化,目前江苏省可以用来大面积植树造林的地方已经很少,但提高森林质量也是建设美丽江苏的题中之义。更新杨树已经成材的部分,鼓励可以用乡土珍贵用材树种如榉树、银杏、榔榆、薄壳山核桃等来代替,既能保持林木存量,又能藏富于林。三是加快淘汰低效林、退化林,江苏仍存在一定量的低效林和退化林,及时改造、淘汰,能有效提高美丽江苏建设质量。

3. 不断完善湿地保护修复政策

一是细化调查,厘清本底。完善补充调查,全面绘就江苏湿地资源"一张图"。二是突出保护,完善法治。充分对接上位法,及时启动《江苏省湿地保护条例》修订。力争用严密的法治,保护好全省湿地。三是围绕重点,强化修复。坚持山水林田湖草沙一体化保护和系统治理,加大对长江、太湖等重点区域的湿地修复力度,持续提升湿地生态功能和碳汇能力。四是创新宣教,凝聚共识。充分依托湿地公园、自然保护区等重要载体,强化宣传教育,营造湿地保护良好社会氛围。

第八章　江苏以高质量"一带一路"交汇点建设践行和平发展道路的现代化

践行和平发展道路的现代化，是中国式现代化重要的本质特征。以高质量推进"一带一路"交汇点建设为抓手，江苏积极践行和平发展道路的现代化，在推进设施互联互通、国际产能合作、人文交流、战略节点城市建设、金融领域合作、亮点示范工程打造等方面取得显著成就。但仍存在一些问题与不足，如综合交通运输体系的整合力度有待加强、共建"一带一路"国家的贸易地域分布不均衡、民心相通方面单向交流较多而双向互动较少等。着眼于高质量推动"一带一路"交汇点建设，积极践行和平发展道路的现代化，应建设好江苏"一带一路"交汇点标杆性项目，促进与共建"一带一路"国家产能合作与对接，推动"走出去"企业加强与当地的交流，充分发挥江苏自贸试验区功能，促进合作机制创新，探索跨区域多边合作的投融资模式创新，加快江苏文化产业"走出去"的步伐。

在胜利实现第一个百年奋斗目标后，中国正向全面建成社会主义现代化强国的第二个百年奋斗目标迈进。中国式现代化，不仅是人口规模巨大的现代化、全体人民共同富裕的现代化、物质文明和精神文明相协调的现代化、人与自然和谐共生的现代化，更是走和平发展道路的现代化。这就意味着，中国始终是世界和平的建设者、全球发展的贡献者、国际秩序的维护者。无论国际形势如何变化，无论自身如何发展，中国走和平发展道路的决心和信念永不动摇。中国式现代化，必将是既发展自身又造福世界的现代化。

一、践行和平发展道路的现代化的科学内涵

习近平总书记在庆祝中国共产党成立100周年大会上提出,"我们坚持和发展中国特色社会主义""创造了人类文明新形态"。中国特色社会主义这一人类文明新形态不仅是党和人民百年奋斗、创造、积累的根本成就,引领中国进步、增进人民福祉、实现民族复兴,而且深刻影响了世界历史进程。中国共产党十九届六中全会公报指出:"党领导人民成功走出中国式现代化道路,创造了人类文明新形态,拓展了发展中国家走向现代化的途径。"由此,"中国式现代化道路"引起世界范围内更深的讨论与思考。在党的二十大报告中,习近平总书记进一步明确了中国式现代化的基本原则和主要内容,强调中国式现代化的本质要求就是:坚持中国共产党领导,坚持中国特色社会主义,实现高质量发展,发展全过程人民民主,丰富人民精神世界,实现全体人民共同富裕,促进人与自然和谐共生,推动构建人类命运共同体,创造人类文明新形态。

有关现代化的内涵,20世纪70年代亨廷顿(Huntington)强调,现代化是一个复杂、系统、长期、不可逆、进步的过程,具有革命性、阶段性、同质化、全球化特征,现代化的标准总是随着社会经济的进步,特别是技术和产业革命的涌现而不断演进,具有鲜明的时代特征;从相对发展状态来看,现代化是一个地区或国家社会经济全面进步的标志,表明该地区或国家的政治、经济、社会、文化等领域达到或接近世界先进水平,它是特定时代背景下的相对发展水平,强调用发展的视角理解现代化的内涵,而实现现代化的实质就是发展滞后国家赶超发展领先国家的过程。

中国式现代化中的"现代化"是一个宽泛而丰富的概念,既象征特定历史进程,又形容相对发展状态。学者们基于不同学科背景开展了对中国式现代化道路的论述。其一是历史分析视角,如孙正聿基于大历史观视角,指出中国式现代化是以中国人民"站起来"的国家独立为首要前提

的现代化;是在"改革开放"的创新实践中,以中国人民"富起来""强起来"为现实基础的现代化;是在坚持和发展"中国特色社会主义"的进程中,以创建人类文明新形态为历史使命的现代化。中国式现代化是推进社会全面进步和实现人的全面发展的现代化新道路。① 应星从社会学的历史视角,指出中国式现代化显示出传统与现代之间的紧密关联。② 其二是马克思主义哲学视角,如欧阳康结合中国式现代化新道路的演进逻辑、核心价值与比较优势,对中华民族伟大复兴之路进行了多维探析③;代玉启深入研究了中国式现代化道路的文化逻辑,指出马克思主义是中国式现代化道路的文化之魂,中华优秀传统文化是中国式现代化道路的文化之根。④ 其三是经济学视角,如洪银兴从经济维度考察了中国式现代化思想的提出及新征程的开启和制度基础,系统总结了中国共产党带领中国人民对中国式现代化新道路的探索经验与远景展望⑤;刘守英侧重制度变革和结构转型,指出中国式现代化的内涵、动力及独特性⑥;胡鞍钢在梳理中国式现代化道路的四个历史时期的基础上,总结出中国式现代化道路的十个主要特征。⑦ 其四是社会学视角,如李培林肯定了中国式现代化道路在发展的理念、动力、比较优势、约束条件、瓶颈问题、目的等方面的创新,提出中国式现代化为构建新发展社会学奠立了基础⑧;洪大用提出了中国式现代化实践的核心社会学十大议题。⑨

现代化是工业革命后人类实现从传统经济向现代经济、传统社会向

---

① 孙正聿:《从大历史观看中国式现代化》,《哲学研究》2022年第1期。
② 应星:《社会学的历史视角与中国式现代化》,《中国社会科学》2022年第3期。
③ 欧阳康:《中国式现代化新道路的演进逻辑、核心价值与比较优势——中华民族伟大复兴之路的多维探析》,《华中科技大学学报(社会科学版)》2022年第1期。
④ 代玉启:《中国式现代化道路的文化逻辑——学习党的十九届六中全会精神》,《浙江社会科学》2022年第1期。
⑤ 洪银兴:《中国式现代化新道路创造了人类文明新形态》,《理论与现代化》2021年第6期。
⑥ 刘守英:《中国式现代化的独特路径》,《经济学动态》2021年第7期。
⑦ 胡鞍钢:《中国式现代化道路的特征和意义分析》,《山东大学学报(哲学社会科学版)》2022年第1期。
⑧ 李培林:《中国式现代化和新发展社会学》,《中国社会科学》2021年第12期。
⑨ 洪大用:《实践自觉与中国式现代化的社会学研究》,《中国社会科学》2021年第12期。

现代社会、传统政治向现代政治、传统文明向现代文明等各个方面深刻转变所经历的剧烈变革。中国式现代化,是中国共产党领导的社会主义现代化,深刻阐明了建设什么样的社会主义现代化强国、怎样建设社会主义现代化强国的重大时代课题,它不仅是特定历史进程,是实现全面建成小康社会到建成富强民主文明和谐美丽的社会主义现代化强国的伟大飞跃,也是相对发展状态,是实现从世界最大的发展中国家迈向综合国力和国际影响力领先的社会主义现代化强国的精彩赶超,更是坚定的道路选择,是一条坚持中国共产党领导、坚持中国特色社会主义、通往实现中华民族伟大复兴的现代化道路。

中国式现代化新道路不仅是马克思主义经济学说同中国具体实际相结合的道路,也是现代化的一般理论与中国国情相结合的道路。一百多年来的发展经验表明,中国式现代化道路并非西方现代化理论的简单复制,而是立足于我国自身条件,结合我国实际情况,对马克思主义理论进行发展的产物。不同于西方资本主义现代化,中国式现代化是坚持以人民为中心的发展思想的现代化,把增进人民福祉、促进人的全面发展、朝着共同富裕方向稳步前进作为经济发展的出发点和落脚点,不断增强人民群众的获得感、幸福感、安全感。中国式现代化道路是中国共产党在百年征程的不懈追求和持续探索中领导中国人民成功走出来的,而之所以能开辟实现中华民族伟大复兴的正确道路,关键在于我们党坚持把马克思主义基本原理同中国具体实际相结合、同中华优秀传统文化相结合,深化了中国共产党对执政规律、社会主义建设规律和人类社会发展规律的认识理解,以其取得的伟大历史成就坚定了推进中华民族伟大复兴的历史自信。

在党的二十大报告中,习近平总书记科学阐明了中国式现代化的五大基本特征,即中国式现代化是人口规模巨大的现代化、全体人民共同富裕的现代化、物质文明和精神文明相协调的现代化、人与自然和谐共生的现代化,以及走和平发展道路的现代化。关于走和平发展道路的现代化,习近平总书记指出:"中国共产党是为中国人民谋幸福、为中华民族谋复兴的党,也是为人类谋进步、为世界谋大同的党。"因此,中国共产党领导的中国式现代化,区别于西方资本主义现代化的对外扩张掠夺特征,是走和平发展道路的现代化。西方资本主义国家的现代化是以资本逻辑为中心、以少数资产阶级利益为核心、以放纵资本逐利为特征的现代化,充满了强烈的殖民主义色彩。资本主义的发展史就是一部赤裸裸的写满殖民扩张、暴力掠夺和对外侵略的黑历史。直至今日,西方资本主义现代化国家仍然信奉"国强必霸"的政治逻辑,对内掠夺、压榨无产阶级的资源和权力,对外不断利用转嫁经济危机、干涉别国内政、挑起局部战争等手段来捍卫"资本至上"的逻辑,强行制造有利于自身的经济秩序和政治规则。不同于西方资本主义现代化强烈的排外性、霸权性,中国式现代化道路坚持马克思主义对人类整体未来的关怀,遵循和平的文明发展观,秉持和平理念,坚持走和平发展道路。习近平总书记强调:"中国人民要建设社会主义现代化强国,但我们坚持走和平发展道路,不会走扩张主义和殖民主义道路,更不会给世界造成混乱。"中国式现代化主张各国人民共同享受发展成果,并积极为构建人类命运共同体注入重要力量,在谋求本国自身发展的同时,为世界和平稳定和共同繁荣积极贡献中国方案、中国智慧、中国力量。

总而言之,走和平发展道路是中国式现代化的重要特征,是中国特色社会主义的必然选择和战略抉择。在当今这个进入动荡变革期的世界上,坚持走和平发展道路的现代化,显得尤为重要。这是对中国现代化进程和经验的总结,也是对中国未来现代化发展道路的界定。正如习近平总书记所说,"我国不走一些国家通过战争、殖民、掠夺等方式实现现代化的老路,那种损人利己、充满血腥罪恶的老路给广大发展中国家人民带来深重苦难。我们坚定站在历史正确的一边、站在人类文明进步的一边,高举和平、发展、合作、共赢旗帜,在坚定维护世界和平与发展中谋求自身发展,又以自身发展更好维护世界和平与发展"。

二、江苏以"一带一路"交汇点建设践行和平发展道路的现代化的成就

高质量推进"一带一路"建设,是中国主动参与全球治理、积极推动构建人类命运共同体的重要举措。江苏位处丝绸之路经济带和 21 世纪海上丝绸之路的交汇点,具有独特的地缘优势、良好的发展基础、深厚的人文底蕴和很高的对外开放度等有利条件。以共建"一带一路"倡议为指导,江苏省委、省政府迅速行动,全面布局,把积极打造"一带一路"交汇点作为江苏省在"一带一路"建设中的定位,以此全面对接丝绸之路经济带和 21 世纪海上丝绸之路,推进东西双向开放新格局。

近年来,江苏省认真落实习近平总书记重要指示精神,以"五通"为重点积极推进"一带一路"交汇点建设,努力放大向东开放优势,做好向西开放文章,拓展对内对外开放新空间,并取得较大成效,集中表现为以下几个方面。

(一)着力推进设施互联互通,加强江海联动、陆海统筹

在基础设施互联互通方面,江苏深入实施国际综合交通体系拓展计划,推进沿海、沿江、沿新亚欧陆海联运三大通道基础设施实现互联互通,着力构建综合型立体化通道网络。

2013 年以来,江苏着眼长远,系统谋划,与共建"一带一路"国家携手打造陆海空网"四位一体"的互联互通体系,建设高效畅达的海陆空立体化国际运输大通道。以中欧班列为例,2021 年,江苏中欧班列克服了计划紧张、口岸拥堵等诸多影响,累计开行 1 800 列,同比增长 29%,开行数量创历史新高。在当前海运价格飙升、航空货运不畅的情况下,江苏中欧班列发挥了高效稳定、覆盖范围广、全天候等独特优势,凸显了战略黄金通道作用,为促进对外贸易发展、畅通国内国际双循环提供了有力支撑。南京班列为企业精心设计物流方案,全年累计开行 39 列。徐州班列开行了徐工机械班列、木材专列,全年累计开行 25 列。苏州班列开行了自贸

区和跨境电商专列,全力满足重点企业的国际物流运输需求。江苏班列进出口货值达 255.5 亿元人民币,同比增长 67.7%。

(二)着力推进国际产能合作,促进"走出去"与"引进来"有效结合

作为中国对外开放大省,江苏深入实施国际产能合作深化计划,分类推进国际产能合作,培育壮大跨境产业链,加强科技国际合作,探索实施可复制的"一带一路"建设江苏新模式。

1. 务实加快境外园区建设

近年来,江苏积极推动境外园区建设,结合自身产能优势、园区经验,与共建"一带一路"国家资源禀赋、市场要素相结合,在共建"一带一路"国家输出两种境外园区合作模式,一种是"重资产投资运营",另一种是"轻资产管理输出",为参与"一带一路"建设打造有力的载体支撑。如重点推动柬埔寨西港特区和埃塞俄比亚东方工业园区建设,加快形成规模产出效应,柬埔寨西哈努克港经济特区被誉为"中柬务实合作的样板"。大力支持印尼加里曼丹岛农工贸经济合作区、坦桑尼亚中坦现代农业产业示范园区建设,积极筹建"霍尔果斯—东门"产业合作园。深化中国与新加坡合作机制,建设中新南京生态科技岛、苏通科技产业园,打造中新合作升级版。加快推动中阿(联酋)产能合作示范园建设。

在"一带一路"建设过程中,江苏以境外园区开放平台建设为抓手,主动发挥实体经济和制造业优势。2021 年,全省共有国家级和省级境外合作园区 7 家,总产值 46.3 亿美元。上缴东道国税费 1.6 亿美元,为当地创造就业岗位近 6 万个。中江、红豆、徐工、亨通等一批示范带动作用较强的参与"一带一路"建设的支点企业纷纷涌现。截至 2021 年 9 月,江苏累计赴共建"一带一路"国家投资项目 2 216 个,协议投资额 220.7 亿美元。

2. 重点打造跨境产业链

近年来,江苏积极抢抓"一带一路"建设机遇,加快企业国际化步伐,鼓励和支持有实力、有意愿的企业有效整合利用全球要素资源,推进跨境产业链、价值链和供应链协同布局。主要举措包括:

积极稳妥推进境外农业合作。支持有实力的企业到农业资源丰富的国家开展粮食、棉花、油料、林业、海洋生物等作物及资源的投资合作,建立海外农产品生产、收购、仓储、加工、运输体系,推动江苏农业境外投资合作加快发展,有序开展远洋渔业合作。

深化境外能源资源互利合作。继续鼓励和支持企业加大对国外能源资源投资力度,重点推动铁矿石、煤炭、木材、有色金属等领域的投资合作,在有条件的地方稳步开展能源资源产品初加工、深加工和研发工作,建设一批境外能源资源合作基地,形成稳定的供应渠道。

支持省内优势产业扩大境外生产经营。认真落实《江苏省鼓励发展的非金融类对外投资产业指导意见》,进一步指导和推动江苏纺织、化工、水泥等传统优势产业和光伏、造船等新兴优势产业转移至境外生产。不断优化海外产能布局,积极推进与埃塞俄比亚、坦桑尼亚、肯尼亚、尼日利亚等国家或地区开展产能合作试点,着力打造产业转移与对接合作示范区。

鼓励境外高新技术和先进制造业投资。充分利用江苏与境外相关机构签署的各类科技合作双边协议,完善合作机制,拓展合作领域,提高合作层次。如深化与新加坡合作机制,建设中新南京生态科技岛、苏通科技产业园,打造中新合作升级版;推动中国以色列常州创新园等探索产业技术创新国际合作新模式。支持企业通过多种方式收购境外具有自主知识产权的科技成果和先进制造业企业,鼓励企业在境外设立研发中心。

支持开展境外基础设施投资。推动江苏有比较优势的房屋建筑、交通建设、矿山建设、水泥加工和装备制造等行业企业与金融机构合作。鼓励江苏企业积极参与"一带一路"及周边国家互联互通、非洲"三大网络"(高速铁路网络、高速公路网络、区域航空网络)等重大基础设施投资建设。

积极拓展服务业境外投资。鼓励企业大力开展境外技术、品牌、营销网络等资源的并购整合,提升开拓国际市场能力。发挥江苏服务外包产业优势,通过境外投资拓宽接包渠道,提高接包能力。

在"一带一路"国家新兴市场带动下,2021年1—11月,江苏省实现出口总额29 293.92亿元,增长18.6%,其中对共建"一带一路"国家出口7 997亿元,占比27.3%,增长20.1%。

(三)着力拓展人文交流,搭建新平台、开辟新渠道

近年来,江苏积极实施人文交流品牌塑造计划,打造教育、文化、旅游、健康、体育等特色品牌,完善友好城市合作等交流机制,以此推动与共建"一带一路"国家的人文交流。

在人文交流合作方面,江苏围绕教育文化、体育旅游、医卫侨务等重点领域,进一步拓展与共建"一带一路"国家的人文交流空间,"留学江苏""精彩江苏""水韵江苏"等品牌影响力不断增强,有效促进了"一带一路"民心相通。其中,教育方面,在"茉莉花留学江苏政府奖学金"下增设"一带一路"专项奖学金计1 000万元;无锡商业职业技术学院正在加紧筹建柬埔寨西哈努克大学;文化方面,着力打造"精彩江苏"品牌,赴泰国等10多个国家举办"感知江苏""同乐江苏"等文化交流演出活动;体育方面,以东南亚、中亚为重点,拓展与共建国家和地区的体育交流,积极举办"一带一路"国际青少年足球邀请赛等各类国际重大赛事;旅游方面,在印度、俄罗斯、哈萨克斯坦举办"水韵江苏"旅游推介会;医卫方面,成功举办中国—中东欧国家医院联盟专科合作论坛,在坦桑尼亚、马耳他、柬埔寨等国开展卫生发展援助工作;侨务方面,着力打造"江苏南京侨梦苑"品牌,20余家涉侨企业落户,在新加坡等14个国家建立"一带一路"区域联络中心;宣传方面,组织开展"一带一路江苏风"系列全媒体大型跨国新闻行动,引起热烈反响,获得中国彩虹奖和亚洲金熊猫奖提名。

(四)着力加强战略节点城市建设,增强支点作用

江苏省委、省政府明确了各设区市在"一带一路"交汇点建设中的发展定位,如支持连云港建成战略支点,支持徐州建成重要节点城市,支持南京建成重要枢纽城市,支持南通建成重要出海门户,支持苏州、无锡、常州建成国际产能合作示范城市,推动各市进一步发挥特色优势,融入"一带一路"交汇点建设。

1. 连云港：新亚欧大陆桥经济走廊东方起点

连云港市是实施江苏沿海开发和沿东陇海线产业带开发战略的重要支点，是中国首批沿海开放城市、中国优秀旅游城市和新亚欧大陆桥东桥头堡。近年来，连云港充分发挥区位资源优势，以港口为龙头、以产业为支撑、以城市为载体，依托大陆桥，面向海内外，更大力度地扩大对内对外开放，更高水平地拓展各领域交流合作，努力把连云港建设成为联结"一带一路"的综合交通枢纽、国际物流中心和开放型经济发展新高地。

在畅通新亚欧大陆桥运输方面，连云港目前每年承担全国50%以上的海铁联运任务，辐射国家和地区超过20个，运输货物超过10大类（主要有二手汽车、汽车零配件、电子电器、工程机械、日用品等）、400个品种，过境货物中有80%发往哈萨克斯坦，已成为亚欧大陆间国际集装箱国际联运第一港，并通过阿拉山口和霍尔果斯形成"一港双线"过境运输格局。

在连接海上丝绸之路方面，连云港与巴西淡水河谷公司、图巴朗港，新加坡PSA国际港务等知名航运企业建立战略合作关系；在上海自贸区注册成立云港海运公司，串联起以连云港为基地的"海上丝路航运网"，为上合组织国家货物提供更优化的海运路线。

在构建物流贸易平台方面，规划总面积约45平方千米的上合组织（连云港）国际物流园建成后，将成为上合组织国家过境运输、仓储物流、往来贸易的重要国际经济平台。目前已建成货物堆存场地146万平方米，形成450万吨堆存能力，监管货值近6亿美元。

在扩大对外合作方面，围绕物流合作、项目建设、会展论坛、经贸合作、互访交流等方面深入开展合作，民航新增至乌鲁木齐、西安、兰州航线，与韩国平泽、群山、木浦，日本佐贺、堺市，吉尔吉斯斯坦比什凯克，西班牙萨瓦德尔等城市建立了国际友城关系。

2. 徐州：东陇海产业带中心城市

徐州以加快建设新亚欧大陆桥经济走廊重要节点城市、淮海经济区中心城市、全国重要综合交通枢纽城市，作为对接"一带一路"建设的关键举措,大力推动"东进西出"双向开放,拓展对内对外开放新空间。其中,围绕对接 21 世纪海上丝绸之路实施"东进",以大城市对接大港口,推动徐连一体化发展;围绕接轨丝绸之路经济带推动"西出",深度发掘与陆桥沿线国家地区的合作潜力,大力拓展新兴市场,推动开放型经济迈上新台阶。

一是完善对外综合交通运输网络。构建铁路网络体系。加快徐州至菏泽城际铁路建设,实现江海联动,加快实现中西部货物通过徐州向东进入沿海地区,向西通过欧亚大陆桥进入中西亚。进一步优化提升公路网络。完善徐州高速公路的布局,使外部高速公路网快速互联互通;加大徐州快速道路建设,完成北三环快速通道工程。推动航空提档升级。围绕机场规划建设新城,打造国际货物货源基地,提升一类口岸保障,提升口岸对徐州及周边地区的辐射带动作用,为走向世界提供保障。建设一体化综合交通枢纽。围绕徐州物流大通道做文章,加快完善城市换乘体系、枢纽集疏运体系。以重要公路、铁路为支撑,以农村站点为补充,通过物流体系建设,适应"一带一路"建设新要求。

二是引进更高水平项目。围绕延伸产业链、价值链、创新链,深入推进"四招四引"和企业增资扩股,特别是对那些代表产业发展方向、有利于推动转型升级的外资大项目和好项目盯住不放、全力争取。

三是加快步伐走出去。以徐工集团为例,从 2014 年开始,徐工集团在共建"一带一路"国家新设区域营销中心和一级经销商,在波兰、乌兹别克斯坦、伊朗和马来西亚建立海外工厂,在德国建立欧洲研发中心,同时积极实施跨国并购,实现在关键零部件领域的突破。

(五)着力拓展金融领域合作,促进金融互联

近年来,金融大省江苏不断深化金融改革,扩大金融开放,加强金融创新,完善金融服务,大力推动金融对外开放合作。

如 2016 年启动筹建的中阿(联酋)产能合作示范园,目前已有 16 家企业计划入驻,投资额超 60 亿元。由于中阿两国央行续签了双边本币互换协议,加紧在阿联酋设立人民币清算中心,中国四大银行以及国开行等

多家金融机构设有分支机构,有些已经与园区建立了战略合作,它们将为园区的开发建设、招商引资和后续运营提供强大的金融支持。

随着中阿两国在商品贸易、产能等多领域合作全面展开,更高层次、更宽领域的金融合作也不断深化。2018年5月11日,阿布扎比国际金融中心及金融服务监管局中国办公室成立,并与中阿(联酋)产能合作示范园签署了合作备忘录。7月20号,中阿正式交换《中阿产能合作示范园金融服务平台框架合作协议》,并向示范园发放首批金融牌照。今后落户示范园的企业可以享受更多样、更便捷的金融服务,利用中阿两国的产能和金融资源,定向提供定制化服务,企业短期内会得到直接融资,从长期看,可以利用本地的资本市场,充分地进行间接融资,因而融资成本要远远低于国内。在更大步伐地走出去的同时,江苏大力推动更高质量地引进外资银行,中外资银行、互联网金融,各有侧重、互为补充,形成层次清晰、初具规模的"一带一路"金融合作网。

(六) 着力打造亮点示范工程,推进民心互通

近年来,围绕服务创新之路建设,江苏加快推动连云港打造新亚欧陆海联运通道标杆示范。加快连云港"一带一路"倡议支点建设,加快推进港口重要基础设施建设,中哈物流合作基地稳定运营,与霍尔果斯口岸共建"无水港",上合组织(连云港)国际物流园获评国家级示范物流园区,新亚欧大陆桥安全走廊国际执法合作论坛影响力不断提升。加快重要节点城市建设。徐州、南京、苏州等重要节点城市发挥自身优势特点,联动融合、协同发展,参与"一带一路"交汇点建设成效明显,沿海地区、苏北地区对"一带一路"交汇点建设的支撑作用不断增强。

加快科技创新合作。深化拓展产业研发合作机制,与英国、以色列等国家建立并实施产业研发合作共同资助计划,一批重点企业在境外设立研发中心。搭建创新合作载体,中德、中以江苏创新园等合作平台建设取得新进展。

加快金融服务创新。设立"一带一路"投资基金、上合组织国际物流园发展基金等,加大对企业"走出去"的支持力度;强化融资服务,创新金融产品和融资服务模式,重点解决中小企业"走出去"发展过程中的融资难、融资贵问题。

三、江苏以"一带一路"交汇点建设践行和平发展道路的现代化的保障机制

近年来,江苏省紧密结合自身特色优势和发展实际,从加强组织领导、加大财政扶持力度、提高金融服务水平、健全服务保障、加快人才队伍建设、强化风险防控等方面,有效推动了"一带一路"交汇点建设。具体而言,其主要政策保障可以概括为以下几点。

(一)进一步完善政策促进体系

第一,加强组织领导。根据国家和省经济社会发展规划及对外开放总体战略,制定并实施符合江苏参与"一带一路"建设的中长期发展规划。成立省沿东陇海线经济带发展工作小组,加强对相关重大事项的组织协调。完善政府工作考评体系,树立 GNP 核算理念,更加全面反映江苏经济社会发展成果。鼓励现有投资促进机构增加对外投资促进职能,形成双向投资促进格局。

第二,提高境外投资便利化程度。大幅度下放境外投资项目管理权限,省级境外投资开办企业(金融企业除外)管理权限全部下放到各省辖市、部分县(市)和国家级开发区。探索实行境外投资企业备案和项目备案工作"单一窗口"模式,即"企业一次申请,同一窗口受理,部门同步办理",切实解决多头管理和职能交叉问题,最大程度便利企业。进一步简化境外投资项下外汇登记、对外担保等外汇管理手续,加快推进跨国公司外汇资金集中运营管理改革,鼓励使用人民币开展境外投资。组织开展好苏州、无锡、南通三市对外投资管理体制和"走出去"综合支持服务体系改革试点工作,总结推广成功经验,稳步推进各项改革措施。

第三,加大财政扶持力度。充分发挥"一带一路"基金、国家外经贸发展专项资金、省商务发展专项资金以及新兴产业、文化等领域专项资金对

"一带一路"重大项目及重点国际货运班列的支持作用,聚焦支持重点,优化支持方式。

积极发挥国家政策性保险机构的专业优势,支持企业防范海外投资风险。创新出口信用保险产品,大力发展海外投资险,合理降低保险费率,扩大政策性保险覆盖面。探索运用财政资金建立政策性海外投资保险支持服务平台,以及针对重点国别、境外经贸合作区和境外产业集聚区的海外投资风险统一保障机制。继续支持国家级境外经贸合作区和省级境外产业集聚区建设。

建设江苏省企业国际化信息服务、江苏商务云公共服务、江苏省海外投资发展服务网等"一带一路"综合信息服务平台。支持企业通过参加国内外相关贸易投资会展活动寻求更多投资合作机遇。鼓励企业更多培养、引进跨国经营管理和高技能人才。发挥江苏企业国际化基金作用,放大财政资金杠杆效应,积极引导社会资本参与,共同支持江苏企业投资"一带一路"建设项目。

第四,提高金融服务水平。建立"一带一路"重大项目金融信贷5年专项扶持计划,将有关项目列入省重大项目规划,设立专项贷款风险补偿基金,积极开展银企对接,推动符合条件的项目通过银行间债券市场直接债务融资工具筹集资金,支持省内金融机构与境外金融机构合作,多方引导金融机构加大对"一带一路"重大项目的融资力度。

鼓励社会资本参与"一带一路"建设,引导民间资本与丝路基金合作,积极支持地方性其他类型基金的设立和发展。鼓励商业银行加大对重大装备设计、制造等全产业链的金融支持。鼓励商业银行推广风险管理、现金管理、信息管理全球化方面的创新业务,为企业境外投资提供各类综合金融业务方案。

(二)建立健全服务保障体系

第一,做好引导服务工作。及时制定、发布并适时修订江苏境外投资产业导向政策,引导企业更好地选准国别、产业、时机和方式。密切配合高层互访,发挥友好省州、友好城市等合作机制作用,健全地方多双边投资合作促进机制,共同开拓第三方市场。加强江苏境外经贸等代表机构的建设,积极探索省市共建、政企共建、省部共建和部门联建等新模式,加强与共建"一带一路"国家经贸促进机构合作,优化布局,完善网络,充实力量,增加投入,提高境外代表机构网络服务企业境外投资的能力和水平。

第二,提高综合服务水平。加快构建江苏支持"一带一路"重大项目的综合服务体系。依托省企业国际化信息服务平台和江苏商务云公共服务平台,建成有关部门和地方共同参与的企业国际化综合支持服务体系,以政府管理、投资信息、政策咨询、融资支持、风险预警和紧急事件应对等平台为支撑,充分利用信息化手段,为境外投资企业提供全方位、全流程服务。

创新口岸服务机制。推广关检合作"三个一",深化江苏与共建"一带一路"国家海关、检验检疫等方面的合作和交流,简化通关程序,提高通关效率,降低通关成本。探索建立中欧班列沿线区域检验检疫一体化机制,制定"海铁联运"检验检疫措施。支持江苏口岸申报建设进境返程农产品国家重点口岸。

简化出国(境)审批手续,对于企业因项目需要拟派出国(境)人员,可以办理"一次审批、多次有效"的出国(境)任务批件,支持"走出去"企业申办"一次审批、三年多次"的亚太经济合作组织(APEC)商务旅行卡,进一步提升境外投资企业检验检疫和通关便利化水平。

加强省贸促会、省国际投资促进中心和省国际贸易促进中心的建设与相互合作。支持江苏省海外发展协会建设,推进政府与行业协会的合作。在江苏省境外企业集聚的国家和地区,鼓励企业按照所在地法律法规要求建立商会、协会等组织,加强信息共享,与所在国家和地区政府联系,共同维护企业合法利益。

第三,加快人才队伍建设。在"双创计划"、"333高层次人才培养工程"、科技企业培育工程、"六大人才高峰"高层次人才选拔计划等方面对"一带一路"建设适当倾斜。

通过合作办学、专业培训、实岗锻炼等多种方式,加快培养跨国经营管理人才和专业技术人才。组织"走出去"国际人才交流活动,加大对境外专门人才的引进力度。充分发挥省引进高层次人才和留学回国人员"一站式"服务平台作用,开通引进境外专门人才绿色通道。加大吸引共建"一带一路"国家学生来江苏留学、工作力度。加快中高等职业教育发展,给予职业技术教育基本建设专项资金支持,形成一批专业技术骨干和熟练技术工人培训基地。

(三)最大程度强化风险防控体系

首先,建立健全"一带一路"投资企业管理机制。加强对境外企业或机构的监督和管理,健全内部风险防控机制,在资金调拨、融资、股权和其他权益转让、再投资、担保、税务等方面加强约束和监督,防范境外经营风险。搭建企业沟通交流平台,加强企业间风险管理经验交流,分享先行企业和成功企业的管理经验及做法。建立江苏国有企业"一带一路"项目建设动态监测体系,掌握境外企业资产质量、经营效益和人员状况,实施动态监测,确保国有资产保值增值,防止国有资产流失。

其次,强化境外人员和财产安全保障。建立健全境外安全责任制度,做好境外安全生产。加大境外企业安保设施投入和安保力量配备,加强外派人员安保知识和技能培训,提高安全防范和保障能力。鼓励有条件的企业为出国外派职工购买人身意外伤害保险。加强领事保护,完善江苏企业"走出去"突发事件应对处置工作机制。

四、江苏以"一带一路"交汇点建设践行和平发展道路的现代化的问题与不足

近年来,江苏省围绕"一带一路"交汇点建设,在设施互联互通、国际产能合作、经贸及人文交流、战略节点城市建设、金融领域合作、推进民心互通等方面取得重大成就,但仍存在着一些问题与不足。

首先,在设施互联互通方面,综合交通运输体系的整合力度仍有待加

强。目前,江苏省各种运输方式尚未实现有效衔接和资源的高效配置。一方面是由于缺乏明确的定位,各地机场和中欧班列的同质化竞争现象较为突出。以四条中欧班列线路为例,"连新亚"发往乌兹别克斯坦、哈萨克斯坦、德国,"苏满欧"主要发往波兰、俄罗斯、白俄罗斯和哈萨克斯坦,"宁满俄"主要发往俄罗斯、波兰、德国和哈萨克斯坦,徐州号发往俄罗斯和乌兹别克斯坦,在货源有限的情况下,这些线路造成地方不良"竞赛"效应,还间接导致国内物流与运力的浪费。另一方面是综合交通枢纽体系尚未形成,港口、机场集疏运体系建设有待加强,运输资源整合效率不高,导致自主出海、出港能力不足。江苏省目前大部分物流严重依赖公路、水路运输,铁路运量还不足3%。江苏省贡献了全国六分之一的对外贸易,但是每年集装箱生成量的八成是通过陆路运至省外出海,其中又有超过九成的国际货物通过上海港口出港,导致京沪等高速公路主通道拥堵严重,物流成本增加。

其次,在贸易畅通方面,与共建"一带一路"国家和地区贸易的地域分布不均衡。从地区结构来看,江苏对"一带一路"的贸易合作主要集中在东盟地区。如2020年,江苏对"一带一路"实现外贸进出口10 840.4亿元,其中6 226.9亿元为东盟创造,占比57.44%。可见,除了东盟地区,江苏省与其他共建"一带一路"国家和地区的贸易联系比较薄弱。从进出口结构来看,"重出口,轻进口"情况依然存在,江苏省与共建"一带一路"国家和地区的进口贸易联系仍处于较低水平。以贸易关系比较紧密的江苏与东盟贸易为例,2020年,江苏省对东盟出口3 820.3亿元,同比增长8.34%,而进口为2 270.9亿元,同比增长5.98%,贸易顺差高达1 549.4亿元。

最后,在民心相通方面,存在单向交流多、双向互动少的问题。江苏与共建"一带一路"国家共同举办的交流活动大多数由我方倡议,在活动过程中,对外传播中国文化、展示中国文艺创造、交流中国经验和谈论中国模式比较多,共建"一带一路"国家则更多地在于参与、配合和接受,对其本国的文化、社会发展经验和发展理念的宣传介绍相对较少,导致双方无法充分了解彼此，难以通过交流活动产生共鸣，从而导致彼此相互理解和相互认同的效果打了折扣。此外，外向型文化产品数量较少，精品不多。目前，真正迈出国门的文化产品多是以武术、杂技、舞蹈、工艺等"技艺文化"为主，但文学、电影、电视、戏剧以及原创漫画、歌曲等"内容文化"则在对外输出方面举步维艰，国际演出市场主流的音乐剧和歌舞剧演出则更为缺乏。对外文化交流中，短期轰动性的活动较多，长期持续性的项目较少，还不能做到文化深度交流，难以形成文化的持续影响力。

五、以高质量"一带一路"交汇点建设践行和平发展道路的现代化的思路及建议

以政策沟通、设施联通、贸易畅通、资金融通、民心相通为重点的"一带一路"建设，顺应经济全球化的历史潮流，符合全球治理体系变革的时代要求，满足了各国人民过上更好日子的强烈愿望，在国际社会中获得了广泛认同。同时，也集中体现出中国积极倡导和践行的以构建人类命运共同体为目标、以互利共赢为基本原则、以平等和开放为组织模式、以合作与对话为运行方式的经济全球化新型治理观，为推动全球经济治理体系改革指明了方向。为了高质量推动"一带一路"交汇点建设，积极践行和平发展道路的现代化，本书提出以下几点政策建议。

（一）建设好江苏"一带一路"交汇点标杆性项目

在推动"一带一路"交汇点建设中，可考虑将国内发展成熟的合作与开发模式应用于共建国家，例如合作建设境外经贸合作区、跨境（或边境）经济合作区等各类产业园区，包括出口加工区、保税物流园区、科技园区等形式，促进产业集群发展。合作区内可考虑建立由中方管理人员组成的管委会，负责对园区内部的规划、开发、招商、建设与统筹管理，并与共建国家和地区进行政策协调与沟通。此外，还应有选择性地集中资源与力量，重点打造一批示范性工程和项目，包括港口、铁路、电力、油气、电信、建筑工程、物流、商贸等，切实为共建国家的基础设施建设、互联互通、

产业发展、民生改善作出实质性贡献。

(二) 促进与共建"一带一路"国家产能合作与对接

认真梳理江苏重点产业链供应链,厘清其中的"缺链"及"断链"环节,充分利用中国国际进口博览会的示范效应和溢出效应,针对国内消费品供给及江苏产业链供应链创新链的薄弱环节,有针对性地增加高品质最终品及国内稀缺资源能源、关键零部件、先进设备及中间品的进口。

紧抓《区域全面经济伙伴关系协定》(RECP)签署的重大机遇,以汽车制造、电子通信、机械设备、工业机器人等制造业领域为重点,提升与东盟国家的专业化分工与合作水平。通过境外园区建设、国际产能合作等形式加快江苏劳动密集型企业"走出去"步伐,引导江苏企业通过对外投资及产业转移在资源开发、生产配套、营销渠道等方面开展深度互动合作,构建江苏制造的海外供应链。

(三) 推动"走出去"企业加强与当地的交流,融入当地社会

鼓励江苏"走出去"企业积极开展"公共外交",与当地企业和民众进行人文交流,并参与当地生态环境治理、医疗救助等社会公共服务活动,履行相应的社会责任,融入当地民众日常的生产生活。对于一些负面报道,企业要善于用当地民众熟悉的语言和方式,增强针对性,秉持对话、开放的态度,摆事实、讲道理,做出有理有节的回应。创新宣传方式,加大宣传力度。利用各种传统和现代媒体,适当加大企业在当地媒体的曝光率,使当地民众更加了解企业,树立正面形象。可以定期邀请当地社会的各界人士来企业参观,企业也可以走进当地的学校、社区,举办各种形式的宣传介绍活动。加强企业的外文网站建设,使用所在国的语言发布企业的年度报告。积极参加所在国的各类展会和推介会,包括大学生就业招聘会,培训和吸纳当地员工就业,利用一切有利的时机增加企业的知名度,展示企业的亲和力。

(四) 充分发挥江苏自贸试验区功能,促进合作机制创新

应借鉴上海、广东、浙江等地自由贸易试验区的发展经验,重点推动苏州工业园区、南京江北新区等有条件的重点区域,在推进贸易便利化、

产业创新发展、金融开放创新、跨境投资、知识产权保护、聚集国际化人才等方面先行先试,加大个性化特色化政策突破力度。同时,深化服务贸易创新发展试点、跨境电子商务综合试验区建设、市场采购贸易方式和一般纳税人资格等重要试点试验,增创体制机制新优势。在推进江苏自贸试验区的建设过程中,要借鉴浙江、广东等省的经验,对照江苏"一带一路"交汇点建设的要求深挖自身优势,将特色优势与"一带一路"建设有机结合,推进重点区域和标杆项目的建设发展。

(五)探索跨区域多边合作的投融资模式创新

统筹基金管理公司、地方政府、私营企业以及境外资本等多方资源,按照公私合营与互利互惠原则,重点推广PPP(公共私营合作制)投融资模式在"一带一路"项目中的应用,尝试PPP在交通基建、城市连片开发、大型园区建设、轨道交通等大型基础设施项目中的运用。借鉴英国做法,积极发挥境内外私人资本力量,探索PFI融资模式在教育、医疗、交通、文体设施等项目中的运用。对于重大互联互通项目,进一步拓展使用"EPC(总工程承包)+融资租赁""EPC+出售回租+担保""夹层融资[BOT(特许权)+EPC]""EPC+TOT(移交—经营—移交)"等多元化创新模式,同时,积极探索PPP+EPC投融资模式在实际项目实践运用中的可行性。在合适的互联互通项目上,积极尝试BOO(建设—拥有—经营)、BLT(建设—租赁—移交)、BOOT(建设—拥有—运营—移交)、BTO(建设—移交—运营)等其他多元化投融资模式的使用。

(六)加快江苏文化产业"走出去"步伐

建立健全鼓励江苏文化企业"走出去"的激励机制,切实帮助企业在"走出去"初始阶段盈利能力不足的情况下在国外站稳脚跟。加大财政资金支持力度。建议设立江苏文化"走出去"专项引导基金,提供税收激励,给予贴息、免息和奖励。在演艺产品方面,按海外演出场次提供相应补贴,降低演出成本,提高演出收入。对积极运营和收购海外剧场、进行海外推广等市场行为给予担保服务或贷款贴息,特别是在文化企业"走出去"的初始阶段要给予专项资助。增加对外交流平台建设的投入,对参与国际性音乐、设计、游戏、动漫、网络文化产品等会展活动及国际巡演的文化企业给予补贴或减免相关费用。加大对"走出去"成效显著的单位、企业的资金奖励。增加对新兴业态与传统媒体融合发展的投入，加强文化企业与电信运营商、网络公司、电商平台的沟通协调，畅通开展合作的信息渠道，鼓励相关企业跨界融合发展。引入市场竞争机制，逐步建立重大对外文化交流项目的招投标和采购制度，发挥政府采购的引导和示范作用。同时，充分调动和发挥社会各界力量，积极引导社会资本和鼓励更多有资质和潜力的社会组织、民营机构和企业参与国际文化贸易和投资。